# 한국 군승제도 연구

프라즈냐 총서
63

# 한국 군승제도 연구

| 군승의 역사성과 활동상을 중심으로 |

보경 함현준 저

# 머리말

군불교의 현장에서 장병들과 동고동락한 세월이 벌써 30년이 지났다. 30년을 한 세대世代라고 본다면 1994년에 임관한 필자는 군불교의 태동과 정착을 이루어 낸 군승 1세대 끝자락에 군법사 생활을 시작한 군승 2세대에 해당하는 셈이다. 산문山門을 나와 군문軍門에 들어선 지 30년, 그동안 하루에도 몇 번씩 군복과 승복을 번갈아 입으며 보람과 회한, 고민과 갈등 속에 적지 않은 시간을 군에서 보냈다.

군불교의 현장에서 청춘을 보내고, 이제 군승 3세대에게 바통을 넘겨주려는 시점에서, 군승으로서 군불교의 현장에서 지난 세월 고민해 왔던 역사와 전통, 그리고 군승의 정체성과 발전 방향을 체계적으로 정리하고 학술적으로 정리할 필요성을 느끼게 되었다. 물론 단순한 이론이나 현황 설명만으로 지나온 군불교의 역사나 현황을 온전히 담아낼 수는 없을 것이다. 그러나 현장의 순간들이 모여 역사가 이루어진다는 단순 명료한 사실은, 누군가는 군불교의 현장과 한계를 학술적으로 정리하는 작업을 시작해야 한다는 명분을 부여해 주었다.

본서『한국 군승제도 연구』는 그러한 고민의 산물이다. 1968년 11월 30일, 최초의 군승이 임관한 이래 벌써 60년을 바라보고 있지만 한국불교사적인 관점에서 바라본 군승의 정체성이나 계율관, 혹은 군승제도가 가지는 경전적 배경 등에 대한 학문적 논의는 거의 이루어지지 못한 실정이다.

본 연구는 군승의 정체성이나 군승제도에 관한 기존의 연구 성과가 거의 전무한 상태에서 앞으로의 연구에 초석을 놓는 심정으로 시작되었다. 한국의 군승제도는 군사적으로나 종교적으로 대단히 특별한 사례이며, 호국불교의 사례를 중요한 특징과 전통으로 여기고 있는 한국불교사에 있어서도 주목할 만한 제도이다.

군승제도의 연구를 통해 현역 군승의 입장에서 바라본 군승의 역사와 현재의 활동상을 고찰하여 군승제도가 지닌 특수성을 조명하고 군승들에 의해 이루어지는 군종활동의 의미와 포교성과와의 관계도 밝혀보고자 하였다. 군대라는 특수한 상황 속에서 활동하고 있는 군승들의 정체성과 그 한계는 어떤 것이며, 군불교와 한국불교의 성장을 위해 군승제도는 차후 어떤 방향을 모색해야 하는지도 고민해 보았다.

군에서는 무형전투력과 신앙전력信仰戰力에 이바지하기 위한 군종활동을 위하여, 불교종단에서는 포교와 전법의 영향력 강화를 목적으로 군승제도가 시작되었다. 이른바 동상이몽同床異夢이었던 것이다. 그럼에도 불구하고 변화의 굴곡이 적지 않았던 다종교 한국 사회에서 그 양단의 입장과 목적이 충돌하지 않고 현재까지 그 특징과 제도를 온전하게 이어가고 있다는 사실은 실로 놀라운 일이다.

군승제도를 종교적 측면에서 살펴보는 것과 군사적 관점에서 판단하는 것은 그 입장과 논의 과정에 차이가 클 것이다. 한국 군승제도의 특수성과 보편성을 논의하기 위해서는 그 사상의 흐름과 시대적 대응을 면밀하게 검토하고 분석해야 한다.

어찌 보면 한국의 군승제도는 불교의 비폭력 원칙과 충돌할 수 있는 윤리적 딜레마를 근본적으로 내포하고 있다. 그러나 군승들은 전쟁을 지지하거나 정당화하는 것이 아니라, 불가피한 상황에서 중생구제라는 더 큰 목적을 위해 참여한다는 뜻을 견지하고 있다. 이는 중생구제와 일체중생 성불론을 강조하는 대승불교의 보살사상菩薩思想과도 연결된다. 군승들은 개인의 해탈에 머무는 불교가 아니라 군대라는 특수한 환경에서 포교와 전법을 통해 불국정토를 현실 속에 구현하려는 대중교화의 정신을 이어 나가는 존재이다.

평화와 공존을 강조하는 불교와 전쟁을 목적으로 하는 군대, 불살생계不殺生戒를 지켜야 하는 승려의 삶과 명령에 따라 움직여야 하는 장교는 상반되는 개념일 수 있으나 한국의 군승제도는 이 둘의 장단점을 융합하여 상호 성장, 발전시켜 나가기 위한 중요한 기능과 역할을 진행하여 왔다.

결론적으로, 군승제도는 대승불교의 보살정신, 자리이타, 중생구제, 원융무애, 화쟁 등의 사상을 군대라는 현실세계에서 구현하는 독특한 제도다. 이는 불교가 단순히 개인의 해탈만을 추구하는 것이 아니라, 사회와 국가의 고통에 적극적으로 대응하고 참여하는 종교임을 보여주고 있다. 군승들의 활동은 극한의 상황에서도 불교의 가르침이 어떻게 실천될 수 있는지, 그리고 그것이 어떻게 개인과 사회에 긍정적인 영향을 미칠 수 있는지를 보여주는 중요한 사례이다.

동시에 군승제도는 불교의 자비정신과 현실세계의 갈등 사이에서 발생하는 윤리적 딜레마를 어떻게 해결할 것인가에 대한 성찰을 요구한다. 이는 불교가 현대사회에서 직면하는 다양한 도전들과 어떻게 대화하고 타협해 나갈 것인가에 대한 더 넓은 논의로 이어질 수 있을 것이다. 따라서 군승제도에 관한 연구는 단순히 역사적, 제도적 차원을 넘어, 현대사회에서 불교의 역할과 의미를 재고하는 중요한 출발점이 될 수 있을 것이다.

이 책의 내용은 저자의 박사학위 청구 논문으로 작성된 연구를 바탕으로 하고 있다. 그러나 일반 독자들의 이해를 돕기 위해 내용을 재구성하고, 학위 논문이라는 형식의 한계로 인해 다루지 못했던 일부 내용을 새롭게 추가하여 출판하게 되었다. 이를 통해 군승제도에 대한 포괄적이고 심층적인 이해를 제공하고자 한다. 학술적 엄밀성을 유지하면서도 일반 독자들이 쉽게 접근할 수 있도록 노력하였으며, 이 책이 군승제도와 군불교의 발전을 위한 폭넓은 관심으로 이어지는 계기가 되기를 희망한다.

마지막으로, 군법사로 활동하면서 전후방 각지의 군대라는 인연 속에서 만났던 수많은 분들에게 진심으로 감사의 마음을 전하고 싶다. 청년 장병들에게 불법을 전했던 공덕은 모두 그분들의 몫이다. 부족한 책 한 권을 세상에 드러내며 앞으로도 더욱 정진하고 노력할 것이라는 다짐으로 군포교 30년 회향에 갈음하고자 한다.

나무마하반야바라밀!

제2작전사령부 호국무열사 서산당에서
보경 함현준 두손모음

머리말 • 5

# 1장 한국 군승제도 연구를 시작하며 13

# 2장 대승불교 사상과 군승제도 23

   1. 군승제도의 사상적 기반과 교리적 근거 • 23
   2. 대승불교 전통과 군승활동 • 28

# 3장 호국불교의 전통 37

   1. 호국불교의 전통 • 37
   2. 호국불교의 경전적 근거 • 41
   3. 승군僧軍의 역사적 사례 • 45
   4. 최초의 군승 원광 법사 • 50

# 4장 군승제도의 태동과 성장 57

   1. 군종제도의 탄생과 불교계의 활동 • 57
   2. 베트남전 참전과 군승제도의 태동 • 67
   3. 군승제도의 정착 • 73
   4. 군종특별교구의 설립 • 80

## 5장 군승의 역할과 기능 85

1. 군승의 정체성과 계율관 · 85
   1) 군종장교의 임무 · 85
   2) 군승의 계율관 · 88
2. 군승의 임무와 역할 · 100
3. 군승의 선발과 교육 · 106
4. 군승활동의 한계와 극복 과제 · 112

## 6장 군불교의 특수성과 보편성 117

1. 군사찰 의식의 특징적 요소 · 117
2. 일반사찰과 군사찰의 기능적 차이 · 125
3. 군승의 해외 파병 · 129
   1) 베트남전 파병과 군승활동 · 129
   2) 이라크전 파병과 군승활동 · 133
   3) UN 평화유지군 파병과 군승활동 · 137
4. 비구니 군승의 활동과 의미 · 146

## 7장 군승활동과 포교성과의 관계 153

1. 군불교의 현황 분석 · 153
2. 군승활동과 군불교의 관계 · 157
3. 다종교 상황하의 군승활동 · 165
4. 군승제도 밖의 군불교 · 168

## 8장 군승제도 발전 방안 173

   1. 군승제도 개선의 필요성 • 173
   2. 군종장교 파송 관련 법제 검토 • 177
   3. 군승제도의 개선 방향 • 184
      1) 군승 문호개방 • 184
      2) 군종교구의 확대 개편 • 186
      3) 군승 교육시스템의 재정립 • 188
      4) 군승제도의 민간화 • 194

## 9장 결론 197

참고문헌 • 203
부록 1_군종업무에 관한 훈령 • 209
부록 2_군종장교 등의 선발에 관한 규칙 • 223
부록 3_군 종교활동지원 민간성직자 관리훈령 • 231
부록 4_군승의식 설문조사 결과 • 240
찾아보기 • 249

# 1장 한국 군승제도 연구를 시작하며

군승제도 논의를 시작하면서 먼저 군승軍僧과 승군僧軍의 차이점을 언급할 필요가 있다. 군승과 승군, 이 두 용어는 서로 다른 의미를 지니며, 그들의 역할과 역사적 배경도 다르다. 넓은 의미에서 이 두 존재는 불교의 교리를 실천하면서도 국가의 안보와 국민의 생명을 보호하는 역할은 같으나 군인 신분이라는 정체성 유무에 따라 개념의 정의가 달라진다.

한국불교의 역사에서 승군, 혹은 승병僧兵의 존재는 대승불교 보살사상을 구현하기 위해 승려들이 병장기를 지니고 전쟁터로 진출했던 국난극복과 중생구제의 상징으로 인식되어 왔다. 이들의 활동은 파사현정破邪顯正의 이념 아래 현세 이익과 중생제도를 중심에 두었던 한국불교의 특징적 요소로 주목받았다.

한국에 불교가 전래된 이래, 승려로 조직된 군대인 승군은 국가의 위기 상황이나 전란의 시대에 다양한 군사적 임무를 수행해 온 사례가 적지 않다.[1] 이들은 고구려, 백제, 신라, 가야뿐만 아니라 고려와 조선시대를 거치면서 많은 전쟁과 전투 현장에 모습을 드러내고 있다.

이에 반해 군승, 즉 불교 군종장교는 현대에 이르러 등장한 개념이다. 군승은 단순히 전쟁 중에 파견되는 종군승從軍僧의 개념과도 다르며 이들은 평상시에도 장교의 신분으로 국가 공인의 제도 안에서 장병들을 대상으로 종교활동을 지원하는 특별한 임무를 부여받은 승려이다.

군승은 불교종단에서 기존 승려들을 대상으로 선발하여 군대에 파송하고 있으며 장병을 대상으로 한 특수한 업무를 수행하고 있는 존재들이다. 군승들은 종교적 접근을 통하여 군인들의 정신적 안정과 평화를 위해 노력하며, 불교의 교리를 전파하고 실천하는 데에도 큰 역할을 하지만. 군승은 승군과 달리 비전투원非戰鬪員이며 무기를 소지하지 않는다.[2]

그러나 군승들은 비전투원임에도 불구하고 전투병을 따라 전투현장에 참여하여 죽어가는 장병들을 위해 기도하며, 부상자를 돕고 전투가 끝나면 현장에서 추모 장례의식을 진행하기도 한다.

즉 승군과 군승의 가장 큰 차이는 국가제도의 공인 하에 군대의 구성원으로 활동하는가, 그렇지 않으면 종교적 신분과 위상만으로

---

[1] 고영섭, 「호국불교의 전통과 사명 유정의 의승군 활동」, 『호국불교의 역사와 전통계승을 위한 세미나 자료집-사명대사의 의승군 활동과 호국불교의 전통』(제2작전사령부 호국무열사, 2024. 3), p.11.

[2] 제네바협약 가입국의 군종장교는 비전투요원으로 분류되지만, 모든 국가의 군종장교가 무기를 휴대하지 않는 것은 아니다. 대한민국 군종장교는 국방부훈령 제2300호(2019. 7. 31)에 의해 무기를 휴대하지 않는다.

활동하느냐의 문제이며 더 나아가 직접 전장 상황에 참가하는 전투원이냐, 비전투원이냐의 문제이다.

공통점으로는 두 집단 모두 불교의 교리를 실천하면서도 국가의 안보와 발전에 이바지하였다는 점이다. 이들은 국가의 위기 상황에서 적극적으로 참여하여 자신들의 임무를 수행하였으며, 이는 불교와 국가의 관계를 더욱 강화하는 역할을 하였다.

차이점으로는 승군은 역사적으로 가람의 수호나 백성의 안위가 위협받는 국가의 위기 상황에서 직접적인 군사적 역할을 주로 수행하였고, 군승은 현대에 이르러 군종장교라는 제도 안에서 등장한 승려들로 군대에서 종교적 역할을 감당한다는 점이다.

이들은 서로 다른 시대와 환경에서 활약하였으며, 그들의 역할과 역사적 배경도 다르다. 한국의 역사에서 승군과 군승은 불교와 국가의 관계를 더욱 밀접하게 만드는 일종의 정치적 역할을 하고 있으며, 이들은 국가의 안보를 지키는 상황에서 각각의 임무를 수행하였다.

군승과 승군은 그 정체성과 역사성에 있어 많은 차이가 있지만 공통분모도 존재한다. 특히 승군의 활동 사례와 호국불교의 전통은 현대사회에서 활동하는 군승들에게도 큰 의미가 있다고 본다.

본 연구는 한국 군승제도가 가지고 있는 역사성과 특수성에 대한 고찰을 통해 군승의 정체성을 조명하고, 군승의 존재와 활동이 한국불교사에서 갖는 의미와 위상, 그리고 포교 활성화에 이바지하는 구체적인 관계를 밝혀보고자 한다.

한국 군승제도 연구를 통해 군대라는 특수한 환경과 조건 속에서 활동하고 있는 군승만의 차별화된 불교활동과 그 한계를 분석하고 이를 바탕으로 군승들이 지향해 나갈 목표와 방향을 정립해 볼 수 있을 것이다.

군승제도는 불교의 평화이념과 현실세계의 갈등 사이에서 발생하는 윤리적 딜레마를 어떻게 해결할 것인가에 대한 깊은 성찰을 요구한다. 이는 불교가 현대사회에서 직면하는 다양한 도전들과 어떻게 대화하고 타협해 나갈 것인가에 대한 더 넓은 논의로 이어질 수 있다. 따라서 군승제도에 대한 연구는 단순히 역사적, 제도적 차원을 넘어, 현대사회에서 불교의 역할과 의미를 재고하는 중요한 출발점이 될 수 있을 것이다.

물론 연구의 한계도 존재한다. 한국의 군승제도가 국민개병제에 의한 징집제도의 특수한 환경을 배경으로 성장, 발전하여 왔음을 부인하기 어렵고, 군승제도가 군대와 불교의 다른 지향점을 인정하지도, 반대하지도 않는 모순의 상황 속에 있기에 단순한 현황이나 활동 분석만으로는 그 본질을 포착하기 어렵다는 어려움도 존재한다.

이러한 한계에도 불구하고 군승제도에 관한 연구는 한국불교의 특수성을 대표하는 주제 중 하나로 논의될 만한 가치가 있으며 본 연구를 통해 한국 군승제도의 특징과 향후 과제를 도출해 보고자 한다.

세계적으로 군종제도에 대한 연구는 베트남전을 계기로 활성화되기 시작하였다고 보는 것이 일반적이다. 당시 미국에서는 반전여론의 관점으로 바라본 군종제도의 찬반 논쟁이 시작되었고 그 후에도 미국과 유럽을 중심으로 전문연구자들과 군종장교들이 종교와 전쟁, 혹은 평화와 군대를 주제로 군종제도에 관한 연구를 이어오고 있다.

그동안 한국에서 군종제도에 대한 선행연구는 군종의 선발주자였던 그리스도교를 중심으로 진행됐었다. 대부분의 군종 관련 연구나 논문은 신학적 관점에서 군종활동에 대한 효과와 선교 신학적 활성화 방안들이 주류를 이루고 있다.[3]

그 밖에도 군의 관점에서 바라본 군종제도 정책이나 군종장교의 활동에 대한 효과성 검증, 혹은 장병 대상의 상담 활동 등에 관한 연구들이 주류를 이루어 왔다. 그러나 군종 관련 제도나 정책에 관한 연구 성과[4]에 비해 한국불교의 군종제도나 군승의 정체성, 혹은 군승활동 자체에 관련된 연구는 대단히 미미한 실정이다.

---

[3] 전·현직 군종목사에 의해 진행된 군종관련 연구실적은 적지 않다. 김성복, 「한국 군종교육의 현황과 그 운영 개선에 관한 연구」(부산대 교육대학원 석사학위논문, 1981); 박영수, 「한국 군종활동의 문제와 개선방안에 관한 연구」(한양대 행정대학원 석사학위논문, 1986); 최상철, 「군종활동을 통한 정신전력 기여방안」(경기대 행정대학원 석사학위논문, 1987); 김병용, 「한국 육군의 군종제도 현황과 발전 방안에 관한 연구」(건국대 행정대학원 석사학위논문, 1994); 김충빈, 「군종 교육을 위한 인격지도교육의 실태와 그 개선 방향 모색에 관한 연구」(한성대 행정대학원 석사학위논문, 1994); 이충훈, 「종교 성향과 회복탄력성이 군생활 스트레스에 미치는 영향: 공군부대를 중심으로」(장신대 석사학위논문, 2015) 등이 있으며, 불교적 입장에서 기술된 군종연구는 이효재, 「군 종교활동이 장병들의 정신건강에 미치는 영향에 관한 연구」(중앙승가대학교대학원 석사학위논문, 2009); 이동배, 『군포교 정책 수립을 위한 연구』(동국대 교육대학원 석사학위논문, 1996) 정도에 불과하다.

[4] 군종제도의 정책 방향이나 군종활동의 영향에 관한 연구 중 가장 주목할 만한 연구 성과는 강인철의 『종교와 군대-군종 황금어장의 신화는 어떻게 만들어졌나』(현실문화, 2017)이다. 한국 군종제도에 대한 비판적 성찰과 대안을 제시하고 있는 강인철의 연구에서는 불교군종제도에 대한 도구주의 문제나 종교 간 경쟁의 문제 등을 다루고 있어 향후 이 분야의 연구 과제를 다수 제시해 주고 있다.

주목해 볼 만한 최근의 한국 군승제도 관련 연구 성과는 Jonathan Carl Feuer의 박사학위 논문인 「The South Korean Buddhist Military Chaplaincy: Buddhist Militarism, Violence, and Religious Freedom」이다.[5]

Jonathan Feuer의 논문은 한국의 군승제도를 서구에 소개한 최초의 사례로 군승제도가 불교의 평화주의와 상반되는 개념이며 군사문화의 영향으로 일정 부분 군대가 가진 폭력성을 정당화하는 역할을 하고 있다고 주장하고 있다.

흥미로운 점은 군승 파송에 있어 조계종의 독점적 지위가 종교의 자유와 평등에 어긋난다고 보고 타 종단의 군승 참여를 제한하는 것은 종교 차별에 해당한다고 지적하고 있다는 점이다. 저자는 한국의 불교 군종제도에 관한 학술적 연구와 사회적 논의가 부족함을 언급하며, 앞으로 이에 대한 비판적 검토가 필요함을 강조한다.

또한 군종활동이 전투력 향상에 미치는 영향을 연구하는 논문[6]도 발표되어 군사적 측면에서는 가치가 적지 않다고 볼 수 있겠지만 기독교적인 관점에서만 연구가 진행되고 있어 불교나 군승활동을 포함하는 군종 전체에 대한 종합적인 고찰은 부족해 보인다.

그 밖에도 장병 대상의 상담과 명상 효과에 관한 연구나 군포교 실태와 과제에 관한 연구가 진행된 사례[7]도 있으나 군승의 정체성이나

---

[5] Jonathan Carl Feuer, 「The South Korean Buddhist Military Chaplaincy: Buddhist Militarism, Violence, and Religious Freedom」(University of California, 2023).

[6] 장성수, 『장병들의 軍宗活動이 戰鬪力 向上에 미치는 影響에 관한 研究』(한남대학교 경영대학원 석사학위논문, 2001).

불교 군종활동에 대한 활동에 관한 연구는 아니며 군승제도 관련 연구 성과로 보기에는 부족함이 있다.

다만 군종제도나 군종활동의 관점이 아닌 불교사적인 관점에서 승군이나 승병제도의 연구는 그 성과가 적지 않다. 주로 역사적인 관점에서 이루어진 승군활동이나 국가불교, 혹은 호국불교에 관한 연구는 시대로는 조선시대가 중심이며 특히 임진왜란 당시의 의승군에 관한 연구가 주를 이루고 있다.[8]

---

7 김창모, 「군포교 실태와 과제-군포교 성과와 미래 군 구조 개편을 중심으로」, 『禪文化硏究』 vol.3(한국불교선리연구원, 2007).

8 역사적 관점에서 접근한 승군 관련 주요 선행연구는 다음과 같다.
김갑주, 「남북한산성 의승번전義僧番錢의 종합적 고찰」, 『불교학보』 제25집(동국대 불교문화연구원, 1988); 김덕수, 「조선 승군사연구의 의의와 과제」, 『제17회 불교학술연구발표대회요지』(한국불교학회, 1991); 김덕수, 「조선시대 의승군 연구」(원광대 대학원 박사논문, 1992); 김용태, 「임진왜란 의승군 활동과 그 불교사적 의미」, 『보조사상』 제37집(보조사상연구원, 2012); 박재광, 「임진왜란 초기 의승군의 활동과 사명당」, 『동국사학』 제42집(동국사학회, 2006); 안계현, 「조선전기의 승군」, 『동방학지』 제13집(연세대학교 동방학연구원, 1972); 여은경, 「조선후기 산성의 승군총섭」, 『대구사학』 제28집(대구사학회, 1987); 양은용, 「조선시대의 국난과 의승군의 활동」, 『한국 호국불교의 재조명(불교사회연구소, 2012); 윤용출, 「17세기 후반 산릉역의 승군 징발」, 『역사와 경계』 제73집(역사와 경계사, 2009); 이종수, 「조선 후기의 승군제도와 그 활동」, 『보조사상』 제37집(보조사상연구원, 2012); 정경현, 「고려 전기의 보승군과 정용군」, 『한국사연구』 제81호(한국사연구회, 1993); 조계종 불교사회연구소, 『한국 호국불교의 재조명』(조계종출판사, 2012); 조계종 불교사회연구소, 『한국 호국불교자료집 I·II』(조계종출판사, 2012); 황인규, 「임진왜란 의승군의 봉기와 전란의 충격」, 『한국불교사연구』 제2호(한국불교사학회 한국불교사연구소, 2012) 등이다.

특히 대한불교조계종 불교사회연구소에서는 2011년부터 2014년까지 호국불교의 의미와 과제를 위한 세미나를 지속해서 개최하고 그 연구 결과물을 『한국 호국불교의 재조명 I』(2012), 『한국 호국불교의 재조명 II』(2013), 『한국 호국불교의 재조명 III』(2014)이라는 논문집 형태로 발간한 바 있다.

위의 연구에서는 호국불교의 내용과 의미를 새롭게 조명하고 불교와 국가의 관계를 조망하는 주목할 만한 연구 성과물들이 다수 수록되어 의승군과 호국불교 관련 중요한 자료가 되고 있다.

이러한 선행연구를 바탕으로 한국 군승제도에 대한 특수성과 활동상, 그리고 한국불교에 미치는 영향과 군승제도의 발전 과제에 관한 구체적인 연구를 진행해 보고자 한다.

군승제도에 관한 연구는 변화하는 시대상황에 적응해 가는 불교계의 대응과 한국군에서 행해지고 있는 불교 군종활동의 모습을 대승불교사상과 참여불교의 관점에서 바라보는 것을 가능하게 할 것이다.

본 연구에서는 대승불교의 교리적 기반과 군승들의 실제 활동 사이에 존재하는 교리적 정합성(Doctrinal Coherence)에 주목한다. 이는 군 불교활동이 대승불교의 핵심 사상을 현대적 맥락에서 구현하는 방식으로 해석될 수 있음을 시사한다. 특히 보살도의 실천과 중생구제의 이상이 군 환경이라는 특수한 맥락 속에서 어떻게 적용되고 변용되는지를 분석하는 것은 중요한 연구 과제가 될 것이다.

대승불교의 전통을 받아들인 동아시아 불교사에서 승려가 종군하여 활동하거나 정치, 군사적인 활동에 적극적으로 참여한 승병의 활동 사례를 찾아보는 일은 그리 어렵지 않은 일이다.

그러나 현대적 의미에서의 군종제도 안에서 활동하고 있는 불교 군종활동에 관련된 연구는 아직 미진한 상태이며 승려와 현역 군인의 신분을 동시에 가지고 군에서 활동하고 있는 한국 군승제도에 대한 본격적인 분석과 그 활동에 관한 연구는 본 연구가 거의 처음이라고 보아도 무방할 것이다.

한국에서 역사적 의미의 승군활동은 삼국시대부터 고려, 조선시대를 관통하며 존재해 왔으나 그 활동이 가장 두드러진 것은 조선시대의 임진왜란과 정유재란이었다. 승군들의 활동과 역할은 전쟁 상황이 마무리된 이후에도 군량 조달과 산성 축조築造, 공납貢納을 위한 조지造紙 등의 승역僧役으로 이어져 왔고 조선 후기에 이르러 점차 그 명맥이 사멸되고 말았다.[9]

현재의 한국 군승제도가 한국불교사에서 보이는 승군활동과 전혀 관련이 없다고 할 수는 없겠으나 역사적 전통에서 드러나는 승군, 혹은 승병들의 활동과 현재의 군승제도와는 그 맥락과 정체성을 달리하고 있다고 보아야 할 것이다.

본 연구의 목적은 한국 군승제도의 역사와 현황, 그리고 향후 발전 방향을 종합적으로 고찰해 보는 데 있다. 군불교가 갖는 특수성과 보편성, 군승제도의 의미와 한계를 고찰하여 군승제도의 발전과 개선 방향을 제시할 것이다.

군승활동의 역사와 전통을 살펴보기 위하여 대승불교의 흥기와 군승제도의 관계를 고찰하여 역사 속 승군활동 사례를 분석하고 그

---

[9] 고영섭, 「한국 僧軍의 역사와 사상사적 의미」, 『문학 사학 철학』 제59호(한국불교사 연구소, 2019), p.112.

영향으로 대두되는 호국불교 이념과 전통을 조명해 보고자 한다. 군승제도는 현대사회에서 대승불교의 이상을 창조적으로 계승하고 실천하는 중요한 수단으로 평가될 수 있으며, 향후 더욱 심도 있는 연구가 필요한 영역이라고 할 수 있다.

# 2장 대승불교 사상과 군승제도

## 1. 군승제도의 사상적 기반과 교리적 근거

대승불교는 기원후 1세기경 인도에서 등장하여 북방불교의 주류를 형성하며 중국, 한국, 일본 등 동아시아 지역으로 전파되었다. 대승불교는 석가모니 붓다 입멸 후 부파불교 시대를 거치면서 변화되는 시대적 요구에 부응하여 발생한 불교사상의 새로운 흐름이었다.

대승불교는 근본불교와 달리 출가와 재가를 포함한 모든 중생의 성불 가능성을 긍정하고, 중생구제를 위한 보살도의 실천을 강조하였다. 대승불교의 태동은 이처럼 출가자 중심의 불교에서 벗어나 일체중생의 성불 가능성을 인정하고, 중생구제를 위한 적극적이고 대중적인 세간 참여를 강조하게 된다.

군승제도는 이러한 정신을 현대적으로 계승하여, 군대라고 하는 특수한 환경에 있는 군인들을 위해 불법을 전하고 그들의 정신적 성장을 돕는 역할을 수행한다. 이는 단순한 개인적 수행을 넘어서는,

적극적인 보살행의 실천이라고 할 수 있다.

특히 대승불교의 정수를 담고 있는 『묘법연화경妙法蓮華經』은 군승제도의 존재 의의와 그 활동에 대한 강력한 교리적 근거를 제공하고 있다. 『법화경』은 석가모니의 근본 깨달음을 일체중생에게 전하고, 중생이 마음속에 내재한 부처의 성품을 발현케 하여 모두가 성불에 이를 수 있음을 역설한다.

『법화경』에서는 대승불교 사상의 핵심인 보살도를 논의하는 데 있어 중요한 교리적 근거를 제공하고 있는데, 『법화경』에서 강조하는 보살사상은 자리이타自利利他, 즉 자신의 깨달음과 해탈에 머무르지 않고 일체중생을 제도하겠다는 서원에 기반하고 있다.

결국 『법화경』에서 천명된 불교의 궁극적 이상은 개인의 해탈이 아니라 일체중생의 구제에 있으며, 이는 동체대비同體大悲를 중시하는 보살도를 통해 실현되어야 할 과제로 제시되고 있다. 이러한 맥락에서 성불사상과 보살정신은 한국불교 군승제도와도 맞닿아 있다고 할 수 있다. 세속과 떨어진 수행처에서 머무는 것이 아니라 생사生死의 문제가 눈앞에 펼쳐지는 전투와 전쟁의 현장에서 장병들과 함께 동고동락同苦同樂하면서 그들의 마음을 치유하고 전우애를 고취하는 데 힘썼던 군승들의 활동 또한 대승불교의 실천과 무관하지 않은 것이다.

실제로 군승들은 군대에서 전시 군종활동과 아울러 병사들의 심리치유나 인성함양교육, 전장윤리 제공 등의 평화적 영역에서도 많은 활약을 하고 있다. 이는 군사적 차원을 넘어 장병 개개인의 인격적 성장을 도모하는 보살행으로도 해석될 수 있다.

승려의 계율과 속세의 규범 사이에서 갈등하면서도 병영 내에서 장병과 함께 고뇌하고 성장을 모색하는 군승들의 모습은, 사회의 모순과 부조리에 능동적으로 대응하며 세간으로 들어가 그 속에서 대중과 함께할 것을 요청하고 있는 대승불교의 이상을 되새기게 한다.

특히 「법사품」과 「법사공덕품」은 보살도 실천과 법사의 역할에 대해 중요한 통찰을 제공한다. 「법사품」에서는 법을 설하는 자, 즉 설법자로서 법사(dharma-bhânaka)의 역할을 강조하고 있는데, 본래 법사라는 존재는 5부 Nikāya의 형성과 함께 bhânaka(誦經者, 說法者, 解說者)로서 경전의 해설과 설법을 통한 전법의 임무를 담당해 왔었다.[10]

그 뒤 대승불교가 발달하게 되면서 보살사상과 밀접하게 연결되어 전법자로서 법사는 보살의 수행경지인 십지十地 중에 난승지難勝地, 선혜지善慧地에 도달한 수행자로까지 묘사되고 있으며 법의 호지護持가 더욱 중요한 임무로 드러나게 된다.[11]

『법화경』의 법사관法師觀을 드러내는 또 다른 부분은 "내가 멸도한 뒤에 드러내지 않고 한 사람을 위해 『법화경』, 혹은 경의 한 구절을 설한다면 마땅히 이런 사람이 바로 여래사如來使요, 여래소견如來所遣으로서 여래사如來事를 행하는 줄 알아라."[12]라는 구절이나, "여래가

---

10 차차석, 「法華經의 法師(dharma-bhânaka)에 대한 考察」, 『한국불교학』 Vol.18 (한국불교학회, 1993), pp.307~308.
11 塚本啓祥, 「イント社會と法華經の交涉」, 『法華經の思想と文化』(平樂寺書店, 1965), p.34.
12 『妙法蓮華經』 卷4 「法師品第十」(大正藏 제9권, p.31b). "若我滅後, 聞是經典, 不生毀呰, 起隨喜心, 乃至一句, 當知是人以佛智慧悉能分別, 卽爲如來所遣, 行如來事."

멸한 후에 만약 사람이 있어 『법화경』을 듣되 단지 한 게송이나 한 구절만 듣고 한 생각으로 따라 기뻐하면, 나도 또한 그에게 아뇩다라삼 막삼보리를 수기할 것이다."[13]라는 내용은 전법자로서 대중 속에 들어가 불교를 전하는 일의 중요성을 강조하고 있다.

이러한 맥락에서 볼 때, 오늘날 군승들의 활동은 현대적 의미의 법사 역할을 수행하는 것으로 볼 수 있다. 군승들은 엄중한 군대 환경 속에서 불교의 가르침을 전하고, 장병들의 정신적 안정과 성장을 위해 노력한다. 이는 『법화경』이 말하는 법사의 공덕을 현대적으로 실천하는 것이라 할 수 있을 것이다.

대승불교의 핵심인 보살도 실천의 관점에서 군승들의 활동을 살펴보기 위해서는 『법화경』「방편품」의 "내가 부처의 눈으로 육도의 중생들을 보니, 가난하고 복덕과 지혜가 없어 생사의 험난한 길에 들어 고통이 끊임없이 이어지고 있다."[14]라는 구절에 주목할 필요가 있다.

여기에서는 중생들의 고통스러운 상태를 깊이 성찰하여 그들을 구제하고자 하는 대승불교 보살도菩薩道의 관점觀點을 제시하고 있다. 이는 중생구제를 위해 세간에 들어가는 것의 중요성을 강조한 것이다. 『법화경』적 관점에서는 보살도는 단순히 개인의 해탈이나 열반에 머물지 않으며, 세간에 들어가 그곳에서 발현되는 불법의 실천에 더 큰 의미를 부여하고 있다는 점이다.

---

13 『妙法蓮華經』卷4「法師品第十」(大正藏 제9권, p.31c). "如來滅後, 若有人聞妙法華經乃至一偈一句, 一念隨喜者, 我亦與授阿耨多羅三藐三菩提記."

14 『妙法蓮華經』卷1「方便品第二」(大正藏 제9권, p.7b). "我以佛眼觀見六道衆生, 貧窮無福慧, 入生死險道, 相續苦不斷."

이는 군승들이 군문에 들어가 장병들과 동고동락하며 군생활 속에서 불법을 전하는 것과 맥락을 같이한다. 군승들의 수행은 포교와 교화에 더 큰 의미가 부여되어야 한다. 이는 '포교 즉 수행'이라는 관점으로 이해할 수 있으며, 이것이야말로 진정한 의미의 보살도 실천이자 대승불교의 이상을 구현하는 일이라고 볼 수 있을 것이다.

군승제도는 이러한 대승불교의 입세간적入世間的 정신을 잘 구현하고 있다. 군승들은 세속의 삶, 그것도 가장 엄격하고 폐쇄적인 군대라는 환경으로 들어가 중생들과 함께한다. 이는 『법화경』이 강조하는 보살의 자비실천과 맞닿아 있다고 본다.

법사의 역할에 대해 『대지도론大智度論』에서는 '모든 실상을 잘 이해하고, 모든 법을 통달하며, 항상 대비를 행하여 중생을 제도하는 자'라고 정의한다.[15]

이러한 관점에서 볼 때, 대승불교의 교리적 기반과 군승들이 군대에서 수행하는 일련의 군 불교활동 간에는 상당한 수준의 교리적 정합성(Doctrinal Coherence)이 존재한다고 볼 수 있다.

교리적 정합성이란 불교사상의 일관성과 신뢰성을 유지하는 데 중요한 역할을 한다. 이는 불교가 시대와 문화의 변화 속에서도 핵심 가르침을 유지하면서 새로운 해석과 적용을 가능케 하는 기반이 될 수 있을 것이다. 이는 군 불교활동이 대승불교의 핵심 사상을 현대적 맥락에서 구현하는 방식으로 해석될 수 있음을 시사한다. 특히 보살도의 실천과 중생구제의 이상이 군 환경이라는 특수한 맥락 속에서

---

15 『大智度論』(大正藏 제25권, p.93c). "法師者, 善解一切實相, 了達諸法, 常行大悲, 度脫衆生."

어떻게 적용되고 변용되는지를 보여주는 중요한 사례로 간주될 수 있다.

군승제도와 같은 불교의 현대적 실천에서도, 전통적 교리와의 정합성을 유지하는 것은 중요한 과제가 된다. 대승불교는 출가자 중심의 불교에서 벗어나 모든 중생의 성불 가능성을 인정하고, 중생구제를 위한 적극적인 세간 참여를 강조하였다. 군승제도 역시 이러한 정신을 계승하여, 공인된 폭력집단인 군대라는 특수한 환경에 있는 장병들을 위해 불법을 전하고 그들의 성장을 돕는 임무를 수행한다.

결론적으로, 군승의 활동은 개인의 해탈이나 열반 추구를 넘어 중생 교화와 구제라는 대승불교의 핵심 가치를 실현하는 것이다. 그들의 포교활동은 곧 수행이며, 이는 『법화경』이 강조하는 법사의 역할과 보살도의 실천을 현대적 맥락에서 구현하는 것이다.

대승불교의 보살사상과 법사 개념은 군승의 정체성 형성에 지대한 영향을 미쳤으며, 이는 중생구제와 자비실천이라는 불교적 이상과 군사적 역할의 융합을 통해 구현되었다. 이러한 맥락에서 군승제도는 대승불교의 이념적 토대 위에서 발전한 독특한 종교-군사적 현상으로 해석될 수 있다. 따라서 군승제도는 대승불교의 이상을 현대사회에서 창조적으로 계승하고 실천하는 중요한 수단이라고 평가할 수 있다.

## 2. 대승불교 전통과 군승활동

대승불교는 초기 교단의 출가 수행자 중심주의에서 벗어나 재가자들의 역할과 중요성을 점차 인정하는 방향으로 변모해 갔다. 초기 대승경전에 등장하는 보살상은 대부분 출가 수행자였지만, 점차 재가자도 보살도를 실천할 수 있다는 관념이 확산하였다.[16]

예를 들어 초기 대승경전인 『반야경』에서는 출가 수행자인 수보리가 주요 법문 대상으로 등장하지만, 이후 『유마경』에 이르면 재가 보살인 유마힐이 출가 승려들을 훈도하는 모습이 나타난다. 더 나아가 『대반열반경大般涅槃經』「사자후품師子吼品」[17]의 실유불성悉有佛性 사상이나 『묘법연화경』의 '일체중생 성불론成佛論' 등을 통해서 불교의 구제론이 획기적으로 확장되고 있는데, 이러한 경전들은 출가자만의 불교가 아닌 재가자의 성불을 강조함으로써 대승불교의 발전과 확산에 중요한 역할을 하게 된다. 이처럼 대승불교 안에서 보살도는 출·재가를 아우르는 수행법으로 자리매김하게 이른다.

이러한 변화 속에서도 대승불교가 일관되게 강조해 온 가치는 중생제도였다. 아함경 등 초기경전이 개인의 해탈에 중점을 두었다면, 대승은 자리이타自利利他, 즉 자신의 깨달음과 타인의 이익을 함께 추구할 것을 역설한다. 중생구제라는 보살의 이상은 대승불교에서는 출가자뿐 아니라 재가 불자들에게도 삶의 지표로 제시되었다.

대승불교는 이처럼 중생제도의 정신을 확장함으로써 불교의 대중화와 생활화의 토대를 마련하였다. 이처럼 출·재가의 구분을 초월하여 일체중생을 제도하고자 했던 대승불교의 정신은, 불교를 개인 수행의

---

16 김호성, 「대승불교 안에서의 재가신도의 위상」, 『불교학보』 제50집(동국대 불교문화연구원, 2007), pp.161~180.

17 『대반열반경大般涅槃經』 권27 「사자후품師子吼品」(大正藏 12卷, p.524a). "一切衆生悉有佛性 煩惱覆故不能得見."

테두리에 가두지 않고 사회적 실천의 장으로 이끌었다는 점에서 대단히 큰 의미가 있다.

대승불교의 관점에서 볼 때, 재가자를 포함한 모든 중생이 불성을 지니고 있으며 성불의 가능성을 가지고 있다는 점은 군승제도 탄생에 매우 중요한 교리적 토대를 제공해 주고 있다. 이는 출가 수행자만이 수행의 주체가 될 수 있다는 소승적 관념에서 벗어나, 일체중생이 보살도를 실천할 수 있음을 인정하는 대승불교의 기본 입장과도 연결되는 것이다.

군승제도의 탄생 배경에는 이러한 중생제도와 자리이타, 일체중생 실유불성의 대승불교 사상 전통이 자리잡고 있다. 중생의 고통을 자신의 고통으로 여기고 그들을 구제하고자 하는 보살의 서원은 시대와 지역을 막론하고 대승불교권의 불교도들에게 지향점을 제시해 주었다.

전쟁의 참화 속에서 승군들이 자신을 희생하며 백성을 구하고자 했던 것이나 파사현정의 기치 아래 나라를 지키고자 했던 호국불교 사상도 군승제도 태동의 이념적 기반이 되었다고 본다.

한국불교의 군승활동은 불교의 평화사상과 일견 모순되는 것처럼 보일 수 있다. 그러나 대승불교의 전통과 사상적 배경을 살펴보면, 군승활동이 불교의 가르침과 조화를 이루며 발전해 왔음을 알 수 있다.

한국불교에서 군승활동을 가능케 한 대승불교 전통과 사상적 배경은 대승불교의 보살도菩薩道 정신과 중생구제의 실천에서 찾아볼 수 있을 것이다. 대승불교의 핵심 사상인 보살도는 군승활동의 이론적 기반을 제공한다. 보살도는 개인의 해탈을 넘어 모든 중생의 구제를 목표로 하는 실천 철학이다. 보살은 중생을 구제하기 위해 어떠한 환경에서도 적극적으로 활동한다. 군대라는 특수한 환경에서도 군인들의 정신적 안정과 윤리적 성장을 돕는 것은 보살행의 한 형태로 볼 수 있다. 또한 대승불교에서 강조하는 방편은 중생의 근기와 상황에 맞는 가르침을 의미한다. 군승들은 군인들의 특수한 상황과 심리를 고려하여 불교의 가르침을 전달하는 방편을 활용한다.

그 밖에도 화쟁和諍사상과 평화적 갈등 해결의 방법을 제시해 왔던 한국불교의 특수한 장점도 군승활동의 교리적 배경이 될 수 있다고 생각한다. 원효의 화쟁사상은 한국불교의 특징적인 사상으로, 군승활동에 중요한 영향을 미쳤다. 화쟁사상의 핵심은 중도中道의 실천과 포용적 세계관, 그리고 대화와 소통의 중요성을 들 수 있을 것이다.

대립되는 견해들을 조화롭게 통합하려는 화쟁의 정신은 군대 내에서 발생할 수 있는 다양한 갈등 상황을 평화적으로 해결하는 데 기여할 수 있다. 또한 화쟁사상은 모든 존재의 상호의존성을 강조한다. 이는 군인들에게 적대적 세계관을 넘어 포용적 세계관을 갖도록 하는 데 도움을 줄 수 있다. 화쟁은 대화와 소통을 통한 갈등 해결을 강조한다. 군승들은 이러한 정신을 바탕으로 군 내부의 소통을 증진시키는 역할을 할 수 있는 것이다.

한국불교의 군승활동은 대승불교의 보살도, 화쟁사상, 호국불교 전통, 그리고 선사상 등 다양한 사상적 배경을 바탕으로 발전해 왔다. 이러한 전통은 군승들이 군대라는 특수한 환경에서도 불교의 가르침을 실천하고, 군인들의 정신적 성장과 윤리적 발전을 돕는 역할을 수행할 수 있게 하였다.

군승활동은 단순히 종교적 의례를 수행하는 것을 넘어, 대승불교의 이상인 중생구제의 실천이자 한국불교의 현실참여 전통을 계승하고 있다고 볼 수 있다. 앞으로도 한국불교의 군승활동은 이러한 사상적 배경을 바탕으로 현대사회의 요구에 맞게 지속적으로 발전해 나갈 것으로 기대된다.

한국불교의 역사는 이러한 대승불교의 전통이 계승된 결과이다. 삼국시대 불교 수용 초기부터 『법화경』이나 『화엄경』, 『반야경』 등 대승경전들이 널리 유통된 바 있고, 이를 기반으로 한국불교 고유의 대승불교 사상이 널리 확산하였다.

신라시대에는 원효와 의상으로 대표되는 화엄종이 발달하였는데, 화엄사상은 법계연기法界緣起 사사무애事事無碍의 이치를 통해 현상세계의 평등성과 원융圓融과 무애無碍, 화쟁和諍을 설파함으로써 대승불교의 정신을 구현하였다.

고려시대에는 의천의 천태종과 지눌의 선종이 대승불교를 대표하고 있는데, 의천은 교관겸수敎觀兼修를 통해 교학과 선 수행의 조화를 도모하였고, 지눌은 돈오점수頓悟漸修와 정혜쌍수定慧雙修로 돈오의 진리와 점진적 수행을 아우르고자 하였다. 이들의 행적은 출세간의 깨달음과 입세간入世間의 자비실천을 병행해야 한다는 대승의 메시지를 던져주고 있다고 본다.

조선시대 불교는 숭유억불 정책으로 인해 어려움을 겪기도 했지만, 서산과 사명 등 탁월한 선사들에 의해 대승의 맥은 면면히 이어졌다. 서산은 선과 교의 통합을 통해 경전공부와 수행의 조화를 추구했고,

사명은 임진왜란 당시 승병을 이끌며 호국의 대의를 실천하였다. 이는 모두 즉사즉도卽事卽道,[18] 자리이타의 대승적 가치를 구현한 것이라 할 수 있을 것이다.

근현대에 이르러 만해 한용운은 『조선불교유신론』을 통해 승과 속의 구별이 없고 남녀의 차별도 없는 평등한 불교를 재건할 것을 설파한 바 있다.[19] 만해는 재가신도들이 사찰의 교무教務에 참여하도록 하고, 아울러 출가 승려들은 속세의 모든 차별에서 벗어나 오로지 수행과 포교에 전념해야 할 것을 주장하며 출가와 재가의 차별을 초월한 불교를 강조했고 실참운동實參運動과 민중계몽에 힘썼다.

근대 이후 한국불교계에서 대중불교 운동이 활발하게 전개된 것도 깨달음의 대중화를 지향한 대승정신의 발현으로 이해될 수 있을 것이다. 한국불교의 역사는 대승정신을 바탕으로 시대마다 창조적 계승을 모색해 온 과정이었으며, 자비와 반야의 이상을 바탕으로 출세간과 입세간을 넘나들며 깨달음의 실의實義를 구현코자 한 불교인들의 궤적이었다. 국가 존망의 갈림길에서 불교가 중요한 역할을 담당해 온 역사적 경험은 근대에 이르러 군승제도로 이어지게 된 것이다.

이처럼 한국불교는 수행 전통의 계승과 함께 사회운동, 문화운동 등 다양한 방면에서 현재까지도 대승의 이상을 펼쳐가고 있다. 불교가

---

[18] 卽事卽道란 출세간의 깨달음과 속세에서의 일상을 분리하지 않고 매 찰나의 삶 속에서 수행할 것을 강조하는 개념이다. 깨달음의 경지란 멀리 있는 것이 아니라 지금 이 자리에 임하는 마음가짐에 달려 있다는 것으로 이러한 논리는 불교 수행을 대중들의 생활 속으로 끌어들이는 동력이 되었다고 할 수 있다.

[19] 한용운, 『조선불교유신론』(동국대학교출판부, 2008), p.103.

군승을 군대에 파송하고, 군종제도의 틀 안에 들어가 활동하게 된 것 또한 호국과 평화의 대승적 실천으로서 의미를 지닌다고 할 수 있을 것이다.

한국의 군승제도는 베트남전쟁 참전이라는 특수한 역사적 배경 속에서 탄생하였지만, 그 근저에는 대승불교의 이타행과 호국정신, 그리고 실천지향의 교리체계가 자리잡고 있다. 물론 오늘날 군승들이 처한 현실은 고대 인도의 대승경전이 설해진 당시의 시대상과는 큰 차이가 있다. 그럼에도 불교의 가르침을 군생활이라는 특수한 여건 속에서 구현해 내고자 하는 군승들의 노력은 시대와 장소를 초월하여 대승정신을 계승하고 있다고 평가할 수 있을 것이다.

대승불교는 깨달음을 구도자 개인의 해탈에 국한하지 않고, 일체중생과 함께 누리고자 하는 이상을 담지擔持하고 있다. 군승제도 역시 전쟁이라는 극한상황 속에서 민간인들의 생명과 안위를 지키기 위해 싸웠던 승군들의 헌신을 제도적으로 구현한 것이다.

비록 계율의 문자적 준수라는 측면에서는 부분적인 한계가 있을지 모르나, 중생구제라는 대승의 이상을 속세 속에서 실천하고 있다는 점에서 군승제도와 대승불교 사이에는 깊은 사상적 연관성이 있다고 할 것이다.

대승불교를 대표하는『화엄경』에서는 세간 속에 나아가 자리이타의 보살행을 실천하는 사례가 적지 않다.「입법계품」에서 선재동자가 재가자 신분임에도 53명의 선지식을 찾아 구법행을 펼치는 행보는, 깨달음을 위해 속세와 단절할 것이 아니라 중생 속에서 자비를 실천해야 함을 암시하고 있다.「입법계품」에서 미륵보살은 선재동자에게 보살이 갖추어야 할 덕목으로서 십종헌익문十種獻益門을 강조하고 있다. 그 가운데 하나가 바로 세간에 들어가되 번뇌에 물들지 않는 것(入世間涉而不染著)이다.[20]

입세간섭入世間涉은 대승불교에서 보살도를 실천하는 핵심적인 방식으로서, 속세를 떠난 출가 수행자로서가 아니라 사회 속에서 중생들과 함께 호흡하며 그들을 제도하는 보살상을 제시하고 있다.

대승불교의 근본정신은 상구보리上求菩提 하화중생下化衆生, 즉 스스로 깨달음을 구하고 중생을 교화한다는 보살도의 이상에 있다. 이는 불교가 개인의 해탈에 그치지 않고 사회적 실천을 통해 중생제도에 힘써야 함을 일깨우는 가르침이다.

오늘날 한국불교의 군승제도 역시 이러한 대승정신을 펼치는 독특한 방편으로서, 승려들이 속세에 들어가 중생과 함께 수행하는 보살행의 일환으로 이해될 수 있다. 군대에서 장병들과 함께하는 군승들의 활동이야말로 좌구보리左求菩提 우화중생右化衆生의 표현이며 내구보리內求菩提 외화중생外化衆生의 삶인 것이다.

이러한 대승경전의 가르침은 궁극적 깨달음이 세속을 초탈한 데서 이루어지는 것이 아니라, 중생과 함께하는 자비실천의 과정에서 성취됨을 보여주는 것이다. 재가불교와 출가불교를 이분법적인 사고로만 접근할 것이 아니라 중생구제의 관점에서 보살정신을 어떻게 구현하고

---

20 『大方廣佛華嚴經』 권58, 「입법계품」(大正藏 10권, p.313b). "入世間涉而不染著者 示現同事 攝受衆生 隨順世法 方便敎化 菩薩以此修菩薩行." 이는 보살이 중생구제를 위해 세속의 삶으로 들어가되, 그 속에서 번뇌에 물들지 않고 중생들을 교화하는 방편을 나타낸 것으로 해석된다.

성불의 길로 나아갈 것인가가 더 우선시되어야 한다. 이는 세간 속에서 보살도를 실천하는 그것이 더욱 의미 있는 수행의 길이 될 수 있음을 시사하고 있는 것이라 할 것이다.

이는 불교가 현실사회와 유리된 종교가 아니라 대중 속에서 실천되어야 할 지향점을 보여주는 내용이라 하겠다. 이는 속세 속에서 수행의 가치를 실현하고자 하는 군승들의 자세와 상통한다.

오늘날 군승들은 대승불교의 보살사상을 군대에 구현하는 역할을 모색하고 있다. 법회활동뿐만 아니라 장병들의 마음을 치유하고 자아성찰을 돕는 심리상담이나 인성함양 프로그램 시행 등은 불교 수행의 대중화라는 측면에서 주목할 만하다. 특히 폐쇄적이고 권위적인 군대 조직 내에서 상호 이해와 존중, 배려의 문화를 확산시키는 군승들의 노력은 자비와 평등의 대승불교 이상을 실천하는 작업으로 평가될 수 있다.

한국불교의 군승제도는 대승불교의 근본정신을 현대사회에 구현하는 독특한 수행 형태라고 할 수 있다. 군승들의 활동은 국가와 민족의 위기 상황에서 불교의 역할을 새롭게 조명하게 만든다. 전쟁의 참화 속에서 고통받는 중생들을 구제하고 상생의 세계를 일구고자 했던 불교도들의 발자취는, 불교가 속세를 외면한 채 개인만의 해탈에 매몰될 수 없음을 일깨워 준다.

앞으로도 군승제도는 단순히 역사적 유물로 머물 것이 아니라, 시대정신과 교감하며 보살도를 구현하는 대승불교의 현대적 실천 양태로 거듭날 수 있어야 할 것이다.

# 3장 호국불교의 전통

## 1. 호국불교의 전통

한국불교는 삼국시대에 최초 수용 당시부터 국가불교로 유입되면서 통치이념의 기반이나 국민 통합의 가치로 이미 호국불교의 성향을 강하게 내포하고 있었다. 고구려와 백제, 신라와 가야국 당시에는 고대국가의 전환기적 시대상황 속에서 국가 경영이나 통치이념에 부합되는 사상이나 사회이념이 존재하지 못했고, 불교는 한반도에 전래된 당시부터 종교적, 신앙적 측면과 아울러 부족연맹 체제를 극복하고 고대국가에 부합된 새로운 정치이념을 사회 전반에 관철하기 위한 기능적 역할을 감당하고 있었다.

불교의 전래와 국가 공인을 통해 기존의 신정일치神政一致 체계에서 정교분리의 초석을 마련하는 기반이 마련되게 되었으며 사회적으로는 개별적 신앙이나 원시종교적 성향에서 국가사회의 통합적 사상과 가치를 제시하게 되었다.

이는 불교적 정서와 문화가 일반 민중의 삶 속에 보편적 삶의 가치를 제공하기 시작했다는 것을 의미한다고 할 수 있으며, 국가적 측면에서는 불교를 통해 지역적 협소성과 폐쇄성을 극복하고 국가 영역을 확대하여 고대국가의 기틀을 확립하는 계기를 마련했다고도 볼 수 있을 것이다.

이후 통일신라와 발해, 고려와 조선에 이르는 동안 불교는 보편적 가치이자 국가의 통치이념으로 자리하게 되었으며, 이러한 특징으로 말미암아 조선시대 억불숭유抑佛崇儒의 각박한 환경 속에서도 지역과 민간 정서에서는 불교의 맥이 면면히 이어지게 된 자양분이 되었다.

앞서 언급한 의승군 활동 이외에도 한국불교사에서 드러나는 호국불교의 사례는 적지 않다.

불법의 가르침을 수용하여 영토 확장과 삼국통일의 기틀을 닦은 법흥왕과 진흥왕의 호법護法, 호불護佛의 통치이념, 그리고 당 태종의 침략에 무려 3만 명이나 되는 승군들이 출전하여 승리를 이끌었던 고구려 안시성 전투에서의 사례[21]와 고려 태조 왕건의 훈요십조訓要十條,[22] 항몽전쟁 당시 김윤후 승장의 처인성 전투와 항마군降魔軍 활동,

---

21 고영섭, 「호국불교의 전통과 사명 유정의 의승군 활동」, 『호국불교의 역사와 전통계승을 위한 세미나 자료집-사명대사의 의승군 활동과 호국불교의 전통』(제2작전사령부 호국무열사, 2024. 3), p.12.

22 『高麗史』卷2, 「世家」 2, 太祖 26年 4月. 훈요십조訓要十條는 고려 태조가 후손에게 남겼다는 열 가지 가르침으로, 『고려사』에 수록되어 있다. 신서십조信書十條 또는 십훈十訓이라고도 하며, 고려 왕실의 헌장으로 고려의 신앙·사상·정책·규범 등을 보여주는 자료이다. 불교의 정신을 근간으로 했던 훈요십조는 고려의 국가 정책에 큰 영향을 주었으며, 고려의 호국불교 전통과 불교문화를 이해하는

고려대장경의 판각 등도 주목받는 불교의 호국 사례가 될 수 있을 것이다.

중생구제라는 명분으로 전쟁에 참여하거나 정치적인 입장에서 불교의 외호와 수법守法 차원으로 병장기를 들고 군사활동을 했던 역사적 사례를 접하면서 간과해서는 안 될 것은 불교와 국가의 관계, 혹은 불교가 국난극복에 이바지한 승군들의 활동을 모두 '호국불교'라는 개념으로만 접근하는 것은 분명 한계가 있다는 점이다.[23]

---

데 중요한 자료이다. 훈요십조의 내용은 다음과 같다.
불교의 힘으로 나라를 세웠으니 불교를 장려할 것. 절은 풍수지리설에 따라 세우고 함부로 짓지 말 것. 왕위는 맏아들이 계승하는 것을 원칙으로 하되, 맏아들이 어질지 못하면 그다음 아들에게 전해 주고, 그 아들도 어질지 못하면 형제 중에서 여러 사람의 추대를 받은 자에게 전해 줄 것. 거란과 같은 야만국의 풍속을 본받지 말 것. 서경(西京, 지금의 평양)을 중시할 것. 연등회와 팔관회를 경건히 할 것. 차현(車峴, 지금의 차령산맥) 이남과 공주강(公州江, 지금의 금강) 밖의 사람들은 등용하지 말 것. 관리들의 녹봉을 함부로 가감하지 말 것. 왕의 신하는 백성의 신하이므로, 백성의 이익을 위해 일해야 할 것을 강조하였다.
(국사편찬위원회 우리역사넷 http://contents.history.go.kr/ 2024년 1월 18일 검색.)

23 한국불교의 호국적 특징에 대한 담론과는 별개로 '호국불교'라는 개념이나 용어가 사용되기 시작한 것은 비교적 근대의 일이며, 메이지유신 이후 근대국가의 성립과 함께 국가주의적 불교를 지향한 일본불교가 '진호국가鎭護國家', '흥선호국興禪護國', '왕법위본王法爲本', '입정안국立正安國' 등의 교리를 강조하면서 본격적으로 사용하기 시작했다는 것이 학계의 일반적인 견해이다.
특히 일본 정토진종의 오타니파(大谷派)에서는 일본의 근대화와 개화기를 거치면서 호국護國·호법護法·방사防邪의 삼위일체설을 주창했고 또한 당시 일본 불교인들의 저술 가운데는 겟쇼(月性, 1817~1858)의 『불법호국론佛法護國論』(1856), 토리오 토구안(烏尾得庵, 1847~1905)의 『호법호국론護法護國論』 등을 비롯하여 호국과 호법의 일치를 주장하는 저서와 주장들이 잇달아 나옴으로써 이른바 호국불교

호국불교의 전통은 국난극복을 위한 숭고한 희생이나 중생구제를 위한 거룩한 보살행이었지만 또 다른 측면에서는 왕실과 국가권력의 비호 아래 특정한 목적에 의한 정치적 작용으로 이용된 부정적인 면도 있었던 것이 사실이다.

불교의 역사는 국가와의 밀접한 관계 속에서 성장 발전하면서도 정치권력과의 결탁을 거부하는 독립된 출세간의 위상을 각각 보여주고 있기는 하지만 본 연구에서는 불교의 국가관이나 정치적 사회 참여 사상을 구체적으로 논의하기보다 군승활동의 역사적 연원으로서 호국불교 사상의 의미를 조명하는 것에 국한하여 논지를 진행해 나가고자 한다.

호국불교는 국가권력에 의해 정책적으로 육성되기도 하지만 근본적으로는 불교도들의 의지와 신행의 산물이었다. 대승불교의 관점에서 중생구제를 위한 보살행인 호국불교는 실천불교이자 참여불교의 관점에서 파악하는 것이 옳을 것이다.

호국불교의 정신은 전란의 참화 속에서 개인의 깨달음이나 해탈의 추구보다는 이웃의 생명을 살리고 국난을 극복하고자 하는 현세 이익적 중생구제를 중시하는 가치이다.

한국의 호국불교 중점은 국가와 왕을 동일시해 왔던 동아시아의 왕즉불王卽佛의 개념보다는 이웃 중생이 살고 있는 실질적 주처住處인 국가, 혹은 국토를 보호한다는 의미가 더 크게 적용되었다.[24]

---

론은 당시의 시대적인 담론으로 자리잡게 되었다. 최병헌, 『한국불교사 연구입문-한국불교사의 체계적 인식과 이해방법론』(지식산업사, 2013), p.89.

[24] 김근호, 「서산대사, 그리고 호국불교의 가능성」, 『불교평론』 17호(만해사상선양실

한국의 호국불교는 왕명이나 정치적 목적에 의해서만 작동되지 않았다. 전란의 위기 속에 사찰과 불교의 권익을 지키려 무장했던 것이 아니라 백성을 구하고자 하는 자발적, 자위적 선택이었으며 대표적 호국불교 사례인 의승군 입장에서는 그것이 현세 극락정토를 수호하는 대승불교의 구현이었다.

이러한 호국불교 전통은 군승활동의 역사적 연원이자 사상적 기초로 받아들여지고 있으며 주어진 상황을 회피하지 않고 현실을 포용하며 극복하는 참여불교, 실천불교의 특징을 여실히 보여준다고 할 수 있다.

## 2. 호국불교의 경전적 근거

대승불교에서 강조하는 호국과 호법의 가치는 불교가 단순히 개인의 해탈만을 추구하는 것이 아니라, 국가와 사회의 안녕을 위해서도 적극적인 역할을 해야 한다는 호국불교 사상의 토대가 되었다.

호국불교의 경전적 근거를 논의함에 있어 가운데 가장 주목해 볼 만한 경전은 일명 『인왕호국경』 혹은 줄여서 『인왕경』으로 통칭되는 『인왕호국반야바라밀다경仁王護國般若波羅蜜多經』이다. 『인왕호국반야바라밀다경』에서는 국가와 국왕의 관계를 대승불교적 관점에서 밝히고 있는데, 이 『인왕호국반야바라밀다경』에서 강조되는 인왕仁王의 조건은 단순한 국왕이 아닌 반야지혜를 갖춘 군주를 의미한다.

---

천회, 2003), p.214.

『인왕경』의 교의에 따르면 진정한 호국이란 외침이나 내환에 대한 영토의 방어에만 국한된 개념이 아니다. 중생의 마음속에 반야바라밀이라는 근원을 두지 않고 분별하고 집착하여 미워하는 마음이 생기면 그것은 곧 참된 호국을 방해하는 것이 되며, 이에 따라 사회는 혼란에 빠지게 된다는 것이다.

경전에서 밝히는 혼란의 근원은 각 개인이 마음의 번뇌와 무상의 원리를 알지 못함에서 온다는 것으로서, 이는 전체적으로 반야바라밀을 닦지 않는 데서 기인하고, 그 때문에 시비와 갈등을 초래하여 국가가 잠시도 편할 날이 없다는 것이다. 즉, 『인왕경』에서 강조하는 호국이란 어떤 영토적인 차원의 방어나 보존만(外護)을 가리키는 것이 아니라, 정법의 가르침에 의지하여 일체 개인의 유·무형의 심신을 지키는(內護) 호법 차원의 수행과 정진을 강조하고 있다. 정법에 의지하여 국토를 청정하게 가꾸고 지혜와 자비로 나라를 통치하는 국왕이 바로 인왕仁王이며 이러한 왕을 지키고 이러한 국토를 보호하는 것이 바로 호국과 호법의 정신이었다.

이처럼 호국, 호법의 전통은 불교의 이상이 현실에 적용되면서 형성된 하나의 문화이자 이념이며 이는 한국불교사에서 삼국시대 이후 수많은 국난극복의 역사 현장 속에 불교가 함께하고 있는 것과 그 맥락을 같이하고 있다.

전란의 시대에 국가와 국민의 안녕과 평화를 기원하고 고통받는 생명을 지키고 보호하는 것이 대승불교의 보살행이며, 이를 통해 중생을 이익되게 하는 일이 불교의 정법을 지키는 것과 다르지 않다는 것이 호국불교론의 입장이다.

또 다른 측면에서 호국불교를 근본불교적 관점에서 살펴보았을 때, 출가 수행자가 병장기를 들고 전쟁터에 나가는 것은 불살생계를 위계違戒한 것이라는 비판과 지적이 있는 것이 사실이다. 그러나 대승불교의 정신은 자기 자신만이 아니라 타인의 살생 역시 적극적으로 방지할 것을 강조한다. 그러한 관점에서 침략자가 부모형제와 동족을 해치는 살생을 막는 것도 대승보살의 역할이 되는 것이다.

전투 현장에 투입된 승려들이 직면하게 되는 삶과 죽음의 상황은 불교의 핵심 교리인 불살생계의 원칙을 지계持戒와 사계捨戒, 혹은 월계越戒해야 하는가를 고민하게 만들었을 것이다. 불살생의 불교정신이 전투 현장에서 더 관대하게 해석되고 호법護法의 가치를 수호하는 더 큰 명분으로 받아들여지게 했던 경론의 근거 가운데 다음의 몇 가지를 주목해 보고 싶다.

『약사유리광여래본원공덕경藥師琉璃光如來本願功德經』에서 설해지는 "계율을 범하고 정법을 비방한 죄가 약사여래의 위신력으로 모두 소멸된다."[25]라는 내용과 『대반열반경大般涅槃經』「금강신품金剛身品」

---

[25] 『약사유리광여래본원공덕경』 1권(ABC, K0177 v10, p.1348c02-c20). "曼殊室利! 若諸有情雖於如來受諸學處, 而破尸羅; 有雖不破尸羅, 而破軌則; 有於尸羅軌則雖得不壞, 然毀正見; 有雖不毀正見, 而棄多聞, 於佛所說契經深義不能解了; 有雖多聞, 而增上慢, 由增上慢覆蔽心故, 自是非他, 嫌謗正法, 爲魔伴黨如是愚人, 自行邪見, 復令無量俱胝有情墮大險坑 此諸有情, 應於地獄傍生鬼趣流轉無窮, 若得聞此藥師琉璃光如來名號, 便捨惡行, 修諸善法, 不墮惡趣設有不能捨諸惡行, 修行善法, 墮惡趣者, 以彼如來本願威力令其現前, 暫聞名號 從彼命終, 還生人趣, 得正見精進, 善調意樂, 便能捨家趣於非家如來法中受持學處, 無有毀犯, 正見多聞, 解甚深義, 離增上慢, 不謗正法 不爲魔伴 漸次修行諸菩薩行速

의 "불법을 보호하기 위하여 칼과 몽둥이를 지니더라도 나는 이들이 지계했다고 설한다."라는 내용,[26] 그리고 『유가사지론瑜伽師地論』 등에서 강조되는 "선교방편善巧方便"을 통해 이타행을 명분으로 하는 전쟁터의 행위들이 점차 승려들의 상황윤리에 적용되게 되었다.[27] 이러한 『약사경』이나 『대반열반경』 등이 널리 유통되기 시작하면서 승군들의 전투 활동을 불교적 관점에서 관용적으로 해석하는 데 일조했을 것으로 보인다.

그 밖에도 나라를 보호하고 지키는 일과 불법수호, 혹은 국태민안과 연관성을 엿볼 수 있는 경전으로 『금광명최승왕경金光明最勝王經』「사천왕호국품四天王護國品」의 "만약 국왕이 이 경전을 받아 지니고 공경하여 공양한다면, 우리 사천왕은 항상 그 국토를 수호하여 모든 적의 침략을 물리치고 국토를 평안하게 할 것이다."[28]라는 내용은 불법을 수호하는 것이 곧 국가를 수호하는 것과 직결된다는 사상을 보여주고 있다. 『대비바사론大毘婆沙論』에서도 "불법이 흥성하면 국가가 안녕하고, 불법이 쇠퇴하면 국가도 쇠퇴한다."[29]라고 하여 불교의 발전과

---

得圓滿."
26 『大般涅槃經』「金剛身品」(大正藏 제12권, No.374, p.383c). "若諸國王大臣長者優婆塞等 爲護法故 雖持刀杖 我說是等 名爲持戒."
27 안성두, 『우리의 가장 위대한 유산–대승불교의 보살』(씨아이알, 2008), p.256.
28 『金光明最勝王經』「四天王護國品」(大正藏 제16권, No.665, p.427c). "若有國王, 受持讀誦, 恭敬供養是妙經典, 我等四王, 常當擁護, 除其國土, 一切災患, 令無衰損, 正法流通."
29 『大毘婆沙論』(大正藏 제27권, No.1545, p.1004c). "佛法興時國土安穩, 佛法滅時國土損壞."

국가의 안녕이 밀접하게 연관되어 있다는 사상을 보여주고 있다.

또한 『대승기신론大乘起信論』이나 『유가사지론瑜伽師地論』에서도 "보살은 중생을 위해 세간의 모든 기술을 배우고, 국가를 다스리는 방법도 배워야 한다."[30]라는 구절이나 "보살은 중생을 위해 세간의 모든 일에 통달해야 하며, 국가를 다스리는 방법도 알아야 한다. 이는 중생을 구제하기 위한 방편이다."[31]라고 하여 보살의 역할이 출세간적인 것에만 국한되지 않고, 세간의 일, 특히 국가 경영에까지 확장되어야 함을 보여주고 있다.

이러한 경전들의 내용은 불교가 단순히 개인의 해탈만을 추구하는 것이 아니라, 국가와 사회의 안녕을 위해 적극적으로 참여해야 한다는 사상을 드러내고 있다. 이는 한국불교의 호국불교적 특징을 뒷받침하는 교리적 근거가 되기에 충분하다. 호국불교는 이러한 경전적 근거를 바탕으로 한국의 역사적, 문화적 맥락 속에서 발전해 왔다고 볼 수 있는 것이다.

## 3. 승군僧軍의 역사적 사례

불교는 자비의 이상을 구현하기 위한 비폭력과 불살생을 최고의 가치로 여겨 왔다. 이에 따라 불교는 전쟁이나 군대, 혹은 군인들에 대해

---

30 『大乘起信論』(大正藏 제32권, No.1666, p.580b). "菩薩爲利益衆生故, 世間技藝, 治生産業, 皆應該習."

31 『瑜伽師地論』(大正藏 제30권, No.1579, p.521a). "菩薩爲利益衆生故, 於世間工業, 技術, 書數, 算印, 地水火風種種諸論, 乃至治世, 國政等事, 皆應該習."

부정적인 견해를 밝힌 사례가 적지 않다. 그러한 불교의 입장을 드러나는 일례로 전쟁 상황에서 국경에서 탈출한 군인들의 출가를 허용하지 않아야 한다는 율장의 기술 등이 그러한 사례의 하나가 될 것이다.[32]

그러나 대승불교의 전통을 발전시켜 온 동아시아의 불교 역사에서는 불교와 정치, 혹은 국가와 불교 교단과의 관계가 밀접하게 유지되면서 그 양상이 달라지게 된다.

승려들이 군에 입대하거나 전투 현장에 직접 참전하지는 않았다 하더라도 고대사회의 종교와 정치, 혹은 다수의 전쟁 상황을 고려해 보았을 때 그 연관성을 유추해 보기란 어렵지 않은 일이다.

군사적 활동이나 정치자문, 외교문서의 작성에 관여한 사례와는 별개로 사찰의 안전을 지키거나 외침으로부터의 가람수호를 목적으로 하였던 승병들의 활동은 한반도 불교 전래 초기부터 시작되었을 것으로 예견되지만 고대 불교사에서 활동한 승병들의 역사적 사례를 구체적으로 논거하기에는 자료가 희박하여 그 실정을 정확히 파악하기는 어렵다.

현재까지의 사료에 나타난 군승 관련 기록 가운데 최고最古인 것은 「해인사묘길상탑기海印寺妙吉祥塔記」에 나타난 기록이다.[33] 이 기록은

---

32 김재영, 『초기불교 개척사』(도피안사, 2001), p.103.
33 「해인사묘길상탑기」는 최치원(崔致遠, 857~?)이 신라 진성여왕(재위 887~897) 9년(895) 7월, 외침外侵 속에 해인사를 지키려다 전투 중 사망한 치군淄軍, 즉 승군의 명복을 빌기 위해 삼층석탑을 세운다는 내용이 새겨진 기록이다. 「탑기」는 모두 4개의 전판塼板으로 이루어졌는데 석탑에서 나온 일괄 유물이기 때문에 일반적으로 「해인사묘길상탑기海印寺妙吉祥塔記」로 불린다. 그 각각은 「해인사묘길상탑기」, 「운양대길상탑기雲陽臺吉祥塔記」, 「백성산사길상탑중납법

신라 말 지방호족 세력과의 전란 과정에서 활동한 한 승군의 존재를 확인하는 자료이기도 하다.

위의 사례에서 볼 수 있듯이 최초 승병들의 존재는 사찰에 노동력을 제공하면서 치안의 방편으로 외침 세력으로부터 사원을 지키고, 유사시에는 군역軍役을 대신하여 전투 현장에 차출되는 부류의 승려를 지칭하는 개념이었다. 그 후 승병이 조직화되고 확장하게 되면서 시대별, 혹은 지역별로 기존의 승병은 '승군僧軍'이라는 명칭으로 그 범주를 넓혀가게 된다.

국가불교의 위상이 공고하였던 고려시대에는 불교와 정치세력과의 관계가 밀접해져서 다양한 사건과 사례들을 통해 승려들의 대외적 활동이 왕성해지기 시작한다.

고려는 국가통치이념이었던 불교의 관점에서 운영된 정치제도나 군사활동 사례가 적지 않은데 특히 군승의 활동으로 보기에는 무리가 따르지만, 왕사제도나 국사제도의 운용이나 지방 호족 세력과 지역

---

침기百城山寺吉祥塔中納法瞓記」, 「오대산사길상탑사五臺山寺吉祥塔詞」, 「곡치군곡緇軍」, 「해인사호국삼보전망치소옥자海印寺護國三寶戰亡緇素玉字」 등이다.
이 탑지들의 기록은 신라 말 사찰을 중심으로 활동했던 승군의 존재를 확인하는 자료이기도 하다. 「탑기塔記」의 원문은 아래와 같다.
"海印寺妙吉祥塔記. 崔致遠撰. 唐十九帝 中興之際 兵凶二災 西歇東來 惡中惡者 無處無也. 餓殍戰骸 原野星排 粤有海印寺別大德僧訓 畫傷痛于是 乃用施導師之力 誘狂衆之心 各捨芋實一科共成珉甃三級 其願輪之戒道也 大較以護國爲先 就是中 特用拯拔 冤橫沈淪之魂識 禴祭受福 不朽在玆 時乾寧二年申月旣望記大匠僧蘭交."
(국사편찬위원회 우리역사넷 http://contents.history.go.kr/ 2024년 1월 5일 검색.)

사찰과의 상호연관성 속에 이루어진 장군과 승려들의 교류는 승군의 활동 배경을 짐작케 한다.

승군은 고려 전기 외적의 침략에 대응하기 위해 신설된 군사조직 가운데 '항마군降魔軍'이라는 이름으로 편제된 적도 있었고, 때로 정권의 향방에 따라 권력자의 무력적 기반으로 동원되거나 무장한 저항 세력이 되기도 하였다.[34] 특히 고려시대 승군에 차출되었던 승려들은 승도僧徒 또는 수원승도隨院僧徒라는 이름으로 지칭되었다.[35] 이들 승도는 군사적으로 동원되는 것뿐만 아니라 역역에 징발되기도 하였는데, 그들은 국가 공역工役에 주요 노동력으로 기능하였고 사원에 소속되어 공공사업에 일반 백성을 동원하기 어렵거나 부족할 경우 동원되는 사례가 적지 않았다.

그 밖에도 고려사에는 민란을 일으킨 지역의 평정을 위하여 승군이 동원되거나 여러 사찰의 승려들이 종군하여 최충헌 무신정권 세력과의 충돌을 일으켜 전투를 벌인 사례가 기록되어 있기도 하다.[36]

---

[34] 고영섭, 「한국 승군의 역사와 사상사적 의미」, 『문학 사학 철학』 제59호(한국불교사연구소, 2019), p.113.

[35] 隨院僧徒는 경전을 외우고 계를 지키는 수행승과는 달리 대부분 천민과 같은 낮은 신분으로 국가의 직역을 피해 출가하였으며 조선시대의 재승 혹은 연화승과 같은 부류를 가리킨다. 황인규, 「고려시대 국가불교와 대외항쟁」, 『한국 호국불교의 재조명』(대한불교조계종 불교사회연구소, 2012), p.129.

[36] 『高麗史』 卷129, 「列傳」 42, 〔叛逆 3〕. "崔忠獻 興王·弘圓·景福·王輪·安養·修理 等寺 僧之從軍者, 謀殺忠獻, 佯若奔潰者, 曉至宣義門急呼曰, 契丹兵已至矣. 門者拒不納, 僧徒鼓噪斬關, 而入殺門者五六人 有郞將金德明, 嘗以陰陽之說, 媚忠獻官至知太史局事. 所進新曆, 皆變舊法, 日官及臺諫, 心知其非, 畏忠獻莫敢言者. 又數興工役, 侵耗諸寺, 故僧徒怨之, 先毁其家, 然後向忠獻家.

조선시대에 이르러 불교는 억불정책의 기조 속에 승려의 신분이나 위상이 크게 격하되어 그 명맥을 어렵게 이어가고 있다가 임진왜란과 정유재란을 거치며 의승군 활동을 통해 그 존재감을 크게 부각시키게 된다.

당시에는 수많은 승군들이 의승군이라는 이름으로 왜군과의 전투에 직접 참전하게 된다. 영규靈圭의 청주성발성淸州城拔城 전투, 처영處英의 형주산성 대첩을 비롯하여 사명당 유정惟政의 지휘 아래에서 이루어진 평양성 탈환 당시 모란봉牡丹峰 전투와 한양 수복 때의 수락산 전투, 노원평 전투, 송교 전투 등이 대표적인 의승군 참전 사례이다.

이들의 활동은 자발적인 중생구제의 보살행으로, 특히 임진왜란 때 활약했던 승군의 활동은 국난의 위기 속에서 고통받는 백성들을 구제하기 위해 자발적으로 봉기한 의군義軍이었다는 점에서 기존의 가람수호 차원이나 정치권력과의 관계로 이루어졌던 승군활동과는 그 의미가 다르다 할 수 있다.

그러한 이유로 승군은 의병과는 달리 전쟁 상황이 마무리된 연후에도 관으로부터 해체를 당하지 않았을 뿐만 아니라 한양성 수복 후에는 산성 축조築造, 조지造紙, 산릉역山陵役 등의 공역公役을 맡았으며

---

纔至市街, 爲巡檢軍所逐奔, 至新倉館與戰, 忠獻遣家兵挾擊之. 僧魁中流矢仆, 其徒奔至宣義門, 懸門下不得出. 遂皆散走. 忠獻軍追, 斬三百餘僧. 擒其黨鞫之辭, 連中軍元帥鄭叔瞻. 明日, 忠獻閉城門, 大索僧之逃者, 皆殺之. 會大雨流血成川. 又斬僧三百餘人於南溪川邊. 前後所斬幾八百餘, 積屍如山, 人不得過者數月."

(국사편찬위원회 우리역사넷 http://contents.history.go.kr/ 2024년 1월 5일 검색.)

왕조실록이 보존된 지역에서는 실록의 보전을 전담하는 수호승군守護僧軍의 역할을 감당하는 등, 각 지역에 산재된 승영僧營이나 치영緇營을 중심으로 승군 조직을 존속시켜 나간다.

승군제도는 조선시대 억불정책 하에서 불교의 위상과 승려의 대사회적 존재감을 크게 확장시키는 계기를 마련했으며, 이렇게 많은 수의 승려가 민중들을 위해 자발적으로 참전하거나 군사 임무를 직접적으로 감당한 경우는 불교 역사상 찾아보기 어려운 사례일 것이다. 만약 타국을 침략하거나 정치적 목적의 달성을 위한 정당성의 도구로만 호국불교나 승군의 가치를 전승하고 이용했다면 불살생의 계율이나 중생구제를 목적으로 하는 자비의 핵심 교리와 상충되어 온전히 그 정신을 구현하거나 전통을 계승해 나가기 어려웠을 것이다.

의승군의 존재는 전란의 위기 상황 속에 죽어가는 생명을 살리고자 하는 중생구제의 역할과 파사현정의 명분 아래 활동했다는 측면에서 동아시아 불교사에서 그 의미와 가치가 높다고 할 것이다.

## 4. 최초의 군승 원광 법사

한국의 불교사에서 호국불교의 전통을 구현하는 데 앞장선 많은 불교인 가운데 군승의 역할을 감당한 최초의 공식 사례는 신라 원광 법사 (532~?)[37]의 활동이다. 원광 법사는 신라 말, 수隋에서 수학한 화엄종

---

37 원광 법사의 생몰 연도에 대해서는 『삼국유사』를 비롯한 사서들과 금석문 등에서 발견되는 기록이 서로 일치하지 않는 부분이 있어, 학계의 다양한 의견이 대두되고 있으며 정확한 연도를 특정하기는 어렵다.

승려로 화랑도 정신을 불교이념에 접목해 한국의 호국불교 사상을 정립한 인물이다.

그는 당시 신라가 통일전쟁을 진행하는 과정에서 외침의 극복과 호족 세력의 반란, 밖으로는 당나라의 침입 위협에 직면하자 승려의 신분이었음에도 다양한 모습으로 현실정치에 개입하고 있으며 일종의 군사자문 활동을 보여주고 있기도 하다.[38]

원광 법사가 군승으로서의 정체성을 드러내는 대표적인 사례는 화랑도花郎徒에게 세속오계世俗五戒를 설파한 일이다. 삼국시대 신라는 법흥왕 때부터 본격적으로 불교를 수용하면서 새로운 국가이념과 통치 이데올로기를 갖추게 된다. 특히 진흥왕대에 이르러 화랑도를

---

[38] 원광은 세속오계의 설파 이외에도 수나라에 군사를 요청하여 고구려를 정벌해 주기를 청하는 걸사표乞師表를 작성한 기록이 있기도 한 정치적 성향의 인물이었다. 진평왕 30년(608), 왕이 고구려가 자주 국경을 침략하는 것을 걱정하여 수나라에 군사를 요청해 고구려를 치고자 원광에게 명하여 걸사표를 짓도록 하였다.

『三國史記』卷4,「新羅本紀」4, 眞平王 30·33年. "자기가 살고자 남을 멸하는 것은 출가한 승려(沙門)로서 (적합한) 행동은 아니지만, 제가 대왕의 땅에서 살고 대왕의 물과 풀을 먹고 있으니 감히 명을 따르지 않겠습니까."라고 하면서 (글을) 지어 아뢰었다. (611년) … 왕이 사신을 수나라에 보내 표表를 올려 군사를 청하였는데, 수 양제煬帝가 이를 허락하였다. 원광에 의해 군사가 움직인 사건은 『삼국사기』의 「고구려본기」에도 실려 있다.

"王患高句麗屢侵封場, 欲請隋兵以征高句麗, 命圓光修乞師表. 光曰, 求自存而滅他, 非沙門之行也, 貧道在大王之土地, 食大王之水草, 敢不惟命是從, 乃述以聞. … 王遣使隋, 奉表請師, 隋煬帝許之. 行兵事在高句麗紀."

(국사편찬위원회 우리역사넷 http://contents.history.go.kr/ 2024년 1월 7일 검색.)

통해 불교적 정신을 사회윤리와 정치철학에 접목시키게 된다.[39]

화랑도는 초기에 왕족 자제들의 교육기관이었지만 점차 일반 귀족 자제들에게도 개방되었는데, 특히 문무 겸비의 교육을 통해 유능한 관리와 군사 지도자를 배출하는 역할을 감당하게 된다.

이처럼 화랑도는 귀족 청년들을 대상으로 한 엘리트 양성과 수기치인修己治人을 목적으로 만들어진 교육기구였으며, 여기에 원광 법사가 불교정신을 도입하여 화랑들의 양성 과정에 큰 영향을 끼쳤다. 이때 화랑도의 구체적인 규범과 정신적 지침이 필요했을 것으로 보이는데, 그것을 원광 법사가 세속오계의 제정을 통해 제공했던 것이다.

원광 법사는 세속오계를 통해 충성과 용기를 불교의 가르침인 자비와 정진에 연결하고 있다. 신라가 지정학적 위치 때문에 영토분쟁을 계속할 수밖에 없었던 전시상황 속에서 그는 전쟁과 무력도 때로는 불가피하지만, 궁극적으로는 평화로운 불국토를 건설하는 것이 목적이라고 강조한다.

그는 귀산貴山과 추항箒項에게 세속오계를 직접 가르쳤는데,[40] 이는

---

39 김충열, 「花郞五戒와 三敎思想의 現實的 具現」, 『신라문화제학술발표회논문집』 (동국대학교 신라문화연구소, 1989), pp.121~138.

40 『三國遺事』卷4,「義解」5, 圓光西學. "賢士貴山者, 沙梁部人也. 與同里箒項爲友, 二人相謂曰, 我等期與士君子遊, 而不先正心持身, 則恐不免於招辱. 盍問道於賢者之側乎. 時聞圓光法師入隋回, 寓止嘉瑟岬【或作加西, 又嘉栖, 皆方言也. 岬俗云古尸, 故或云古尸寺, 猶言岬寺也. 今雲門寺東九千步許, 有加西峴, 或云嘉瑟峴, 峴之北洞有寺基, 是也】, 二人詣門進告曰, 俗士顚蒙, 無所知識, 願賜一言, 以爲終身之誡. 光曰. 佛敎有菩薩戒, 其別有十, 若等爲人臣子, 恐不能堪. 今有世俗五戒, 一曰, 事君以忠, 二曰, 事親以孝, 三曰, 交友有信, 四曰, 臨戰無退, 五曰,

화랑들에게 불교적 자비와 용맹의 정신을 체득시키기 위함이었다. 원광이 교육한 오계의 내용을 보면 사군이충事君以忠, 사친이효事親以孝, 교우이신交友以信, 임전무퇴臨戰無退, 살생유택殺生有擇의 다섯 가지이며 이는 충효忠孝, 신의信義, 무공武功, 자비慈悲 등의 덕목을 강조하고 있다.

특히 흥미로운 사실은 원광 법사가 불교의 불살생계不殺生戒를 전장에 나가야 할 화랑들에게 살생유택殺生有擇으로 재해석한 부분이다. 『삼국유사』의 기록에는 세속오계의 가르침을 전해 받은 귀산 등이 질문하기를, '다른 것은 이미 알겠습니다만, 이른바 산 것을 죽일 때는 가림이 있게 하라는 것은 잘 이해를 못하겠습니다.'라고 하니 원광은 다음과 같이 답했다고 한다.

'6재일六齋日과 봄·여름철에는 산 것을 죽이지 않는데 이것이 때를 가린다는 뜻이다. 가축을 죽이지 않는다는 것은 말·소·닭·개를 이르는 것이요, 하찮은 생명(細物)을 죽이지 않는다는 것은 고기가 한 점도 되지 않는 것은 죽이지 않음을 이르는 것이니, 이것이 미물微物 중생을 가린다는 뜻이다. 이 또한 오직 필요한 것만 죽이고 많이 죽여서는 안 되니, 이것이 세속의 좋은 계이다.' 원광의 답을 들은 귀산 등이 말하기를, '지금 이후부터 받들어 두루 행하여 감히 어기지 않겠습니다.'라고 하였고. 이후 두 사람은 군사軍事를 담당하며 모두 나라에 큰 공을 세웠다고 전한다.[41]

---

殺生有擇. 若等行之無忽."
(국사편찬위원회 우리역사넷 http://contents.history.go.kr/ 2024년 1월 7일 검색.)
[41] 『三國遺事』卷4,「義解」5, 圓光西學. "貴山等曰, 他則既受命矣, 所謂殺生有擇,

이러한 화랑들의 세속오계는 불교의 자비사상과 나라를 지키는 상무尙武의 정신을 아우르는 화랑도의 이념을 잘 보여주고 있다. 이러한 원광의 세속오계 가르침은 화랑정신의 기반이 되었으며 그 가치와 이념을 지닌 화랑들은 신라의 국가 발전에 크게 기여하게 된다. 결국 원광 법사의 호국불교 사상은 신라 화랑도를 통해 국가이념으로 승화되어 삼국통일의 정신적 기반이 되었던 것이다.

결과적으로 원광 법사는 불교의 가치를 화랑도에 접목시켜 화랑들의 사상적 기반을 제공하고 있다. 원광의 화랑들에 대한 역할은 신라 군사문화 발전에 새로운 계기가 되었고, 이를 통해 무武와 불佛의 정신을 아우른 신라 화랑정신을 이룩할 수 있었다.

궁극적으로 원광 법사의 이러한 활동은 군사적 의미에서 볼 때 군 간부(장교)였던 화랑도의 활약과, 신라의 통일전쟁 수행에도 적지 않은 영향을 끼친 것으로 평가할 수 있을 것이다.

한 가지 주목할 만한 사실은 중국 수나라에서 유학했던 원광이 수나라 불교의 특징 가운데 하나인 왕즉불王卽佛 사상의 영향을 받았을 가능성이 높다는 점이다. 주지된 바와 같이 중국불교는 인도에서 전래된 불교교리를 중국의 사상과 문화에 맞게 중국화하여 수용하고 변화시켜 왔다. 이러한 중국화 과정에서 불교는 충효를 강조하는 유교적 가치관과 결합하여 독특한 국가불교적 성격을 지니게 된다.

---

特未曉也. 光曰, 六齋日春夏月不殺, 是擇時也. 不殺使畜, 謂馬牛犬雞, 不殺細物, 謂肉不足一臠, 是擇物也. 此亦唯其所用, 不求多殺, 此是世俗之善戒也. 貴山等曰, 自今以後, 奉以周旋, 不敢失墜. 後二人從軍事, 皆有奇功於國家."
(국사편찬위원회 우리역사넷 http://contents.history.go.kr/ 2024년 1월 7일 검색.)

수나라 시기의 왕즉불 사상 또한 이러한 맥락에서 비롯된 것으로, 왕권 강화를 위한 통치 이데올로기로 활용되었다. 수나라는 전란을 수습하고 통일을 이룩한 뒤, 왕권을 강화하고 통치의 효율성을 위하여 유교적 가치관을 회복하고자 하였다.

이에 수왕조는 불교와 유교사상을 융합한 왕즉불 사상을 내세우게 된다. 이 사상은 왕과 부처를 동일시하여 왕이 곧 부처라는 종교적 상징성을 부여하여 왕권은 하늘로부터 부여받은 신성한 것이라고 보았다. 군주에 대한 충성과 효도를 부처의 가르침으로 미화하여, 왕에 대한 절대복종을 정당화했던 것이다. 이러한 왕즉불 사상은 정치적으로 왕권 강화에 이바지했으며 일반 민중들에게 왕에 대한 신성한 존경심을 불러일으키게 만들었다.

왕즉불 사상이 정치적으로 활용된 이유는 불교를 유교적 충효사상과 결합시켜 왕실에 대한 절대복종을 종교적으로 정당화할 수 있었기 때문이다. 이러한 흐름은 결국 이후 중국불교계에도 큰 영향을 미쳐 왕실과 긴밀히 결탁한 국가불교 성향이 강화되게 된다.

원광이 신라에 귀국하여 세속오계를 가르치고 수나라에 고구려 정벌을 위한 군사적 행동을 요청하는 걸사표 등을 작성한 사례도 결국 이러한 수나라의 국가불교 영향이 적지 않았을 것으로 판단된다.

# 4장 군승제도의 태동과 성장

## 1. 군종제도의 탄생과 불교계의 활동

인류의 역사는 전쟁의 역사라 해도 과언이 아닐 것이다. 유사 이래 인류는 집단과 조직의 이익을 위한다는 명분으로 수많은 전쟁을 일으켜 왔다. 동서고금의 전쟁사를 살펴보면 영토전쟁, 식량전쟁, 자원전쟁, 종교전쟁, 이데올로기전쟁 등 평화와 번영, 혹은 안정을 추구한다는 미명하에 전쟁을 일으켜 온 사례는 어렵지 않게 발견된다.

전쟁이라고 하는 것은 국가나 집단 간에 각각의 이익 추구와 의지의 구현을 위해 공인된 폭력 행동을 시행하는 것이며 결과적으로 그러한 폭력 활동의 '무제한성無制限性'과 '잔학성殘虐性'으로 인해 공포와 충격, 죽음과 질병 등 무수한 인명피해가 필연적으로 발생하게 되는 속성을 가진다.[42]

---

[42] 클라우제비츠, 류제승 옮김, 『전쟁론』(책세상, 2020), p.33.

전쟁은 과도한 폭력행위의 과정 속에 발생하는 인명 손실이 필연적이며 죽음에 대한 공포와 불안, 승리와 생존을 갈망하는 절박성으로 말미암아 결국 전쟁과 종교는 그 관계를 더욱 밀접하게 유지하게 되었다.

군종軍宗이라는 개념은 이러한 전시戰時라는 특수한 환경 속에서 군 내부의 종교 행위를 전담하는 기능으로 출발한다. 군종은 전쟁에 참여하는 군인들을 대상으로 종교적 행위 내지는 종교활동 등을 실시하고 그를 통해 생존을 위협받는 극단적인 상황과 가치의 혼란, 윤리적, 심리적 충격에서 벗어나 살아남기 위한 생명 보존의 현실적 문제를 극복하려 하였다.

군대는 군인들의 심리적·신체적 강인함을 증장시키기 위해 노력을 지속해야 했고 여기에는 종교적인 방법도 포함되었다. 출병을 앞두고 전쟁에서의 승리를 기원했던 의식이나 전사자戰死者들을 추모했던 전장 종교의례 역사는 공식적인 기록만으로도 이미 1,600년 이상의 장구한 역사를 지난 제도이자 활동으로 밝혀지고 있다.[43]

베트남전 파병이 진행되며 한국의 군승제도가 시작된 전례나 우크라이나가 러시아와의 전쟁이 발발하자 군종병과를 창설하여 러시아정교회 성직자들을 현역 군종장교로 활동하게 만든 사례는 군종활동의 대표적 사례가 될 것이다.

그에 따라 군 내軍內의 종교활동을 전담해 온 군 성직자의 활동도 그 방법이나 영향은 차이가 있을지언정 지역별 시대별로 다양하게

---

43 강인철, 「군종의 역사성과 보편성」, 『종교와 군대』(현실문화연구, 2017), p.15.

전개되어 왔음을 예측할 수 있다.

국민개병제, 혹은 징병제나 시민군 등 병역제도의 변화 속에서 근대적 의미의 군종활동軍宗活動은 16세기 마르틴 루터(Martin Luther)와 장 캘빈(John Calvin)의 종교개혁 이후 진행된 유럽의 다양한 종교전쟁 상황에서 시작되었다.

그 후 군대 내에서만 활동하는 전문 성직자인 밀리터리 채플린(Military chaplain)은 제1차 세계대전을 전후로 보편적 제도로 정착되기 시작했으며 제2차 세계대전이 마무리될 무렵에는 유럽과 미국을 중심으로 한 확고한 군종제도가 확립되었다.

미군의 경우 군종은 미국 육군의 탄생과 그 역사를 같이하고 있다. 1775년 미국 초대 대통령이었던 조지 워싱턴(George Washington)에 의해 미 육군의 최초 5개 병과 중 하나로 군종병과가 창설되었고, 최초로 임관한 군목들은 독립전쟁 기간에 병사들의 사기를 높이고 전투에서 승리하는 데 중요한 역할을 하게 된다.[44]

그 후 남북전쟁이 발발하게 되면서 군종장교의 역할은 더욱 중요해졌는데, 전쟁의 참혹함으로 인해 병사들의 정신적 고통이 심해졌고, 군종장교들은 병사들의 위로와 상담, 그리고 추모의식을 통해 그들을 치유하는 역할을 전담 수행하게 되었다.

이러한 미국의 군종제도 전통은 1, 2차 세계대전을 거치며 보다 체계화되었고, 태평양전쟁 후 일본의 패망으로 한반도 남쪽에 미군정

---

[44] 미 군종병과의 창설과 역사에 관련된 기록은 미 육군 군종실 홈페이지 자료를 참조하였다.(https://armyhistory.org/u-s-army-chaplain-corps/ 2023년 12월 25일 검색.)

이 실시되고, 뒤이어 1950년 한국전쟁이 발발하여 미군이 유엔군으로 한국전쟁에 참전하게 되면서 한반도에서 미군 군종제도의 유입이 시작되게 된다.

당시 미 극동군사령부와 유엔군사령부에 소속되어 있던 장로교 목사 헤럴드 보컬(Cherald Vocal)과 감리교 선교사 윌리엄 쇼(William Shaw), 그리고 천주교의 조지 캐럴(George Carol) 신부 등이 한국군의 군종병과 창설 필요성을 제기한 것으로 알려져 있다.[45] 특히 한국전쟁이 발발한 직후 참호 속에서 이승만 대통령에게 보내진 미군 공병부대 소속의 카투사 병사의 편지[46]를 계기로 군종제도의 설립에 대한 본격적

---

[45] 군종제도를 도입하도록 적극 권유한 이들은 전쟁 발발 후 한국에 주둔했던 미군 극동사령부 소속 군종장교들과 '문관 군종'으로 일하던 미국인 선교사들이었다. 당시 극동군사령부에는 300명이 넘는 군종장교들이 보직되어 있었고 이들은 한국전쟁을 공산주의와의 전쟁이자 기독교 선교를 위한 정신전(精神戰, Spiritual War)으로 여길 정도로 기독교 선교에 적극적이었다. 이병두, 「기독교 특혜로 출발한 군종장교제도」(《법보신문》 2021. 1. 9) 당시 한국군의 군종제도 청원과 설립을 위해 활동했던 개신교 목사와 천주교 신부에 대한 자료는 국방부, 『군종업무지침』(국방부 군종실, 1999), p.26에 상세하게 기록되어 있다.

[46] 물론 편지 한 통으로 제도가 바로 시작된 것은 아니다. 이미 그 전부터 해방 이후 미 군정하에서 군종목사들의 활동이 활발하게 이루어지고 있었으며 내부적인 필요성도 당시 기독교 선교사들에 의해 제기된 것으로 보이지만, 한국전쟁의 발발로 유엔군이 참전하게 되면서 군종제도의 필요성이 급물살을 타게 되었으며 그 카투사의 편지가 촉발의 원인이 된 것은 분명하다. 미 3사단 10공병대대 소속의 무명 카투사의 편지 내용은 다음과 같다. "성직자가 군에 들어와 전투에 임하는 장병들의 가슴에 신앙의 철판으로 무장시키고 기도로 죽음의 두려움을 없게 하여 주시고 믿음을 갖고 죽게 하옵소서." 국방부, 『전투군종사』(국방부 군종정책과, 2014), p.53.

인 논의가 시작되었다고 전한다.

그 후 여러 논의 과정을 거쳐 1950년 9월 25일 이승만 대통령으로부터 군종제도의 승인을 얻게 되었으며, 육군본부 인사명령 제31호(1951. 2. 7)에 의거 육군본부 인사국에 군승과軍僧課가 설치됨[47]으로써 기독교와 천주교를 시작으로 군종제도가 시작되어 활동을 시작하게 된다.[48] 해군의 경우 1949년부터 목사의 신분으로 입대하여 기존에 정훈장교로 활동하던 목사들이 군인교회를 짓고 비공식적으로 활동을 진행한 바 있으며, 공군은 주로 육군 군목들의 지원을 받다가 1952년 3월 30일 군종제도를 창설하기에 이른다.[49]

---

[47] 한국에서 군종제도를 만들 당시, 최초 그 주무부서의 명칭을 군종과軍宗課라고 표기하지 않고 군승과軍僧課라고 지칭한 것에 대해 이동배의 『군포교정책수립을 위한 연구』(동국대 석사학위논문, 1996), p.11에서 그 연원에 대해 밝히고 있는데, "군승이 파송되지 않았음에도 군승과라는 명칭을 사용한 것은 미 육군의 군종교범을 참고하여 번역하던 번역 실무자가 군종장교를 뜻하는 채플린(chaplain)이라는 단어를 당시 통용되던 英日사전을 참고하여 '軍僧'이라고 번역함으로써 시작되었다."고 기술하고 있다.(현재도 인터넷 일어판 英和辭典에 chaplain을 검색하면 軍僧이라고 번역되는 것을 확인할 수 있다.) 그러나 '군승과'라는 명칭은 그 후 기독교계의 반발로 1951년 4월 14일 육군본부 일반명령 제55호에 의거 '군목과'로 개칭되었으며, 이후 1954년 1월 12일부로 육군본부 일반명령 제9호에 의해 군종감실 설치 명령이 하달되어 '군종'이라는 독립 병과로 정착되었다.

[48] 최초의 군종은 민간인이었다.(대통령 비서실 지시 제29호〔1950. 12. 21.〕) 최초 28명의 목사와 11명의 신부가 무보수 촉탁직으로 임명되었고, 1952년 6월 유급문관으로 전환되었다가, 1954년 12월 현역으로 신분이 바뀌었다. 군종부사관과 군종병은 1963년에 공통으로 군종(980) 특기를 부여받았으며, 1996년 1월 1일에 군종부사관과 군종병으로 각각 직군이 분리되어 군종병과에 편성되었다.

[49] 국방부, 『전투군종사』(국방부 군종정책과, 2014), p.26.

여기서 한 가지 주목해야 할 부분은 종교와 전쟁의 관계나, 역사적인 군승활동의 사례는 논외로 한다고 하더라도 한국에 본격적으로 수입된 근대적 의미의 군종제도는 미국에서 정착된 '미국식 군종제도'가 하나의 완성된 형태로 온전하게 받아들여지게 되었다는 점이다.[50] 군종제도가 한국군의 필요와 요청에 따라 자발적으로 시작된 것이 아니라 이미 오랜 시간에 걸쳐 기존에 완성되고 정형화되어 있는 미국 정서의 기독교식 군종제도를 고스란히 그대로 받아들였던 점은 여러 가지 논란의 여지를 내포하고 있다고 생각된다.[51]

당시는 전쟁이라는 혼란기의 상황 속에서 여러 제도가 온전히 검토되지 못한 채 성급히 도입되던 시기였다고는 하지만, 제1차 세계대전에 파병했던 태국군의 경우는 당시 태국불교의 정서에 부합하는 군종장교(법사)제도를 만들어 군종제도를 시작했었다는 점에서 한국 군종제도의 시작은 많은 아쉬움이 남는다.

---

[50] 미군 군종제도는 기독교 활동을 기반으로 하고 있다. 미군 내에서의 군승활동은 역사가 길지 않다. 2004년 7월이 되어서야 일본 정토진종의 승적을 가지고 있던 Jeanette G. Shin이 중위로 임관하면서 최초로 불교 군종제도가 시작되었다. 군승제도의 출발은 한국이 미국보다 빨랐다.

[51] 군종제도를 운영하는 나라 중 다종교 상황에서 과반의 종교 인구를 가지고 있는 종교를 제외하는 경우는 없다. 한국 군종제도의 출범 당시 한국의 종교 인구는 불교가 가장 많았음에도 불구하고 군목으로만 군종제도를 출범시킨 것은 미군정 시대와 이승만 정부를 거치며 만들어진 기독교 선교의 특혜로 보인다.

〈표 1〉 국가별 군종제도 실시 현황

| 구분 | | 주 요 국 가 |
|---|---|---|
| 군종제도 허용 (46개국) | 아시아·태평양 (11개국) | 네팔, 뉴질랜드, 스리랑카, 오스트레일리아, 이란, 이스라엘, 태국, 파키스탄, 필리핀, 한국, (중국) |
| | 유럽(17개국) | 그리스, 네덜란드, 노르웨이, 덴마크, 독일, 몰타, 벨기에, 스웨덴, 스위스, 스페인, 영국, 핀란드, 오스트리아, 이탈리아, 포르투갈, 폴란드, 프랑스 |
| | 아메리카(11개국) | 미국, 브라질, 아르헨티나, 에콰도르, 엘살바도르, 칠레, 캐나다, 콜롬비아, 트리니다드토바고, 파라과이, 페루 |
| | 아프리카(7개국) | 남아프리카공화국, 마다가스카르, 부룬디, 시에라리온, 잠비아, 중앙아프리카공화국, 케냐 |
| 군종제도 불허 (36개국) | 군 내 종교활동 허용(17개국) | 인도네시아, 방글라데시, 쿠웨이트, 바레인, 오만, 카타르, 사우디아라비아, 아랍에미리트연합, 예멘, 이집트, 모로코, 베넹, 르완다, 카메룬, 부르키나파소, 볼리비아, 도미니카공화국 |
| | 군 내 종교활동 금지(19개국) | 대만, 일본, 인도, 쿠바, 알제리, 튀니지, 앙골라, 가봉, 기니, 파나마, 기니비사우, 아이보리코스트, 토고, 세네갈, 탄자니아, 우간다 |

세계적으로도 군종제도의 시행은 그 자체만으로도 여러 가지 논란의 여지가 적지 않다. 정치와 종교의 중립 문제나 종교의 자유 문제, 혹은 지역이나 국가별로 상이한 종교문화에 대한 이해나 다종교 상황의 안배가 고려되지 않을 때, 군종제도는 국가의 단결을 저해하는 위해요소로 작용될 우려가 크다.[52]

중국 인민해방군의 경우 군종승려라 볼 수 있는 전투승戰鬪僧 혹은 무승武僧 제도를 운영하고 있는 것으로 알려져 있는데, 중국 당국의 공식 확인과 구체적인 군사 자료의 접근이 제한되어 추후의 연구 과제로 남기고자 한다.[53]

한국 군승제도의 태동에 대한 논의는 이러한 기독교식 군종제도의 바탕과 시스템 속에서 이루어지기 시작한다. 한국에서 군부대 내 불교활동의 시작은 한국전쟁이 한창이던 1951년 3월 7일 불교종군포교사회佛敎從軍布敎師會가 창립된 것을 시원으로 삼는 것이 일반적이다.[54]

---

[52] 군종제도의 세계적 현황과 활동에 대해서는 육군본부 군종실, 『세계의 군종병과 현황』(육군본부, 2015)에 자세한 자료가 정리되어 있으며, 이종인·최광현, 『장병 종교활동 제도 개선방안 연구』(한국국방연구원, 2003), p.34와 오덕교, 「군복음화 50년의 역사: 한국기독교군선교연합회를 중심으로」, 『신학정론』 39집(합동신학대학원대학교, 2002), p.484, 그리고 강인철 앞의 책, p.19에서도 여러 사례를 제시하고 있다.

[53] 중국 인민해방군에서 군종승려가 되려면 무술을 연마하는 전투승戰鬪僧, 혹은 무승武僧 자격이 필수다. 비구니와 비전투승 출신은 군종승려가 될 수 없다. 즉, 중국 불교계에서 인정하는 전투승 자격을 취득하고 무술을 연마하는 중국의 여러 각 사찰의 비구 승려들인 경우에만 인민해방군에서 주관하는 시험을 거쳐야 군종승려로 입대할 수 있다.

전투승들이 군종장교를 지망하여 시험을 치르는 경우, 현직 군종승려가 참여하는 면접 과정 및 신체검사와 설법 등의 이론시험과 무술 등의 실기시험을 치러야 한다. 여기서 시험에 통과한 자원은 훈련 과정을 거쳐 소위로 임관하여 인민해방군 각 병영 내 군법당에서 복무한다.

(https://ko.wikipedia.org/wiki/ 2023년 11월 11일 검색.)

[54] 대한불교조계종 군종특별교구, 『불교군종사-군승 40년사』(군종특별교구, 2008),

불교종군포교사회는 한국전쟁 이전부터 군부대를 출입하면서 설법, 위문 등으로 장병 교화에 힘을 기울여 왔던 만산(晩山, 속명 오관수, 1900~1971, 경남교무원포교사)을 비롯해 백운봉(부산 길상사 주지), 임영수(부산 복천사 주지), 이법홍(부산 금수사 주지) 등 15명으로 구성되었는데, 한국전쟁이 발발하자 당시 임시수도였던 부산 묘각사에 총본부를 두고 출범하였다.[55]

불교종군포교사회는 취지문을 통해 "우리들 뜻있는 동지들을 모아 만시지탄晩時之歎이 무변하나마 성전(聖戰: 한국전쟁을 칭함)에 이바지하기 위하여 교계를 대표하여 무고히 돌아가신 영령들을 위로하고 도탄에 헤매는 국민의 정신적 위안자가 되어 싸우는 조국의 멸공통일에 조금이나마 도움이 될까 하여, 나아가서는 대한불교를 부흥하여 세계 불화佛化 운동의 굳센 걸음을 내딛고자 조직하노라."라고 설립의 의미를 공포하고, 불교종군포교사회는 당시의 시대상황적 요소를 반영한 '호국이족護國利族에 이바지하자', '불교는 멸공통일의 전위가 되자', '불교는 민족화를 강조하자'라는 3개 항의 강령을 내세우며 휴전이 발표된 1953년 7월까지 적극적인 활동을 전개하였다.[56]

---

p.197.

55 한국전 당시 종군포교사회의 활동에 대한 자료는 거의 소실되어 확인하기 어려우나 당시 군종포교사회에 참여했던 법홍 스님의 구술에 따르면 부산 지역에서 활동하던 경남종무원 오관수 스님이 찾아와 "나라에 전쟁이 났는데 우리 불교계도 전쟁터에 있는 장병들을 위해 어떤 일이든 도와야 하지 않겠냐?"며 참여를 권유하였다고 전한다.

56 불교종군포교사회의 창립과 회칙, 활동 계획 등에 대해서는 대한민국 육해공군 군승단 편, 『불교군종사』(군승단, 1986)에 그 내용이 자세히 기술되어 있다.

전쟁이 한창이던 1952년 5월 6일, 종군포교사회는 국방부장관에게 종군포교활동의 필요성과 허락을 요청하는 건백서建白書를 제출하였고, 종군포교사들의 신분보장을 위해 소령급 이상의 문관증을 발급할 것과 국방부 군목과軍牧課를 군신국軍信局으로 개칭하는 등을 요망하는 건백서를 제출하여 군종제도에 불교가 동등하게 참여할 것을 희망하였으나, 당시에는 군 내에서 불교 종교활동을 허락받는 정도에 그치고 말았다.[57]

휴전 후에도 불교는 군종제도에 참여하지 못했지만, 불교종군포교사회의 활동과 기독교, 천주교의 군내 종교활동에 대한 영향으로 군에서 일부 불교활동이 시작되었다. 그 가운데 특히 육·해·공군의 사관학교에서의 불교활동은 당시에도 불교계의 지원과 협력을 받아 비교적 활발하게 진행된다.

육군사관학교의 불교활동은 전시에 육사가 진해로 내려가 있을 때부터 시작되었다고 전해지지만, 공식적으로는 육사가 태릉으로 이전된 후인 1954년 3월에 공식적으로 불교부가 조직되었다. 당시 중대장이었던 유상종 대위(예비역 육군 준장)는 지도장교를 맡아 헌신적인 노력으로 육사의 불교부를 크게 활성화시켰다.[58] 그 뒤 1959년에는 해군사관학교에도 불교부가 조직되었고, 1960년 10월에는 육·해·공군 사관생도 불자들이 체육대회를 마치고 서울 종로에 위치한 조계

---

57 대한불교조계종 군종특별교구, 『불교군종사–군승 50년사』(군종특별교구, 2018), p.28.
58 당시 육군사관학교 불교부 활동에 관한 내용은 김선두, 「군승제도 제정 운동 7」, 〈불교신문〉, 2004년 10월 29일자의 기사에 자세히 기술되어 있다.

사에 모여 연합대법회를 봉행하며 군불교의 모습을 세간에 알리게 되면서 군포교의 활성화 문제를 군 내외에 크게 환기시키게 된다.

이와 같은 다양한 활동들이 기반이 되어 1960년대에 이르러 불교계에서는 공식적으로 군부대에서 활동할 군종승軍宗僧 파견에 대한 필요 여론이 더욱 강하게 대두되기 시작한다.

## 2. 베트남전 참전과 군승제도의 태동

한국에서 군종승제도의 실시 여부가 본격적으로 공론화되기 시작한 것은 1964년 12월부터이다. 당시 조계종 총무원은 국방부 군종승제도軍宗僧制度의 실시를 요청하는 청원서를 제출했으나 국방부로부터 어떤 대답도 얻지 못하고 있는 상태였다.

이에 조계종 총무원은 1965년 2월, 국방부와 국회, 그리고 청와대에 2차 청원서를 내고 전국불교신도회를 비롯한 불교단체의 여론을 결집하여 군종승제도의 실시를 강력하게 촉구하게 된다.[59] 그 영향으로 같은 해 3월, 국회 국방위원회는 군종승제도의 설치 청원을 논의하기 위한 회의를 개최하여 다음의 사항을 의결하게 된다.

군종승제도의 설정을 위해 향후 1년간을 제도연구 기간으로 정하여 불교관계 업무를 연구·검토한다는 것과, 그 기간에 군포교사를 군에 배속시켜 불교 포교활동을 진행하며, 국방부장관이 추천하는 군종승제도 연구위원 5명을 불교기관과 대학에 위탁교육을 하게 시켜 불교에

---

[59] 김선두, 「군승제도 제정운동 13」, 〈불교신문〉, 2004년 11월 17일자.

관한 지식을 연수케 한다는 것, 그리고 군종승제도 연구위원은 1966년 4월 말까지 연구 결과를 국회에 보고토록 한다는 등의 4개 항을 결정하였다.

국회의 결정에 따라 국방부와 조계종은 군종승제도 실시에 관한 원칙을 확인하고 구체적인 사항에 합의하였다. 가장 먼저 조계종 총무원은 8월 30일 군포교사 10명을 위촉하여 각 군 본부 및 주요 부대의 불교활동을 최초로 담당하게 한다.[60]

그 후 군종승 파송을 위한 〈군승후보교육원〉이 1966년 3월 개설되었다. 〈군승후보교육원〉에서는 자격을 갖춘 동국대학교 불교대학 졸업자 가운데 지원을 받아 30명을 선발하여 교육을 시작하였으며 그중 권기종, 권오현, 김봉식 등 17명이 교육을 마치고 수료하여 군승 선발과 파송을 위한 토대가 마련되었다.

1966년 7월 육군본부는 군종승 14명에 대한 소집 및 교육 임관 등의 내용을 담은 군승 충원계획 구체안을 국방부에 제출하였다. 그러나 당시 군종승제도의 실시에 회의적이었던 국방부장관의 결제

---

[60] 최초 민간인 신분으로 종단에서 위촉되어 공식적으로 군포교를 담당했던 10명은 아래와 같다. 군승단 편, 『불교군종사』(군승단, 1986). p.72.

〈표 2〉 1966년 종단 공식 군포교담당 민간 위촉자 명단

| 육군본부 | 李能嘉 스님 | 해군본부 | 高光德 스님 |
|---|---|---|---|
| 공군본부 | 無盡藏 스님 | 해병대사령부 | 목정배 교수 |
| 육군사관학교 | 金性慈 스님 | 해군사관학교 | 朴仁洙 스님 |
| 공군사관학교 | 오형근 교수 | 1군사령부 | 김항배 교수 |
| 2군사령부 | 李子順 스님 | 육군훈련소 | 李奇富 스님 |

보류로 1년여 동안이나 군종승제도의 실시는 답보 상태에 머물게 된다. 국방부장관의 결재가 보류된 상태에서 조계종 총무원의 청와대 청원서 제출과 전국불교 신도회와 대학생불교연합회를 비롯한 불교계의 강력한 항의와 시위가 지속해서 이어지게 되었다.

마침내 국회 국방위는 1966년 7월 17일 회의를 열어 군종승제도에 관한 결과를 보고하고 군종승제도 설치에 따른 예산을 예비비로 충당하며 군종승의 충원은 총 14명으로 하되 월남에 3명, 국내에 11명을 종군케 할 것 등을 결의하였다.[61]

당시 군종승제도가 불교계에 크게 이슈화되었던 이면에는 기독교 교세의 급속한 확산에 따른 불교계의 위기의식과 그리스도교 독점의 군종제도가 종교 차별적인 정책이라는 불교계의 문제 제기[62]가 있었다. 거기에 더해 군승 파송의 필요성이 대두되기 시작한 중요한 배경은 베트남전의 발발과 한국군의 참전에 따른 국제정세의 변화였다.

당시 불교국가인 베트남과 한국불교계는 베트남전 이전부터 우호적인 관계를 형성하고 있었다. 당시 남베트남에서는 천주교를 바탕으로 한 응오딘지엠(Ngo Dinh Diem, 吳廷琰) 정권이 1963년 8월 남베트남의 국경 지역 불교사원을 습격, 승려와 신도들을 강제로 체포·구금하는

---

61 당시의 불교계의 상황은 1기 군법사였던 권오현의 회고문, 「부처님 일이라면 무엇이든 하리라」, 『불교평론』 96호(만해사상실천선양회, 2023), p.203에 자세히 언급되어 있다.

62 당시 불교계는 "헌법은 국민의 기본권의 하나로 종교의 자유를 규정하면서 국교의 불인정과 어떤 특정 종교에 대한 어떠한 특혜도 인정할 수 없다는 뜻을 밝히면서 군승제도를 실시하지 않는 것은 헌법정신에 어긋난다."라고 주장하였다. 김선두, 「군승제도 제정운동 25」, 〈불교신문〉, 2005년 1월 11일자.

사태가 일어났고, 이에 항의하는 베트남 승려들의 분신 등이 잇따랐다. 그러한 뉴스를 접한 한국의 불교계는 베트남 정권을 규탄하는 대대적인 운동을 벌였었다.[63]

이후 응오딘지엠 정권이 무너지고 새 정권이 들어선 뒤 남베트남 불교도들은 당시 한국불교의 성원에 감사하는 메시지를 보내와 두 나라의 불교계는 상당히 우호적 관계를 유지하고 있었다. 양국 불교계의 이 같은 신뢰 관계는 1965년 한국의 월남전 참전 뒤 한국불교의 역할에 대한 군 수뇌부의 인식을 일깨우는 데 이바지한다.

국민 대다수가 불교신자였던 당시 베트남의 상황에서 정서적인 선린우호 관계 유지를 위한 불교계의 교류가 파병부대의 대민업무에 긍정적 영향을 줄 것으로 기대되었고, 1964년 베트남에서도 군승제도를 도입한 것도 자극제가 되었다.

불교계는 월남전에 참전하는 병사들을 위해 휴대용 호신불을 제작하여 전달하였고, 참전 부대원들도 사찰에 불교서적이나 물품지원 등을

---

[63] 당시 베트남 정부의 불교 탄압은 오랜 정치적 배경을 안고 있었는데 베트남이 1990년 라오스, 캄보디아와 함께 프랑스령 인도차이나로 병합되었다가 태평양전쟁 종결 이후 프랑스는 다시 베트남을 지배하려는 전쟁을 시작하게 된다. 프랑스와 베트남과의 전쟁은 1954년 베트남 민족주의 세력이 승리했지만 이에 따라 남베트남과 북베트남으로 나누어지게 되고 응오딘지엠(Ngo Dinh Diem)이 남부 베트남의 대통령으로 집권하게 된다.
이때 정권을 잡은 군사독재정부는 통일을 주장하는 광범한 대중을 탄압하고 부정부패를 일삼았다. 종교적으로는 가톨릭교도가 대부분이었던 정부 지도자들은 전통 세력을 기반으로 하던 당시 불교도를 구속했고 이에 저항하는 승려들이 분신을 이어가면서 세계적 논쟁거리가 되었다. 각력효, 「베트남 불교역사 3」, 〈불교신문〉, 2018년 8월 20일자.

요청하는 사례가 많아 불교의 종군이 파병 활동에 긍정적 영향을 줄 수 있을 것이라는 여론이 증가하게 된다.

이러한 분위기 속에서 때마침 주월 한국군 사령관이었던 채명신 장군이 조계종 총무원을 방문하여 베트남의 현지 상황에서의 종군승 파송의 필요성을 강조하면서 군승 파송의 논의는 속도를 내게 되었다.[64]

결국 국방부는 5월 24일 국방부령 124호로 군종장교 요원 선발 규정을 공포하고, 7월 4일 불교대학을 졸업한 대덕법계大德法階 지위의 승려[65]로 국방부에서 실시하는 자격시험에 합격한 자로 한다는 내용을 종단에 통보하고 대한불교조계종을 불교 군종장교요원 추천단체로 단독 지정함으로써 수많은 우여곡절을 겪은 끝에 불교계의 오랜 염원이었던 군승제도가 마침내 실현되게 되었다.

한국에서 군승제도의 시작은 이처럼 군의 필요성과 불교계의 요구가 맞물린 가운데 시대의 환경에 영향을 받아 시작되게 된다. 그 당시까지 가장 많은 종교 인구를 가지고 있었던 불교가 오히려 그리스도교보다

---

64 기독교인이었던 주월 사령관 채명신 장군이 불교계를 찾아 종군승 파송을 요청한 것은 당시 군 지휘부가 베트남 현지에 군승을 파송하는 것에 대한 당위성을 공감하게 만드는 데 큰 역할을 하게 되었던 것으로 보인다.

65 법계法階는 승려의 수행력과 지도력의 높고 낮음을 부여하는 품계이다. 고려시대와 조선시대에는 국가에서 시행하는 승과에 합격한 자에게 법계를 부여했으나 현대에는 불교종단별로 자체의 전형을 통과한 자에게 각각의 법계를 부여하고 있다. 현재 대한불교조계종 종법에 나타난 대덕 법계는 '승랍 20년 이상의 자격 요건을 갖추고 2급 승가고시에 합격한 자'로 명시하고 있다. 그러나 초기 군승 파송 당시에는 그러한 원칙이 실질적으로 지켜지지 못했다.

17년이나 늦게 군종제도를 출범시키게 된 것은 이해하기 힘든 종교 편향적 요소가 적지 않지만[66] 불교 군종제도의 출범으로 말미암아 불교계는 군승 파송이라는 오랜 과제를 해소할 수 있게 되었고 군대 내에서의 국가 공인 제도 아래에서 공식적인 포교와 전법에 대한 새로운 전기를 마련할 수 있게 되었다.

물론 종교적 측면에서 군종장교의 군 파송은 포교나 전법의 효과가 분명 존재한다. 그러나 당시 불교계에서 불교의 군종장교 파송은 그 이상의 의미를 내포하고 있었다. 국가에서 공식적으로 종교의 교세 확장이나 선교를 위해 군종제도를 마련하고 군에서 예산을 지원하는 것이 아니기에 불교의 군종장교가 군에서 활동을 시작하였다는 의미는 불교가 일반 대중과 사회의 지도이념 가운데 하나로서 교육적 가치가 있다는 것을 국가가 공식적으로 인정하였다는 것을 반증한다.

당시 불교계가 군종제도의 울타리 안에 공식적으로 참여하기 위해 큰 노력을 기울여 왔던 이유도 기독교 교세의 폭발적인 성장에 따른 위기감과 아울러, 불교가 전통과 구태에만 머물러 있는 종교가 아니라 장병들의 사생관死生觀이나 정신전력 강화에 기여할 수 있는 공적 가치가 있다는 대사회적 공인을 받는 일련의 과정이었다고 볼 수

---

[66] 최초 군종제도의 설립 당시 불교의 배제는 우연의 결과나 편의적인 조치가 아니라 처음부터 기독교식 군종제도를 만든다는 암묵적이지만 명료한 합의와 공감대가 존재하였다. 군종제도를 추진하는 주체들도 그렇게 생각했고 결정권을 가지고 있던 이승만 대통령도 그렇게 생각하였다. 이는 대표적인 종교 편향의 사례이다. 강인철, 「독점에서 준準독점으로: 특권으로서의 군종」, 『종교와 군대』 (현실문화, 2017), p.51.

있을 것이다.

## 3. 군승제도의 정착

오랜 준비작업을 거쳐 1968년 7월 17일, 마침내 국방부는 군승제도를 인가하고 군에서 활동할 군승 추천을 조계종에 의뢰하게 된다. 조계종은 동국대학교 불교대학을 졸업하고 〈군승후보교육원〉을 수료한 권기종, 김봉식, 이지행, 권오현, 장만수 등을 추천하였고 국방부는 9월 3일 이들 5명을 제1기 불교 군종장교 최종합격자로 선발하였다.[67]

이들은 9월 14일 육군보병학교에 입교하여 10주간의 군사훈련을 받고 11월 30일 임관하여 한국불교 역사상 최초의 군법사가 되었다. 당시 군종 24기로 임관된 제1기 5명은 국방부와 육군의 방침에 따라 국내에 2명이 배치되고, 3명은 1969년 1월 베트남에 파병되었다.[68]

제1기 군승들이 군의 정신전력 강화와 종교업무, 교육활동 등 다양한 활동으로 불교의 긍정적 이미지를 부각시키면서 정기법회 및 한글의식을 정착시키는 등 군종업무를 개척하는 가운데 1969년 7월 군승 제2기 7명이 임관하였다.

같은 해 이인수 법사가 공군 특별간부 제20기로 임관하여 공군 최초의 군승이 되었고, 1970년 군승 3기로 입대한 김정길 법사가 7월 해군특교대 제51차로 임관하여 첫 해군 군승이 되면서 명실공히

---

[67] 육군본부, 『군종 50년사』(육군본부군종감실, 2003), pp.85~86.
[68] 베트남 파병을 비롯한 군승 해외 파병의 구체적 사례에 대해서는 본서 제6장 3. 군승의 해외 파병에서 더욱 구체적으로 논의해 보고자 한다.

육·해·공군이 모두 갖추어진 본격적 한국의 군승활동이 시작된다.

당시 파송된 군승을 각 부대에서 어떤 호칭으로 불러야 할지 몰라 혼란을 겪는 사례가 있었다. 오늘날 '군승'으로 불리는 직함과 '법사'로 불리는 호칭은 최초 군승 파송을 논의하던 초기에는 군사승軍師僧, 종군승從軍僧, 군종승軍宗僧, 군승軍僧 등 각기 다른 호칭이 사용되었다.

그러나 군승제도가 확정되고 최초 군승이 임관하면서 공식 명칭은 군종승으로 확정되었다. 하지만 호칭으로는 발음이나 어의語義가 불편해 실제로는 '군승'이라는 직책명이 더 널리 사용되게 된다.

당시 불교의 법명을 공식적으로 사용할 수 없었던 군대의 특성상 이름 뒤에 설법하는 승려를 뜻하는 '법사法師'를 붙여 1기생부터 공식적으로 '군승 ○○○법사' 혹은 '군종법사'로 호칭하도록 정하고 불교 군종장교의 신분을 상징하는 명칭으로 오늘날까지 이어지고 있다.[69]

최초 군승 5명은 군종장교 전체의 60분의 1에 불과했지만, 군 내의 불교신자들은 오랜 염원 끝에 배출된 군승들에 대한 기대가 컸다. 처음 대하는 군승들에 대해 장교와 사병, 군 당국과 해당 부대, 그리고 군승 자신들까지 모든 것이 낯설고, 처음이었다. 크게는 계율의 군부대 적용 문제나 군에서 불리는 호칭 문제, 승복과 군복의 착용 시기와

---

[69] 법사라는 호칭이 널리 사용된 연유 가운데 하나로 군승 1기 권기종 교수의 인터뷰(2024. 1. 15)에 따르면 군승제도 시행 전인 1968년 2월 20일, 불교종립학원연합회(회장 조명기, 동국대 총장)가 최초의 교법사教法師 증서를 공식적으로 수여하면서 종립학교에서는 교법사, 군대에서는 군법사라는 호칭이 불교계에 본격적으로 확산되기 시작하였다고 한다.

병영 내 간부식당에서 식사할 수밖에 없는 군승의 채식과 육식의 문제에 이르기까지 모든 분야에서 군승에 대한 새로운 기준과 해석이 필요한 상황이었다.

물론 군승제도 출범 전 연구단계에서부터 형식과 의제를 비롯한 많은 논의가 있어 왔었지만[70] 막상 현장에서는 현실과 이론의 벽에 부딪혀야만 하였다. 당시 군 내부에서는 불교 군종제도가 생겼다는 사실 자체만으로도 모두의 주목을 받았으며 관심의 대상이 되었다.

1기 군승들이 대면한 실질적 난관은 이 같은 불교 군종장교에 대한 인식이나 병영문화에 대한 적응과 아울러 불교활동을 위한 시설과 포교 기반의 부재 상황이었다. 군부대 안에서 불교의식을 진행할 온전한 시설이 마련되어 있지 못했던 것은 물론이고 기본적인 불교책자나 포교자료도 마땅한 것이 없었다.

당시까지의 한국의 불교계에서 행해지던 전통 불공이나 의례는 지역이나 상황별로 차이가 적지 않았다. 전승된 각 사찰의 전통에

---

[70] 군승제도의 출범을 준비하던 시기에 국회 국방위원회의 권고에 따라 군에서 활동하는 불교 군종장교들이 지켜야 할 활동 세부 지침을 준비했던 기록이 있다.
1967년 국방부는 군종승제도 실시를 위한 군종위원회를 설치하고 당시 영천여고 교장이었던 김현기와 전국신도회 김삼현을 군종위원과 행정실무자로 각각 임명하여 〈군승예법〉을 준비시킨 바 있다. 당시 그 초안은 국방부에 제출되었고 김운학 스님을 비롯한 3인의 심의전문위원이 이를 심의하였으며 국방부가 감수를 마무리하게 된다. 군승들이 군대에서의 활동과 생활에 대한 대략적인 규범이 담겨 있는 〈군승예법〉을 준수한다는 것을 전제로 1968년 5월 24일 국방부령 제124호로 군종장교요원 선발규정에 군승이 포함되어 공포되었다. 육군본부, 『군종 50년사』(육군본부군종감실, 2003), p.85.

따르고 있었기에 통일된 일정한 형식이 있었던 것이 아니었다. 특히나 일반사찰에서 한자와 한문으로 긴 시간 진행되는 전통 불공이나 기존의 불교의식은 군대의 문화와 부합되기 어려웠다.

일요정기법회라는 표현조차 생소하던 시절, 일주일 단위로 철저한 시간 계획에 따라 움직이는 군대의 조직과 문화는 전통적 음력 위주의 재일齋日을 지키며 진행해 왔던 기존의 불교의례와 합일되지 못하는 경우가 대부분이었다.

이러한 제한 요소를 극복하고자 1기 군승들은 직접 타자기를 이용하여 타이핑을 하고 등사본 인쇄를 하여 법회의식 법요집을 만들어 법회 때 활용하게 된다.[71]

한문 중심의 기존 불교의식은 젊은 장병들에게는 맞지 않았다. 삼귀의와 사홍서원을 노래로 부르고 우리말 발원문을 함께 읽는 정형화된 정기법회의식은 바로 이러한 각고의 노력 끝에 만들어진 1기 군승들의 역작이었다.[72]

군불교 현장에서 지금까지 이어지고 있는 설법을 중심으로 한 장병 대상의 법회 순서는 초기 군승들의 꾸준한 시험과 연찬 과정을 거쳐 정착된 것이었다. 최초 군 내에서는 많은 사람이 '불교에서도 기독교 예배처럼 정기행사 의식이 있는지'를 질문할 정도로 제도나 현대화된

---

[71] 베트남 파병 당시 사용하였던 최초 등사 인쇄본 「국군법요집」은 아직 발견하지 못하였다. 만약 발견된다면 군불교 역사에 대단히 중요한 의미가 있는 자료가 될 수 있을 것이다.

[72] 베트남 파병 당시의 군 불교활동에 대해서는 김덕수, 『군법사의 길』(동쪽나라, 2022), pp.48~79에 상세한 회고가 담겨 있어 참고하였다.

의식이 불비不備하던 시절이었다.

이러한 상황을 기독교의 예배문화가 군대의 불교의식에 끼친 영향으로 보는 견해도 없지 않으나 그것은 기독교 예배의식의 영향을 받았다기보다는 군대의 병영 환경과 상황에 적합한 불교식 방법을 찾는 과정에서 만들어진 새로운 결과물이라 보아야 할 것이다.

군승제도 초기의 흐름은 이른바 '군대'라는, 당시에는 우리 사회에서 가장 현대화되어 있고, 과학화되어 있던 조직에 불교가 적응하는 과정이었으며, 이는 한국불교 현대사에 있어 군승들이 만들어낸 군불교의 성과였다.

1970년대 초반이 되면 군승 정원이 점차 늘어나고 군사찰도 증가하게 된다. 각 부대별로 불교장교회가 결성되고 군승들의 활동이 확산되면서 군부대 내의 불교활동은 안정적으로 정착하기 시작한다.

당시 군대에서 기독교는 〈전군 신자화 운동〉[73]이 활성화되면서 성장

---

73 〈전군 신자화 운동〉은 1969년부터 1972년까지 제1군 사령관으로 재직한 한신 장군에 의해 제안되어 시작되었다. 한신 장군은 군의 정신력 강화를 위해 장병들이 기독교, 천주교, 불교 가운데 하나를 택해서 의무적으로 신앙생활을 하도록 지시한다.
당시 1군사령부는 1970년 9월 16일 사단급 이상 군종장교 회의를 개최하면서 신자화 운동의 지침을 정식으로 하달한다. 이어 1971년 육군본부 군종업무 시행지침에 정식으로 이를 채택하면서 기독교는 이것을 근거로 〈전군 신자화 운동〉을 본격적으로 시작하게 된다.
이 〈전군 신자화 운동〉을 통해 1970년 11만이던 군 내 종교인 수가 3년 후인 1973년에 28만으로 증가했는데, 기독교의 경우 1970년 7만 8,176명이었던 것이 3년 뒤에는 19만 9,623명으로 두 배 이상이 증가하게 된다. 세계 종교사나 기독교 선교의 역사에서 유래를 찾아보기 힘든 〈전군 신자화 운동〉은 이후에도

세가 두드러졌지만, 후발주자였던 불교는 아직 군사령부 예하 사단까지 군승을 파견할 충분한 인원을 확보하지 못하는 상태였다.

부족한 군승의 충원을 위해 동국대학교와 조계종 총무원은 안정적인 군승자원의 확보에 많은 관심을 기울이기 시작한다. 그 결과물이 바로 '불교 군종장교 후보생 제도'의 탄생이다.

동국대학교 불교대학에 재학 중인 일반 학생으로 입대를 희망하는 자들은 출가나 수계의 상황과는 관계없이 추후 반드시 성직 취득을 한다는 조건으로 대학 재학 중 국방부 군종장교후보생 선발시험에 합격하여 후보생으로 관리하고 졸업 후 현역 군승으로 소집되는 과정에서 사전 면접과 평가를 거치도록 하였다.

사실 군종장교 후보생 제도는 군종장교의 안정적인 수급과 선발을 위하여 1966년부터 유지됐었지만, 불교는 군승제도 출범 후 제도 정착을 거쳐 1972년이 되어서야 후보생 제도를 시행하게 된 것이다.

국방부는 1972년 3월 10일 '국방부령 제212호'에 의거, 당시 유일한 불교대학이었던 동국대학교 불교대학을 예비 군종장교 선발학교로 지정한 데 이어 4월 20일 선발 요강을 발표한다. 불교대학(불교학과, 철학과, 인도철학과, 불교미술과) 학생들은 이에 따라 재학 중에 소정의 시험을 거쳐 선발되어 소정의 교육을 받고 졸업하여 대덕법계를 품수 받은 후 군승으로 임관할 수 있도록 제도적 장치가 마련된 것이다. 이 제도로 말미암아 동국대학교 불교대학에서는 군종장교로 임관하는 군승 후보생을 공식적으로 선발할 수 있는 유일한 창구역할을 감당하

---

〈1인 1종교 갖기 운동〉으로 명칭이 바뀌어 2000년대까지 그 기조를 이어가게 된다.

기 시작한다.

이후 1970년대와 1980년대 초까지 군사정부 시대의 군불교는 1979년의 10·26사태와 1980년 10·27법난[74] 등 정치적 사회적 대혼란 속에

---

[74] 10·27법난이란 1980년 10월 27일 계엄사령부의 합동수사본부 합동수사단이 불교계 정화를 명분으로 승려 및 불교 관련자 수천 명을 강제로 연행·수사하고, 포고령 위반 수배자 및 불순분자를 검거한다는 구실로 군·경 합동으로 전국의 사찰 및 암자 등을 대대적으로 수색한 사건을 말한다. 당시 전국의 사찰과 암자 5,731곳을 수색했고, 조계종 승려 등 불교계 인사 153명이 강제 연행되었다. 이때 다수의 현역 군승들이 10·27법난에 관련되어 있었다는 주장이 제기되어 왔는데 10·27법난 진상규명 및 명예회복 추진위원회의 공식 조사 자료인 『10·27법난의 진실과 증언 I』(대한불교조계종 총무원, 2007) 국방부 조사결과 보고서 p.519에는 면담 조사를 진행하는 과정에 실무대책반 구성 운용 관련 참고인으로 전○○ 중령(법무장교)과 이○○ 소령(군법사), 최○○ 소령(군법사)이 참석하였다고 기록되어 있다.

신군부에 의해 이른바 불교계 정화계획(45계획: 45계획이라는 명칭은 보안사 45부대에서 유래된 것으로 알려져 있다)이라는 이름으로 진행된 10·27법난의 기획 실무자는 당시 보안사령부 양근하 소령(동국대 불교학과 출신)과 대불련 출신이었던 전창렬 중령(법무장교)이었는데, 전창렬 중령의 증언에 따르면 대불련 활동을 같이 했거나 근무 인연이 있었던 군승들에게 불교 관련 조언을 받기 위한 목적으로 실무대책반에 포함시켰다고 진술하고 있다.

조사보고서 기록에는 권○○(육군 27사단, 소령), 송○○(해군본부, 소령), 이○○(육군 3사교, 소령), 허○○(공군 5전비, 소령), 최○○(육군 군수사, 소령) 등의 군법사들이 그 후로 추가로 합류한 기록이 있다.

보고서 기록을 종합하여 판단해 볼 때 당시 군법사들은 10월 27일 법난이 발생한 이후 보안사령부의 명령으로 실무대책반에 소집되어 불교계의 사후 수습에 참여한 것으로 보이며, 법난이 일어난 사흘 뒤인 10월 30일부터 다음해 1월 25일까지로 활동한 것으로 기록되어 있다.

한국불교의 역사에 있어 가장 치욕스러운 사건인 10·27법난에 비록 수습 차원이

서도 지속적 성장과 발전을 이어 나가게 된다.

군승제도의 태동과 성장기 한국 사회는 군사정권이 사회 전반에 적지 않은 영향력을 발휘하던 시절이었다. 학교 기관의 교련敎鍊 시행, 향토예비군의 창설 등으로 군사문화의 전국적인 확산 기조 속에서 불교도 자유로울 수 없는 환경이었다.

## 4. 군종특별교구의 설립

1968년 11월 30일 군에 공식적으로 군승이 파견된 이후 군불교는 우려와 기대 속에 외형적인 성장과 발전을 이어 나가게 된다. 1993년 육·해·공군 군승 총원이 100명을 넘어가게 되면서 군승단의 교구화敎 區化 문제가 본격적으로 제기되기 시작한다.

이전부터 현역 군승들과 예비역 군법사회는 군포교를 전담하는 종단 상설기구인 교구의 설치를 제안하여 왔었고, 불교 군종교구 설립의 문제는 원론적으로 대한불교조계종 총무원도 동의하는 사안이었기에 당시 총무원은 군승단이 요건을 갖추면 중앙종회에 입법을 요청하겠다고 밝혔다.

그때 군승단이 군불교의 군종교구화를 종단에 요청한 데에는 다음과 같은 몇 가지 이유가 작용하였다. 첫째, 군불교 관련 체계적이며 지속적인 업무관리의 필요성, 둘째, 전국에 산재한 170여 개의 군사찰 관리의

---

라 할지라도 군승이 관여했다는 사실은 문제의 소지가 적지 않지만, 당시 비상계엄 상황에서 현역 장교의 신분으로 보안사령부의 소집명령을 거부하는 것은 현실적으로 불가능했을 것으로 보인다.

일원화, 셋째, 군승 인력의 효율적 관리를 위하여 군종교구화를 요청했던 것이었다.

현역 군승들은 군포교 활성화와 한국불교 발전을 위해서 이 세 가지가 이루어져야 하며, 교구화를 통해 이러한 목표를 이룰 수 있다고 보았던 것이다. 군승단은 교구화를 통해 체계적인 지원을 위한 군과 종단과의 가교 역할을 충실히 할 수 있다고 주장하였다.

그 당시 군승단은 군종교구장을 예비역 군승 중에서 선임할 것을 제안하였고 예비역 군법사회도 군종교구 설립에 대한 의견을 제시[75]하는 등 군종교구 설립의 필요성에 대한 논의가 이때부터 본격적으로 시작되기에 이른다.

1990년대 후반부터 교구화의 문제가 공론화되기 시작되었던 또 다른 이유는 1994년 조계종 폭력 사태와 1998년 조계종 분규 등의 영향으로 정기법회 참석인원의 감소[76]와 군 구조개편에 대한 정책변화

---

[75] 예비역 군법사회(당시 회장 권오성)도 현 군승단이 종단 소속감이 부족하고 관리, 감독 체제가 제대로 이루어지지 않는다는 점을 들어 군승단의 교구화를 주장하였다. 그러나 예비역 군법사회가 구상했던 군종교구는 현역 법사들과는 약간 달랐다. 이들은 교구 구성원을 종단, 현역 법사, 예비역 법사에다 퇴역 군 장성들을 포함시켰다. 교구장은 예비역 군승 중에서 선임하되 본사 주지 급級으로 하자고 주장하였다.

[76] 군에서 진행되는 종교행사의 경우 매주 실시 현황과 참석자 통계가 종합되고 이를 분기별 보고서를 만들어 상급부대에 제출하도록 시스템이 갖추어져 있다. 이때 타종교와의 비교와 구분이 실질적으로 일어나게 된다. 군불자 감소의 원인이 단순히 언론에 노출된 불교계의 여러 문제들 때문이라고 확정지을 수는 없겠지만 종단 상황과 법회 참석률과의 관계를 살펴보면 적지 않은 영향이 있었음을 알 수 있을 것이다.

등으로 군불교의 장래가 그리 밝지 않은 상황과도 관련이 있었다. 그와 더불어 1989년 6월 천주교가 천주교 군종교구를 새롭게 출범시키는 외부적 요인도 적지 않게 작용하였다.[77]

1990년대 후반부터는 군승단에서도 교구화를 위한 종단 차원의 협조를 구하며 적극적인 추진 의사를 밝히고 구체적인 추진 방안 마련에 나서게 된다. 그러나 당시에는 교구화의 본래 의미보다는 교구장 인사 추천과 추진 주체에 대한 논란 등이 명확하게 정리되지 못했고 교구의 입법 과정에서 결혼한 군승[78]들이 독신 비구 종단인 조계종 승려 신분으로 진입하는 데 대한 조계종단의 거부감 등도 작용하여 교구화에 대한 구체적인 논의가 공식화되지는 못했다.

---

[77] 천주교 군종교구는 그 이전까지는 군종 사제단으로서 지역교구의 교구장이 지도주교로서 관리하는 체계였다. 1989년 10월에 교황 요한 바오로 2세가 한국 군종교구 설립에 대한 칙령을 발표하고 초대 군종교구장으로 정명조 주교를 임명하게 되면서 한국의 천주교 군종교구는 출범하게 된다.
천주교 군종교구는 군에 근무하는 가톨릭 신자 장병의 관리를 위하여 설정된 특수교구의 하나로, 지역을 기반으로 하지 않는 속인적 집단이기 때문에 교회법적으로는 교구가 아닌, 교구에 준하는 자치권을 보장받는 교황청 직할의 특수교구이다. 그래서 교회법적으로는 '군종사제단'이라는 표현이 정확하겠지만, 한국 천주교주교회의는 "관할지역만 따로 없을 뿐, 시스템은 지역 교구와 동일하고, 자치단 설정 이전의 군종사제단과도 구별이 필요하다."는 등의 이유로 1990년 봄 정기총회에서 '군종교구'라는 번역어를 확정해서 쓰고 있다.

[78] 대한불교조계종 종헌 제9조 제2항은 2009년 3월 18일 개정되기 전까지 군종장교로 복무하는 승려에 한하여 예외적으로 혼인을 허용하였으나, 그 후 종헌을 개정하면서 제9조 제2항을 삭제하여 군종장교로 복무하는 승려의 혼인도 금지하였다. 다만 부칙 제2조 제1항에 의해 개정된 종헌 시행일인 2009년 5월 16일 이전에 혼인한 군종장교는 승려 지위를 유지할 수 있게 하고 있다.

여러 가지 복잡한 조건과 상황들이 혼재된 상태이기는 하였으나 이는 효율적인 군승제도의 운영이나 군포교 발전에 대한 중요성보다, 당시의 조계종 총무원 관계자들은 군승에 대한 승려의 정체성 논의를 더 우선시하였던 일례로 여겨진다.

그 뒤 2004년이 되어서야 군종특별교구 설립에 대한 논의가 구체화되기 시작한다. 2003년 2월 법장 대한불교조계종 총무원장은 총무원장 선거 출마 공약으로 포교 활성화 차원의 군승특별교구화 검토를 제시한 바 있었다. 이 공약의 이행 과정을 일환으로 조계종 중앙종회는 2004년 3월 18일 조계종의 종헌宗憲을 개정하게 된다. 조계종 종헌 93조 2항에 '총무원장은 중앙종회의 동의를 얻어 종단의 특별한 목적사업과 효율적인 운영을 위하여 특별교구를 둘 수 있다'라는 새로운 규정을 추가하게 된 것이다.

조계종의 종헌 개정으로 특별교구 설립에 대한 법적 근거가 마련됨으로써 군승단과 포교원은 교구 설치를 위한 법안의 준비에 착수하여 마침내 군승특별교구 설립에 대한 공청회를 개최하기에 이른다.[79]

---

[79] '군승특별교구법'의 제정을 위한 공청회는 종단차원에서 마련된 최초의 공식적 공론화의 장이었다는 것에 의미가 있다. 공청회는 조계종 포교원과 중앙종회 포교분과위원회가 공동주최하고 군승특별교구 추진위원회가 주관하였으며 4월 29일 오후 2시 한국불교역사문화기념관 1층 회의실에서 진행되었는데, 당시 발표된 교구 출범에 대한 법안에는 총 7장 27조에 부칙 4조로 구성된 군승특별교구법에 대한 입법 근거와 목적을 비롯해 군승의 책임과 권리, 교구본사 주지의 지위 및 자격, 상임위원회 구성 및 의결 사항, 군승회의 구성과 심의사항, 재정, 포상 및 징계에 관한 조항들이 포함돼 있었다. 심정섭, 「군승특별교구법 제정 공청회」, 〈법보신문〉, 2004년 4월 26일자.

공청회를 거쳐 7월 5일 조계종은 군승특별교구법을 입법 예고하였다. 입법 예고된 법 조항 중 가장 특기할 사항은 군승의 인사권과, 예산의 사용권한 등 상당 부분을 군승특별교구가 직접 관리할 수 있도록 한다는 점이었다. 군종교구를 통해서 모든 인사 행정을 관할하며 특별교구법을 통해 조계종의 정체성을 바탕으로 군승의 지위를 분명히 했다는 점은 주목할 만한 일이었다.

군승특별교구법은 2005년 3월 23일, 제166회 임시중앙종회에서 만장일치로 가결되어 4월 11일 공포되었다. 기존 군불교위원회는 군승교구로 흡수되고 군승령은 폐지된다. 이후 입법 예고된 군승특별교구법은 군승특별교구에서 군종특별교구로 명칭이 변경, 확정되어 대외적으로 공식 발표되었다.

국가의 국방정책인 군종제도에 불교가 참여하게 된 것은 한국불교의 역사에 있어 부처님오신날이 국가공휴일로 공식 제정된 것과 비견되는 중대 사건이었다. 그동안 한국불교는 성리학 중심의 유교사회였던 조선시대와 구한말, 일제강점기의 혼란기를 거치며 온전한 국가적 위상을 견지하지 못해 왔다. 후발주자이기는 하였지만 그러한 상황에서 이루어진 군승제도의 출범은 의미가 적지 않다.

군대에서 승려가 군종장교가 되어 공식 활동을 시작했다는 것은 교육과 복지, 의료 등을 중심으로 서구 근대화의 표상처럼 여겨져 왔던 그리스도교만큼의 대사회적 위상을 정립하는, 공인된 종교로서 국가의 인정을 받게 되었다는 점에서 그 의의가 크다고 할 것이다.

# 5장 군승의 역할과 기능

## 1. 군승의 정체성과 계율관

### 1) 군종장교의 임무

역사적 사례로서 활동했던 군승이 아닌 현재 한국의 군승제도 안에서 활동하고 있는 군승의 역할과 기능을 온전하게 살펴보기 위해서는 일단 군승이라는 신분과 군승의 정체성이 군종장교라는 제도와 범주 안에서 이해되고 받아들여져야 한다는 전제가 필요하다.

군종장교(Military chaplain)는 군에서 종교 관련 업무와 역할을 감당하는 특수 신분의 장교로서 소속 부대의 참모이자 각 종교의 소속 종단에서 인가되어 파송된 성직자라는 두 가지 역할과 임무를 수행하고 있다.[80]

군승은 군의 필요와 요청으로 불교종단에서 파송한 승려이지만

---

80 육군교육사령부, 『군종업무』(육군본부, 2021), p.1.

또 한편으로는 국가공무원인 장교의 신분이다. 군종장교로서 군승은 군인의 신분으로 활동하지만 그와 동시에 승려 신분의 불교 성직자로서 국방부와 해당 종교의 교단에 동시에 소속되어 있는 것이 특징이다.

군승을 포함하여 군종목사나 군종신부 역시 군종장교로 임관하기 전 소속된 종교의 성직자 양성 과정을 수료하여 해당 종교와 교단으로부터 성직자로서의 신분과 자격을 인가받고, 입대하여 장교로서의 소정의 군사훈련을 수료하여 군종장교로 임관하게 된다.[81]

특히 군종장교는 전시와 평시를 막론하고 일체의 무기를 휴대하지 않는 비전투요원으로 군종장교는 직간접적으로 전투에 참여하지 않으며, 정보수집 요원으로도 기능하지 않는다. 그러나 비전투원이라 할지라도 허용된 범위 안에서 소속된 부대의 작전지속 지원 분야의 계획수립에 참여하거나, 종교와 윤리·도덕과 인성 관련 분야에 대해 특별참모로서 지휘관을 보좌하고, 타 참모와 협조하는 것으로 작전에 참여할 수 있기에 군승 또한 군대의 작전 활동과 전혀 무관하다고는 할 수 없다.

현재 한국군에서 활동하고 있는 군종장교는 기독교,[82] 천주교, 불교,

---

81 군종장교의 경우 임관 전 군사교육기관에서 사격술과 행군, 제식훈련 등 기초군사훈련을 의무적으로 받고는 있으나 최근 들어 교육 내용이 참관, 혹은 소개식 교육으로 변화되고 있다.

82 기독교(Christianity, 그리스도교, 예수교)는 신약, 구약 성경을 경전으로 삼고 예수를 그리스도(기독, 메시아, 구세주)라고 고백하는 종교이다. 따라서 기독교는 예수 그리스도의 가르침을 따른다고 주장하는 모든 종교적 공동체에 해당하는 보편적 분류이다. 현재 기독교의 분류는 로마 가톨릭과 동방 정교회의 각 교파, 그리고 16세기 종교개혁 운동 이후 발생한 프로테스탄트(개신교)와 성공회 등

원불교로 특기가 부여되어 있으며[83] 각 종교와 관련된 표식과 복장을 드러내거나 착용할 수 있도록 허용하고 있다.[84]

국방부 규정에 따라서 군종장교에 대한 호칭은 계급이나 직위와 관계없이 각 종교의 성직명(목사, 신부, 법사, 교무)으로 호칭하고 있으며, 군종장교의 생존성 보장을 위해 복제와 이동 차량에 공격 금지 대상인 종교 요원임을 식별할 수 있는 표식[85]을 할 수 있다고 정하고 있다.

군은 종교의 전력화戰力化[86]라는 특수한 목표를 달성하기 위해 군승

---

각 교파로 구분된다. 현재 한국에서는 로마 가톨릭은 천주교로 칭하고 프로테스탄트(개신교)는 기독교로 칭하는 경우가 많고 보편화되어, 통상 개신교는 기독교로, 로마 가톨릭은 천주교로 부른다.

[83] 군에서 활동하는 군종병 역시 군종장교의 종교적 기능을 보좌하기 위해 기독교, 천주교, 불교로 특기가 부여되어 있고, 군종부사관과 군종업무 담당 군무원은 종교별 특기가 없다.

[84] 군종장교의 복장은 군복 착용이 기본이며 종교의식 집행 시에는 소속 종단의 의식용 예복을 착용하고, 필요시 지휘관 승인 하에 성직복이나 사복을 착용한다. 전시에는 의식용 예복의 착용이 필요한 경우 군복 위에 전술화된 전시 예복을 착용한다. 군승의 경우도 2018년 10월, 조계종 법제위원회로부터 야전용 전시가사를 종단으로부터 공식 승인받아 유사시 군복 위에 착용하도록 하고 있다.

[85] 제네바협약에 따르면 의무 요원의 경우 부착 요령이나 위치, 혹은 시기가 규정을 통해 명확하게 규정되어 있으나 군종 요원의 경우 보호 표장이나 신분증에 관한 일반사항만 전제되어 있을 뿐 구체적인 보호 표장의 부착 여부와 신분증에 대한 양식 등은 정형화되어 있지 않은 상태여서, 군종의 경우 이에 대한 보다 많은 검토와 연구가 필요하다고 본다.

[86] 신앙전력화信仰戰力化라는 표현은 신앙의 힘을 전투력화한다는 의미로 군대 내의 모든 종교활동은 군의 존재 목적과 관계가 있어야 한다는 뜻을 담고 있다.

들을 활용하고자 한다. 군승들에 의해 진행되는 불교의 종교활동을 통하여 장병들의 사생관死生觀 확립과 전장의 승리에 기여할 수 있는 사고 예방과 비전투 손실 방지, 사기진작 등의 기능적 효과를 요구하고 있다.

군승에게는 종교업무가 가장 중요하고 본질적인 업무임은 틀림없지만, 군종장교로서 군승이 감당해야 할 임무와 군에서 요구되는 역량은 일반적인 종교에서 담당하는 통상 성직자의 업무와는 분명 차이가 있음을 확인할 수 있는 대목이다.

군승들은 불교의 가르침을 통해 병영 환경의 민감한 과제들을 극복하고자 노력하고 있으며 불교의 명상이나 신행 활동 등은 군인들의 죄의식이나 심리적 불안과 공포, 혹은 트라우마 상황을 치유할 수 있는 유용한 도구로 활용되고 있기도 하다.

중생구제의 관점에서 군승의 역할은 매우 중요하다. 전투, 혹은 전쟁이라는 극한의 상황에서 군인들은 생명의 위협뿐만 아니라 심각한 정신적, 도덕적 갈등에 직면하게 된다. 이때 군승은 불교의 가르침을 통해 군인들에게 내적 평화와 도덕적 지침을 제공함으로써, 그들이 극한의 상황에서도 인간성을 잃지 않도록 돕는다.

### 2) 군승의 계율관

군승의 신분과 정체성을 온전히 파악하기 위해서는 먼저 군승이 군종

---

신앙전력화를 통해 군인들의 정신력과 사기를 높이고, 극한상황에서도 굳건한 의지력을 발휘할 수 있게 하도록 종교활동을 전력화(군사력화)하자는 취지에서 나온 말이다. 육군본부, 『군종 50년사』(2003, 육군인쇄창), p.54.

장교, 즉 채플린(Chaplain)이라는 특수한 신분적 한계가 있다는 전제 하에 접근해야 한다고 밝힌 바 있다. 그렇다면 군종장교로서의 군승의 정체성과 승려로서의 군승에 대한 정체성은 어떠한 차이와 한계가 있는 것일까?

대한불교조계종 군종특별교구법 제1장 제6조에 따르면 "군승이라 함은 군대 내의 포교업무를 담당하기 위해 총무원장이 국방부에 파견한 승려를 말한다."라고 명시[87]하여 명확하게 군승은 조계종 승려의 신분으로 포교를 목적으로 군에 파견한 존재임을 밝히고 있다.[88]

현재 육·해·공군의 모든 군승은 전원이 대한불교조계종 소속의 승적을 지니고 있는데, 군승 역시 일반 승려와 마찬가지로 출가하여 조계종의 승려법에 따라 종단이 정한 단일계단에서 수계해야 하며 조계종 승려의 의무, 권리, 포상, 징계 등 제반 사항을 동일하게 적용받는다.

또한 군종교구법에 따르면 군승은 종단 법령이 정하는 법복을 착용하여야 한다고 명시하고 있는데(제6조 3항), 이는 군승이 원칙적으로 조계종의 승적을 가진 승려로서 그에 합당한 복식과 위의威儀를 갖출 것을 규정함으로써 군승 역시 승려의 신분으로 수행과 전법을 통하여 중생구제와 불국토 건설의 사명을 다하게 함을 목적으로 하는 승려의

---

87 이는 군승의 정체성을 포교승, 교화승으로 정의할 근거가 된다.
88 대한불교조계종 종헌 제9조 1항에 승려는 구족계具足戒와 보살계菩薩戒를 수지受持하고 수도修道 또는 교화에 전력하는 출가 독신자라야 한다고 규정하고 있다. 특수포교를 담당하는 군승의 경우에만 독신 규정을 예외로 하였던 종헌 9조 2항은 대한불교조계종 중앙종회의 의결을 거쳐 2009년 3월 18일 삭제되었다.

정체성을 군승 역시 따르게 하고 있다.[89]

출가 수행자로서의 군승에 대한 정체성 논의를 진행함에 있어 율장律藏의 해석과 지계持戒의 유무에 대해서는 분명 논쟁의 여지가 있는 것이 사실이다. 군승이 율장의 정신을 구현하고 계를 지니는 승려의 정체성(Identity)을 지켜 나가고자 함에 있어, 군복을 착용하고 국가로부터 급여를 받으며 병영 내에서 군인들과 생활해야 하는 군종장교의 현실은 율장과 적지 않은 부분이 충돌하고 있음을 주목하고 싶다.

출가 수행자가 율장의 가르침에 따라 지계의 원칙을 지켜온 것은 불교 승단의 역사와도 그 궤적을 함께한다. 초기불교부터 승가는 사의지四依止[90]의 원칙 속에서 사문(沙門: śramaṇa)[91]이라는 출가자(出

---

[89] 평시 군종장교의 복장은 군복 착용이 기본이며 종교의식 집행 시에는 소속 종단의 의식용 예복을 착용하고, 필요시 지휘관 승인 하에 성직복이나 사복을 착용한다고 규정되어 있다. 군승도 이와 다르지 않으며 법회나 종교의식을 진행할 때는 의식복으로 가사와 장삼을 착용하고 있고 훈련 상황이나 전시에는 군복 위에 전시가사를 착용하고 임무를 수행한다.

[90] 사의지四依止는 인도불교의 출가 수행자들이 지켜야 할 기본적인 의식주 생활양식을 말한다. 사의지는 분소의糞掃衣, 걸식乞食 혹은 탁발托鉢, 수하주樹下住, 부란약腐爛藥 혹은 진기약陳棄藥을 말하며, 출가 수행자는 이를 원칙으로 삼아 수행 생활을 유지해 나갔다. 상황에 따라 출가 수행자들에 대한 대우나 처지가 변화하기도 했지만, 출가자가 사의지를 지킨다는 것은 어떠한 상황에서도 변하지 않아야 할 기본적인 원칙이었다.

[91] 사문沙門이란 팔리어 사마나(samaṇa), 산스끄리뜨어로는 슈라마나(śramaṇa)를 음사한 것으로, 사마나와 슈라마나는 동사 어근 슈람(śram)에서 파생된 남성명사다. 영어로는 wanderer(유행자), recluse(수행자), religieux(修士) 등으로도 번역된다.

家者: pravrajita)의 모습으로 활동을 이어 왔고 그러한 전통이 오늘날 불교 승단의 모본이 되었던 것은 주지의 사실이다.

승단에서 율장은 가장 강조되는 원칙이자 법률이었기에 불교가 전파된 시대와 지역을 막론하고 승가 생활의 기본으로 받아들여져 왔다. 율장은 승려들의 생활규범이었으며 승단을 유지, 존속시키는 원칙이었다. 만약 출가 수행자가 자체적인 규범이나 규칙을 지키고 있지 않다면 출가자와 재가자의 구분은 무의미해진다. 또한 그로 말미암아 승단이라는 조직은 일반사회 속에서 그 독자성과 독립성을 유지하기가 어려워질 것이다.[92]

그러나 군대와 전쟁이라는 특수한 환경 속에서 활동해야 하는 군승의 경우, 군사훈련에 참가해야 하고 군부대 내에서 생활하며 장교의 신분으로 군복을 입고 복무하면서 수행자가 지켜야 할 율장의 원칙들을 온전히 지켜 나가는 것은 현실적으로 불가능하다.

군종장교의 임무 수행과 지계의 문제가 충돌할 경우, 이는 군승들에게 정체성 혼란을 일으키는 딜레마가 되고 있으며, 현장의 상황과 판단에 따라 개차開遮의 지혜를 요구받고 있기도 하다. 이는 파계破戒나 사계捨戒의 문제이기보다는 중생구제와 교화를 우선하여 실천하고 대승보살계의 근본정신을 구현하고자 하는 군승들만의 특별한 계율관戒律觀이 필요한 이유가 되기도 한다.

비구(Bhikku)라는 존재의 정체성을 지위나 신분, 자격으로 드러낼 수는 없을 것이다. 지계는 계율을 지켜 나가고 있는 상태의 문제이며

---

[92] 佐佐木閑, 『出家とはなにか』(大藏出版, 2017), p.34.

철저한 자기 자신과의 약속이다. 그러한 서원을 지니고 생활하는 존재라야 계율에 따라 생활하는 수행자이며 불타의 길을 걷는 출가사문(Bhauddhayā)이 되는 것이다.

그러나 실제 전투 상황의 현장 속에서 불안과 공포, 그리고 죄의식에 노출된 장병들과 함께하며 그들을 치유해야 하는 군승들에게 율장에서 강조하는 비구 250계의 원칙[93]을 있는 그대로 적용하는 것은 무리이다. 일반 비구와 군승은 물리적 공간의 배경과 법을 전하고 수행을 지속하는 절차와 방법상의 차이가 엄연히 존재한다. 수행승과 포교승은 활동하는 토대가 다르고 조건과 상황이 다르므로 그 기능과 역할이 다를 수밖에 없다.

계율의 문제는 불교인이 해탈과 열반에 다가서는 행위의 규범이자 도덕적 권위와 윤리적 힘의 원초가 된다. 그러나 한국의 군불교가

---

[93] 비구 250계는 강제 규정인 승가의 규범이다. 이를 어길 경우 승가로부터 다양한 제재를 받는다. 『四分律』에 나열된 250가지 구족계 각각의 戒目(비구니는 348종)은 다음과 같이 분류, 정리된다. 바라이법(波羅夷法: pārājikā dhammā)-4종(성교, 도둑질, 살인, 망어), 승가바시사법(僧伽婆尸沙法: saṃghādisesa dhammā)-13종(자위, 무고 등), 부정법(不定法: aniyatadhammā)-2종(밀폐된 곳에서 여인에게 잡담하는 것 등), 니살기바일제법(尼薩耆波逸提法: nisaggiyā pācittiyā dhammā)-30종(여분의 가사를 10일 이상 소유하는 것 등), 바일제법(波逸提法: pācittiyā dhammā)-90종(다른 비구를 모독하는 것 등), 바라제제사니법(波羅提提舍尼法: pratideśanīya dhammā)-4종(친척이 아닌 비구니에게 음식을 받아먹는 것 등), 중다학법(衆多學法: sambahulā sekhiyā dhammā)-100종(밥을 먹을 때 소리 내지 않는 것 등), 멸쟁법(滅諍法: adhikaraṇaśamatha dhammā)-7종(다툼을 재판하는 방법). 김성철, 「출가자와 재가자의 바람직한 관계」, 『참여불교』 제14호(참여불교재가연대, 2003), pp.129~130.

대승불교를 지향한다고 하면서도 상좌부불교의 250계의 조문에만 머물고 있다면 현실의 상황과 동떨어진 구태를 벗어나기 어려울 것이다.

이 시대에, 계율이 가진 근본정신을 구현하고 보편타당한 현대적 적용을 위해서는 그것을 율장의 조문 그대로 문자적으로만 해석할 것이 아니라, 시대적 상황을 고려한 해석학적 접근이 요구된다. 그러기에 군승에게는 2,500년 전 인도의 생활규범에 기초한 사분율四分律[94] 중심의 전통 계율보다 마하야나(Mahayāna)의 전통을 계승하는 대승보살 삼취정계三聚淨戒의 정신[95]을 지켜 나가는 것이 필요하다.

소승불교의 계율이 출가 수행자들의 청정한 수행을 위한 규범이었다면, 삼취정계는 대승불교 수행자들이 지녀야 할 포괄적이고 실천적인 계율 체계라 할 수 있다. 이는 불교의 교화 대상이 출가 수행자에 국한되지 않고 재가자를 포함한 모든 중생으로 확대되었음을 보여주는 동시에, 계율의 목적 역시 자신의 해탈에 그치지 않고 중생구제라는 보살도의 이상을 실현하는 데 있음을 나타낸다. 또한 단순히 악행을 멀리하는 데서 그치지 않고, 적극적으로 선법을 닦고 중생을 이롭게

---

94 사분율(四分律, Dharmaguptaka Vinaya)은 불교의 주요 계율 체계 중 하나로, 특히 동아시아 불교에서 중요하게 여겨진다. 사분율은 5세기 초 중국에 전해져 광범위하게 채택되었는데 비구계比丘戒와 비구니계比丘尼戒, 수계건도(受戒犍度: 계를 받는 절차에 관한 규정)와 잡건도(雜犍度: 승가생활에 관한 기타 규정)로 이루어져 있다.

95 『瑜伽師地論』卷第40「戒品」一(大正藏 제30책, No.1579, p.511. a19~26). "若諸菩薩安住淨戒 於三聚戒一一學處 皆悉受學無所缺少 是名菩薩摩訶薩戒 具足圓滿 淸淨無缺 何等名爲三聚淨戒 一者律儀戒 二者攝善法戒 三者 饒益有情戒."

하려는 보살의 정신을 함축하고 있다는 점에서, 장병들과 함께하는 군승에게 가장 중요한 계율관戒律觀이 될 수 있을 것이다. 군대에서 활동하는 군승들이 대승불교의 이념과 근본불교의 계율 사이에서 딜레마에 직면할 때, 이 삼취정계는 나름의 해법을 제시해 줄 수 있다고 본다.

물론 군승들이 계율의 문자적 준수와 대승의 정신을 실천하는 것 사이의 혼돈 상황을 완벽히 해소하기란 쉽지 않을 것이다. 그러나 삼취정계의 관점에서는 계율의 근본정신은 견지하면서도 주어진 상황 속에서 대승의 이념을 구현하기 위해 유연하고 창조적인 자세를 취하는 것이 가능해진다. 율의律儀의 틀 안에서 선법을 실천하고 중생을 이롭게 하는 것, 그것이 군승들에게 주어진 과제이자 포교와 수행의 두 길을 병행해 나가는 방법이 될 수 있을 것이다.

대승불교에서 강조하는 지계持戒는 상좌부불교에서 강조하는 지계와 차이가 있다. 대승의 계율은 보다 능동적이며 자율적인 면을 강조하고 있다. 계를 지닌다는 것은 본래의 취지와 정신을 잃지 않는 것이 더욱 중요하다. 율장의 내용을 따른다는 명분으로 2,500년 전의 인도 문화와 상황을 현대사회에 그대로 적용하는 것은 적지 않은 무리가 따른다.

그럼에도 불구하고 현재 한국의 군승들은 군대라는 제한된 조건에서 율장에 근거한 포살布薩과 안거安居를 정기적으로 실시하고 있으며,[96]

---

[96] 군승들의 안거와 포살은 대한불교조계종 군종특별교구 주관으로 매년 정기적으로 실시되고 있으며, 군에서도 이를 종교업무의 연장으로 판단하고 공식적으로 허용하고 있다. 또한 포살에 참석한 군승에 대한 통계는 집계되어 종단에 보고되

군승의 경우 군 복무를 하는 가운데에서도 종단에서 정기적으로 실시하는 법계고시法階考試에도 응시하거나 종단의 각종 연수와 교육을 받을 권리와 의무를 지고 있다. 군승은 군의 기본임무 수행에 제한이 없는 범위 내에서 불교종단이 소집하는 정기회의와 교육 등에 참석하는 것이 허용되고 있으며, 군승이 보직된 부대의 지역 사찰 및 불교단체 등과의 상호 협력관계를 통해 민民과 군軍 사이의 교류협력과 대민업무도 진행하고 있다.

군승의 정체성을 단순히 출가 수행자로만 국한할 수는 없을 것이다. 사실 군이라는 조직에서 요구되는 군승의 정체성은 출가 수행자의 모습보다는 장병들을 위해 헌신하는 종교적 헌신, 혹은 봉사를 감당하는 성직자의 기능적 역할에 더 가깝다. 군승의 정체성이 출가 수행자의 정체성을 바탕으로 시작된 것은 분명하지만 군에서 요구되는 임무와 역할을 온전히 수행하기 위해서는 출가 수행자의 정신으로 장병들과 함께하는 군종장교이자 군 성직자인 밀리터리 채플린(Military Chaplain)으로서의 기능적 정체성을 더욱 강요받고 있는 것이 현실이라는 점을 인정하지 않을 수 없다.

군승의 정체성과 계율관에 대한 문제를 논의하면서 논자는 태국의 군승제도를 주목하고 싶다. 지금으로부터 100여 년 전 세계 최초로 불교 군종제도를 실시한 태국군의 경우[97]는 상좌부불교의 계율 전통을

---

고 있다.

[97] 태국의 경우, 제1차 세계대전에 참전하면서 라마 6세(Wachirawu)의 명에 의해 장병들을 보호하고 종교적으로 지원하기 위한 목적으로 1918년 6월 군승제도를 시작하였다. 라마 6세 국왕은 영국 왕립 사관학교인 Sandhurst 출신으로 태국

중요시하고 있는 특성 때문에 신분과 정체성이 한국군의 군승제도와는 매우 다르다.

태국에서 중요시하고 있는 상좌부불교의 계율은 승려의 신분으로 군대 혹은 군인들과의 교류를 금지하고 있다. 또한 승려가 군대에 입대하면서 생기게 되는 국가와 승가에 모두 충성해야 하는 딜레마를 우려하고 있다. 태국 불교에서는 군인의 역할과 비구의 역할은 완전히 상충한다고 보고 있으며, 승려가 태국군에서 군승으로 활동하기 위해서는 비구의 신분과 정체성을 내려놓아야만 불교 채플린(Aunusasanachan), 즉 군승이 될 수 있다.

태국군 군승은 엄격하고 체계적인 심사 과정을 거쳐 승단의 비구(Bhikku) 중에서 선발되지만, 군에서 군종장교로 활동하는 동안은 계율을 내려놓고(還戒), 가사를 입지 않으며 군복에 군승 신분을 상징하는 황금빛 완장[98]을 착용한 상태로 장병들을 위한 종교 지원이나 상담, 혹은 치유의 분야를 담당해 오고 있다.

그들은 계율의 문제에서 비교적 자유로우며 철저하게 군을 위해 봉사하는 장교의 신분을 견지한다. 태국군 군승의 정체성은 승려와 일반신도 사이의 어느 한 지점에 위치하는데, 그들은 일반사찰의

---

근대화를 이끈 인물로, 당시 영국군 군종제도의 효율성에 대해 알고 있었고 불교신자가 대부분인 태국군에 이를 적용하고자 하였다. 이는 근대적 의미에서의 세계 최초 군승제도의 설립이었다.

[98] 지계持戒와 환계還戒가 비교적 자유로운 태국 불교의 정서 속에서 군승은 승려의 승복색과 같은 saffron(연황색) 빛깔의 완장을 군복 위에 착용하는 것으로 그 정체성을 드러낸다.

비구들과 마찬가지로 법회를 주관하고 설법하며 장병들에게 불교교리 교육을 실시하지만 엄밀히 말해 신분상 비구는 아닌 것이다.[99]

2,500년 전의 고대 인도 사회와 비교할 때 오늘날 군승들이 직면한 현실은 계율의 문자적 해석만으로는 감당하기 어려운 변화된 상황에 놓여 있다. 그러나 율장의 규범을 고정불변의 진리로 받아들이기보다는 수행자의 내적 성찰과 자발적 실천을 이끄는 지혜로운 법식으로 이해한다면, 군승들의 수행 방편 또한 얼마든지 본질을 잃지 않고 시대에 맞추어 나갈 수 있을 것이다.

물론 계율의 문자적 해석과 군인의 의무 사이에서 갈등하는 군승들의 딜레마도 존재한다. 그러나 석존이 제자들에게 계율의 형식보다는 그 정신을 좇을 것을 강조했고, 육조 혜능이 "부처를 찾으려거든 마음에서 찾아야지 경전에서 찾으려 말라."[100]고 일갈했듯이, 수행의 참뜻은 고정된 틀에 얽매이는 것이 아니라 때와 장소에 맞게 방편을 찾아 실천하는 데 있다고 본다.

석존이 제자들에게 계율의 형식보다 정신을 따를 것을 강조한 대목은 경전 여러 곳에서 발견된다. 『의족경義足經』과 『불설의족경佛說義足

---

[99] Michael Jerryson, 『If You Meet the Buddha on the Road: Buddhism, Politics, and Violence Get access Arrow』(Oxford University Press, 2018), pp.123~125.

[100] 혜능은 도를 구하는 데는 굳이 절에 있을 필요가 없으며, 재가에서도 마음을 청정히 하면 깨달음에 이를 수 있음을 역설하고 있다. 즉 부처를 찾는 것은 경전이나 사찰 같은 외부 대상에 있는 것이 아니라, 자기 마음의 본성을 깨닫는 데 달려 있다는 것이다. 『六祖大師法寶壇經』卷1「行由品」(大正藏 제48책, p.353a). "善知識! 若欲學道, 在家亦得, 不由在寺. 在家能行, 如東方人心善. 在寺不修, 如西方人心惡. 但心淸淨, 便是自性西方."

經』에서 비구의 정체성과 관련된 게송을 찾아볼 수 있는데, 먼저 『의족경』에는 다음과 같은 게송이 실려 있다.

　　비구가 되는 것은 다른 이로부터 희망한다고 해서
　　이루어지는 것이 아니며,
　　비록 다시 걸식한다고 하더라도
　　이에 따라 비구가 되는 것은 아니다.
　　악을 버리고 청정한 덕을 갖추어 나에 대해 평등한 마음을 지니고,
　　법에 순응하며 청정한 삶을 실천하기에 비구라 일컬어지네.
　　苾芻非由他　悕望便成就　雖復爲乞食　由斯非苾芻
　　棄惡具淨德　平等觀於我　順法修梵行　故號爲苾芻[101]

이 게송은 출가자의 참된 자격에 대해 설하고 있다. 단순히 형식적으로 출가하거나 탁발에 의지한다고 해서 진정한 수행승이 되는 것이 아님을 강조하고 있는 대목이다. 여기서 평등관어아平等觀於我는 자아에 대한 집착에서 벗어나 모든 존재의 평등성을 깨닫는 것으로 해석될 수 있다. 수행자 또한 중생과 분리된 독립적 실체가 아님을, 그래서 중생을 자신과 똑같이 여기고 자비를 실천해야 함을 시사하는 대목이라 하겠다.

또한 『불설의족경』 「악행품」에서도 유사한 내용의 게송이 있다.

---

101 『義足經』 권2(大正藏 제4권, p.179a).

비구는 다른 사람으로 인하여 희망한다고 해서 이루어지는 것이
아니며,
비록 다시 걸식한다고 하더라도 이로써 비구인 것은 아니다.
악을 버리고 청정한 덕을 닦으며,
나에 대해 평등한 관점을 지녀야 하고,
법에 의지하여 청정한 삶을 닦기에 비구라 이름하는 것이다.
比丘不因人 希望而成就 雖復行乞食 由斯非比丘
棄惡修淨德 平等觀於我 依法修梵行 故名爲比丘[102]

이 게송 역시 비구의 참된 의미가 무엇인지를 천명하고 있다. 비구가 된다는 것은 외형적인 조건이나 다른 이의 인정에 달린 것이 아닌 것이다. 외형적으로 걸식을 하는 비구(乞士)의 생활방식을 취한다 하더라도, 그것만으로는 진정한 수행자의 자격을 갖추었다고 볼 수 없다는 것이다.

이처럼 『불설의족경』의 게송은 『의족경』과 거의 유사한 내용을 담고 있다. 형식적 출가에 안주하는 것이 비구가 아니라 법에 의지한 청정한 삶을 지향해야 수행자임을 일깨우는 내용이다. 『의족경』과 『불설의족경』의 게송은 재가자와 출가자로 구분을 나누어 계율의 형식적 준수를 강조하기보다는 청정한 수행자의 삶을 강조하고 있다는 점에서 주목할 만한 내용이다.[103]

---

102 『佛說義足經』 권2(大正藏 제4권, p.186a).
103 초기불교의 계율은 사부대중의 차별을 두지 않았다. 이를 『잡아함경』에서는 여래의 정법율正法律이라 하는데, 재가자와 출가자가 동일하게 따르는 근본적

이러한 가르침들은 율장에서 규정한 계율의 세부 사항보다는 계율의 근본 취지를 좇아 청정한 수행자의 삶을 살아갈 것을 역설한 것이라 하겠다. 율장의 개별 계율이 시대에 따라 변화할 수 있음을 인정하면서도 번뇌와 집착에서 벗어나 깨달음을 추구하는 출가자의 이상은 변할 수 없음을 일깨운 것이다.

이는 오늘날 불교계에서 재가 수행 운동이 크게 성장하고 있는 상황에서, 그리고 군승과 같이 특수한 처지에 놓인 수행자들에게 시사하는 바가 적지 않다. 계율의 문자적 준수에 매몰되기보다는 자비와 지혜의 실현이라는 수행의 근본정신에 충실하면서, 주어진 현실 속에서 불법을 구현하는 창조적 노력이 필요함을 환기해 주고 있다.

## 2. 군승의 임무와 역할

군승이 지녀야 할 가장 중요하고 기본적인 임무는 장병들을 대상으로 불교가 가진 종교적 역할을 수행하는 것이다. 군승의 임무와 역할은 종교적인 기능을 하는 성직자로서의 측면과 군종장교로서 군에서

---

인 平等法律을 말한다. 『雜阿含經』 권34(大正藏 권2, p.247a)에는 "비구·비구니·우바새·우바이로서 남자나 여자는 모두 흐름을 따라 열반으로 향하고, 열반으로 실려 내려갑니다. 참으로 기이한 것은 부처님과 법과 승가의 평등한 法과 律입니다(比丘比丘尼 優婆塞優婆夷 若男若女 悉皆隨流 向於涅槃 浚輪涅槃 甚奇 佛法僧 平等法律)."라고 하였다. 박소령, 『大乘佛敎 在家佛子의 信行과 位相 연구』(동국대학교 박사학위논문, 2014), p.2.

요구되는 군종지원軍宗支援의 업무를 감당하는 두 가지의 특징을 모두 견지하고 있다.

군승은 불교종단에서 파송된 사명감과 인격을 갖춘 존경받는 성직자로서 군에서 인정받고 있으며 장병들을 대상으로 각종 불교에 기반한 각종 종교의식을 집전하며 심리안정 지원이나 상담, 혹은 인성 및 윤리교육을 감당한다.

또한 불교와 관련된 종교적 활동과 업무를 전담하고 군사찰 등의 종교시설을 관리하면서 종교적 신념과 양심을 바탕으로 군에서 요구하고 있는 다양한 군종 지원 활동을 실시하고 있다. 장병들의 임무 수행 간 각종 사건이나 사고가 발생하여 전사자나 사상자가 발생하였을 경우, 전사자의 명예 고양 활동이나 유가족의 위로, 혹은 사망(전사) 통보관의 임무를 수행하는 경우도 있다.

이와 같은 임무 수행을 통해 군의 사기진작, 사생관의 확립, 정신전력 강화에 이바지하는 일련의 역할을 맡게 되는 것이다. 이러한 일련의 종교적 임무와 역할은 군에서 '신앙전력화'라는 명제 아래 시행되고 있으며 보다 포괄적이고 광범위한 범주 안에서 장병들에 대한 위로와 봉사를 전제로 진행되고 있다.

군승의 임무와 역할은 크게 성직자로서 종교 지도자의 역할과 참모장교로서 조언과 보좌의 역할로 나누어지는데, 이 둘의 역할은 각각 독립적이지 않으며 성직자의 역할을 바탕으로 종교 분야 참모장교의 임무를 수행하는 것이 중요한 관점이다.

군승이 부대의 편제나 임무의 명령에 따라 지휘관을 보좌할 책임이 있는 특별참모로서 활동하는 경우, 부대를 지휘하는 과정에서 지휘관이 종교적 영역을 활용할 수 있도록 군종지원 활용 방안과 장병들의 사기를 고양하는 활동에 대해 전반적인 참모조언을 수행한다.

또한 군승은 전투 전후 스트레스 상황에 노출된 장병들을 대상으로 개인 및 집단상담 활동을 시행하며, 장병들에게 심리적 안정과 정신건강을 위해 종교적, 윤리적 문제들에 대해 조언하는 역할을 하기도 한다.

작전지역 내에서 발생하는 종교 문화와 종교 관련 문화재에 대한 문제나 종교적 관습이나 행동에 대한 조언, 임무수행 후 찾아오는 죄의식(Guilty Feeling)에 대한 조언, AI의 판단에 대한 윤리 문제 조언, 지휘관과 참모의 심리상태 및 장병 사기에 관련한 조언[104] 등을 진행한다.

윤리적 조언은 지휘관의 건전한 판단과 결심을 보좌하고 전장윤리 훼손을 예방하기 위한 참모 활동으로, 군종장교는 작전수행 간 전장윤리 훼손을 인지하였을 경우 바로 지휘관에게 보고해야 하며, 상황을 고려하여 장병들을 대상으로 불교의 종교의식인 참회[105]를 통하여

---

[104] 군승에 의해 진행되는 종교적 조언은 그 내용이 불교적인 것만을 의미하는 것이 아니라, 종교 지도자로서 지휘관의 판단에 확신을 심어주고 마음의 동요 없이 지시하고 행동할 수 있도록 조언하는 것과 지휘관과 참모의 심리적 상태에 대한 조언, 법력法力을 기반으로 지휘관과 참모의 심리안정에 대한 지원까지 포함한다. 그러므로 군승에 의해 진행되는 조언은 일반적인 심리안정 활동인 상담과는 구분된다. 그러나 지휘관과 참모의 심리상태나 윤리적 문제에 관련된 조언일 경우, 종교적 신뢰를 바탕으로 상담으로 전환할 수 있다. 육군교육사령부, 『군종업무』(육군본부, 2021), p.16.

[105] 군승들은 참회의식을 통해 전투 현장에 투입된 장병들이 잘못과 허물을 뉘우치며

죄책감, 전투 상황에서 발생하는 죄의식 등의 심리 불안을 해소하는 활동을 계획하고 시행한다.

현재 군에서 요구되고 있는 군승의 임무와 역할은 일반적으로 군에서 요구하고 있는 군종장교의 도입 배경과도 많은 관련이 있다. 유사시 전승戰勝을 위한 기능적 역할이 그것이다. 군승에 의한 장병 대상 불교활동이 무형 전투력의 강화나 전투력의 보존과 회복으로 귀결될 수 있는가에 대한 문제이다.

군승을 통한 무형 전투력[106]의 강화란 군승들에 의해 실시되는 종교 활동과 사생관 교육, 회복탄력성 강화훈련이 장병들의 전투 스트레스를 예방하거나 감소시키는 데 얼마나 이바지할 수 있는가에 중점을 두고 있으며 결국 그러한 활동들은 군승들이 전시 임무를 부여받은 전투병들의 사기를 진작시키는 사기충천자(Morale-Booster)의 역할을 얼마나 감당할 수 있는가가 중요한 요소이다. 이른바 불교활동을 통해 필승의 신념과 전투의지를 고양케 하는 것이다.

그 밖에도 군승들은 상담과 교육 등을 통해 병영 내에서 일어나고 있는 자살이나 탈영, 근무지 무단이탈 등의 비전투손실을 예방하기 위한 노력을 진행하고 있는데, 명상법 지도나 종교 신앙적 방법을 통해 심리적 외상(PTSD)을 입은 장병들을 치유하여 마음의 건강과

---

또다시 죄를 범하지 않겠다고 용서를 구하고 다짐하는 신앙적 성찰을 갖게 만듦으로써 도덕적·윤리적 부담감을 덜 수 있도록 지도하고 있다.

[106] 무형 전력은 전투능력의 기술 전력과 유용 전력, 그리고 전투의지라 할 수 있는 정신 전력으로 구성되며, 투철한 군인정신, 사생관 확립, 충천된 사기, 조직화된 전투의지 등이 정신 전력에 해당한다.

상실된 인간성의 회복을 돕는 다양한 심리적 치유 활동을 시행하고 있다.[107]

결국 군승의 임무와 역할은 종교활동과 선도업무, 교육활동으로 정리해 볼 수 있는데, 이는 군승이 가지고 있는 가장 근본적인 종교적 기능을 통해 건강한 자아실현과 윤리적 기준을 세우는 도움을 줄 수 있을 뿐 아니라, 임무의 수행이나 전장상황에서 죽음의 공포를 직면하여 정신적 공황(Panic)에 빠진 장병들에게 생사를 초월하는 종교적 가치를 깨닫게 함으로써 정신적 회복을 할 수 있게 하는 핵심 역할이라 할 수 있을 것이다.

선도업무는 군승이 군복을 입은 군인으로서의 동질감을 바탕으로 기도와 상담, 위문과 격려로 장병들의 마음을 안정시키고 정서적으로 지지하여 인간 본성의 회복과 정신적인 치유자의 역할을 하는 것이 될 것이다.

이와 같은 임무와 역할을 수행하기 위해 군승에게는 기도와 종교적 수행을 통해 갖게 된 내면의 힘이 강조되고 있으며, 장병들이 어느 곳에 있든 항상 장병들과 함께할 수 있는 희생과 헌신의 의지가 요구된다.

---

[107] 군종활동의 효과는 그 영역이 비가시적이어서 활동의 성과나 효율을 정확히 측정하기가 어렵다 그러나 상담과 심리치유의 영역은 군종활동의 성과가 바로 드러나는 분야이다. 군종장교들에게 있어 PTSD의 치유는 전시군종지원의 가장 중요한 임무 중에 하나이며, 다수의 전투 상황과 참전 경험이 있는 미 군종장교들의 선도 성공 사례는 이를 증명하고 있다. 김철우, 「전시군종활동의 경제적 효과」, 『2023 전시 군종지원 발전 세미나 자료집』(육군본부군종실, 2023), p.7.

마지막으로 군승이 군종장교로서 원활한 임무 수행을 위해 강조되고 있는 것은 현재 군에서 활동하고 있는 모든 종교적 전통에 대해 관용적이어야 하며, 군이 추구하는 가치에 함께하여 헌신할 수 있는 근본 바탕이 전제되어야만 한다.

군승은 장병들이 가지고 있는 불교적 신념에 대한 상징적 존재이자 공감과 소통의 상담자로서 장병들에게 종교적 위로와 심리적 안정을 제공하는 역할을 하고 있지만, 불교신자 장병을 대상으로 하는 종교활동, 종교상담 등을 제외하고, 그 밖의 군종지원은 종교의 유무와 상관없이 모든 장병을 대상으로 종교를 초월하여 평등하게 수행해야 한다.

이를 위해 군승들은 종교적 지원을 필요로 하는 모든 장병에게 군종지원을 할 수 있도록 복무하고 있는 단위부대에서 각 종교의 신앙상징물[108]과 기도문, 종교가 없는 장병을 위한 공동기도문[109] 등을 각각 준비하도록 군에서는 교육하고 있다.

군승이 타종교의 종교의식을 지원해야 할 경우, 군종병과에서 제공된 군종지원키트[110]의 공동기도문을 활용할 수 있으며, 타종교의 종교

---

[108] 현재 군에서 활용되고 있는 신앙상징물은 장병들의 종교를 드러낼 수 있는 표식으로 제작되고 있는데 기독교는 십자가, 천주교는 십자고상, 불교는 삼보륜三寶輪, 원불교는 일원상을 디자인하여 인식표와 함께 부착할 수 있도록 하고 있다.
[109] 모든 종교인과 무교인, 즉 전 장병을 위하여 특정 종교의 색채를 배제하고 만든 기도문으로 특정 종교의 기도가 아닌 전 장병을 대상으로 출동 전 기도회나 전승기원 기도 등에 사용한다.
[110] 군종지원키트란 군종장교와 군종부사관, 군종병이 군종지원 업무수행 시 활용할 수 있는 도구가 들어 있는 군에서 활용하고 있는 이동식 가방이다.

의식 수행이 불가할 때 타종교의 경전과 신앙상징물을 제공하는 것으로 대신하기도 한다.

군승은 종교가 없는 장병이 종교를 갖기를 원할 때 해당 장병이 원하는 종교의 군종장교가 지원할 수 있도록 조치하고, 종교를 원하지 않는 장병에게도 군종카드[111]를 제공함으로써 종교를 초월하여 모든 장병이 존중받고 지지받고 있음을 느끼게 할 수 있도록 하고 있다.

종단에서 요구하고 있는 군승의 임무와 역할은 포교와 전법에 큰 의미를 두고 있으나 군에서 요구하고 있는 군승의 임무는 장병들의 무형전투력 강화에 그 방점이 찍혀 있다. 종교를 위해 군종장교가 활동하는 것이 아니라 군을 위해 군종장교가 파송된 것이라는 사실이 중요하다.

군에서 군종제도를 허용하고 그 제도 안에 불교를 받아들인 이유는 순수한 종교적 목적에 의해서가 아니라 전승에 이바지하기 위한 도구적 의미로 종교를 받아들였음을 간과해서는 안 된다.

## 3. 군승의 선발과 교육

군승의 선발은 국가가 정한 〈군종장교의 선발에 대한 규칙〉[112]에 의해 진행된다. 군종장교 등의 선발에 관한 규칙에 따르면 군승의 경우

---

[111] 군종카드는 종교적 내용으로 구성된 것이 아닌, 심리적 안정을 줄 수 있는 일반적 명언이나 격언들이 기록된 휴대용 팸플릿이다.
[112] 〈군종장교 등의 선발에 관한 규칙〉, 국방부령 제907호, 2016. 11. 29., 타법개정.

대한불교조계종(군종특별교구)의 추천을 받은 조계종 승려를 대상으로 서류심사, 면접시험, 신체검사, 인성검사 및 신원조사를 거쳐 선발하며 필요한 경우 필기시험을 추가할 수 있게 되어 있다.

국방부에서 진행하는 서류심사는 직무수행에 관련되는 응시자의 자격 등이 정해진 기준에 적합 여부 등을 서면으로 심사하며, 면접시험은 장교 및 성직자로서의 소양과 적격성·전문성을 갖추었는가를 검정하는 과정을 거치게 된다.

구체적인 면접시험의 내용은 설법 등의 종교의식과 불교교리, 장교로서의 정신자세 등을 중점으로 평가하며 신체검사는 국방부에서 정한 「의무, 법무, 군종, 수의장교 등 신체검사규칙」 기준에 따라 군 의료기관에서 진행한다.

군승의 선발 인원수는 군종장교의 편제와 전역 인원의 변동에 따라 매년 변화가 있는데, 매년 군종장교의 충원이 필요한 정원의 범위 안에서 국방부장관이 정하고 있다. 군종장교의 선발시험에 응시하려면 대한불교조계종 군종특별교구장의 추천서와 대학 졸업증명서 또는 졸업예정증명서 등 관련 서류를 국방부에 제출하여야 하며, 지원자를 대상으로 선발심사를 진행하여 합격자를 선발 통보하게 된다.

현재 불교 군종장교의 단일 추천단체인 대한불교조계종 군종특별교구는 국방부에 군종장교 선발 추천을 하기 위해 사전 공지를 통해 군승 지원자를 받는다. 군종교구에서 정한 군승의 지원 자격 기준은 조계종 사미/사미니계 이상의 승적을 소지하고 4년제 대학 졸업(예정) 이상 및 이와 동등한 학력을 취득한 승려로 군인사법 제10조 제2항의 결격사유[113]에 해당하지 아니하는 자를 기준으로 하고 있다.

단 군승 지원은 연령의 제한이 있는데 임관년도 연령이 만 35세(기준: 만 35세가 되는 해 1월 1일 이후 출생자)를 초과하지 아니하여야 하며 제대군인이 지원할 때는 「제대군인지원에 관한 법률」 제16조에 따라

---

113 군인사법 제10조 제2항의 결격사유는 다음과 같다.
 1. 대한민국의 국적을 가지지 아니한 사람
 1의 2. 대한민국 국적과 외국 국적을 함께 가지고 있는 사람
 2. 피성년후견인
 3. 파산선고를 받은 사람으로서 복권되지 아니한 사람
 4. 금고 이상의 형을 선고받고 그 집행이 종료되거나 집행을 받지 아니하기로 확정된 후 5년이 지나지 아니한 사람
 5. 금고 이상의 형의 집행유예를 선고받고 그 유예기간 중에 있거나 그 유예기간이 종료된 날부터 2년이 지나지 아니한 사람
 6. 자격정지 이상의 형의 선고유예를 받고 그 유예기간 중에 있는 사람
 6의 2. 공무원 재직기간 중 직무와 관련하여 「형법」 제355조 또는 제356조에 규정된 죄를 범한 사람으로서 300만 원 이상의 벌금형을 선고받고 그 형이 확정된 후 2년이 지나지 아니한 사람
 6의 3. 「성폭력범죄의 처벌 등에 관한 특례법」 제2조에 따른 성폭력 범죄로 100만 원 이상의 벌금형을 선고받고 그 형이 확정된 후 3년이 지나지 아니한 사람
 6의 4. 미성년자에 대한 다음 각 목의 어느 하나에 해당하는 죄를 저질러 파면·해임되거나 형 또는 치료감호를 선고받아 그 형 또는 치료감호가 확정된 사람(집행유예를 선고받은 후 그 집행유예 기간이 경과한 사람을 포함한다)
  가. 「성폭력범죄의 처벌 등에 관한 특례법」 제2조에 따른 성폭력 범죄
  나. 「아동·청소년의 성보호에 관한 법률」 제2조 제2호에 따른 아동·청소년대상 성범죄
 7. 탄핵이나 징계에 의하여 파면되거나 해임 처분을 받은 날부터 5년이 지나지 아니한 사람
 8. 법원의 판결 또는 다른 법률에 따라 자격이 정지되거나 상실된 사람.

3살의 범위에서 응시연령 상한 연장이 가능하다.

군승 지원 자격을 갖추어 소정의 심사를 거쳐 군승으로 선발된 자원들을 대상으로 군종특별교구는 4주에서 8주간의 입대 전 교육을 의무적으로 실시하고 있다. 입대 전 교육의 목적은 군승으로 입대하려는 자원자들에게 일반사찰에서의 수행 생활과 군대의 괴리감을 최소화하고, 군대의 문화와 상황을 사전에 충분하게 인지시키려는 데 있다.

현역 군승들에 의해 진행되는 대략적인 교육 내용은 군불교의 특징, 군사찰의 의식과 의례, 군대문화의 이해, 청년층을 대상으로 하는 설법이나 상담기법, 명상교육법 등을 세분화시켜 교육하고 있다. 이러한 입대 전 교육을 통해 기존의 일반사찰과는 상이한 군불교의 사례를 경험하게 하고 사전 군사찰 방문과 견학 등을 통해 충분한 오리엔테이션이 되도록 준비시킨다.

특히 입대 전 교육에서 주목되는 부분은 〈이웃 종교의 이해〉라는 과목을 개설하고 있는 점이다. 이를 통해 군대에서 활동하고 있는 타종교에 대한 현황과 역사 등을 교육함으로써 상호 간의 이해와 교류 협력을 도모하고 종교 간의 마찰이나 과도한 경쟁 구도를 미리 방지하고자 노력하고 있는 점이다.

군승들이 입대 전 받게 되는 타종교에 대한 이해 교육은 단순한 종교학 과목에서 익힐 수 있는 교리 소개의 수준이 아니라 종교 간의 경쟁이나 대립이 불교의 이미지 악화는 물론, 군종병과의 성장이나 발전에 전혀 도움이 되지 못했던 경험에서 파생된, 보다 실무적인 사례 발표 위주의 교육으로 군승들이 입대 전 반드시 갖추어야 할 소양 가운데 하나로 인식되고 있다.

또한 군종특별교구는 군승인력의 원활한 운용을 위하여 예비 군승제도를 운영하고 있다. 이는 앞에서 언급한 군종사관후보생 제도와는 별도로 운영되고 있는데[114] 군승 지원자가 연령이나 학위취득 등의 자격 요건이 완전히 갖추어져 있지 않더라도 군승으로 지원할 의사가 있는 자원들을 사전 선발하여 현역 군승에 의해 정기적인 교육을 받게 하고 추후 조건이 갖추어졌을 때 우선 선발, 추천하는 제도이다.

군승으로 지원하여 입대한 자원들은 군종장교로 임관 전까지 특수사관후보생이라는 제도 하에서 기초군사교육을 학생군사학교에서 이수해야 하며 육군 교육사령부 예하 종합행정학교 군종교육단에서 군종에 관련된 병과교육을 수료해야만 임관이 가능하다.

군승들이 군종장교로서 임관 전에 받게 되는 군사교육에는 장교 임관 시 요구되는 기초군사훈련 외에도 전시군종활동에 관련된 교육과 군종상담, 선도업무, 리더십 교육 등을 받게 되며 군종장교로서 장병들의 정신전력 강화와 사고 예방에 기여할 수 있는 다양한 과목들을 학습한다.

특히 최근에는 회복탄력성 강화교육[115]이 군종장교의 주요한 임무로

---

114 불교군종사관후보생 제도는 유지되고 있으나 불교대학 재학생 중 지원자가 없어 요원 선발을 통해서만 군승 충원을 진행하고 있으며, 2024년 현재 후보생 제도는 유명무실해진 상태이다.

115 군종장교들에 의해 실시되는 회복탄력성 강화교육은 장병들이 전·평시 다양한 환경변화와 역경에 따른 부적응과 스트레스를 극복하고 긍정적으로 적응할 수 있도록 개인과 부대의 심리적 요인을 강화시켜 주는 심리치유 프로그램이다. 회복탄력성(Resilience)이란, 긍정심리학 분야에서 강조되는 개념으로 외부의 힘으로 인해 변형된 상태, 즉 심리적 고통에서 원래의 상태로 돌아가려는 마음의

대두되고 있어 육·해·공군 군승들은 군에서 장병들을 대상으로 전문적인 회복탄력성 강화교육을 실시하도록 해 교관 교육과정을 이수하도록 통제받고 있다.

임관하여 군종장교로서 임무 수행을 시작한 이후에도 연차에 따라 계급별 지휘참모 과정이나 직무 보수교육 등을 이수하게 되는데 그때 전문적인 전장윤리나 외상 후 스트레스(PTSD) 치유상담, MBSR 프로그램[116] 등을 교육받으며 그 역량을 증진해 나가게 된다.

---

힘을 말한다. 감정통제력, 충동억제력, 낙관성, 원인분석력, 공감 능력, 자기효능감, 적극적 도전성 등 7가지 요소를 중심으로 난관을 극복할 수 있는 가능성을 중심으로 구성되어 있다. Norman Garmezy, 『The Invulnerable Child』(Guilford Press, 1987).

회복탄력성이란 용어는 미국의 심리학자이자 소아과의사였던 Norman Garmezy가 1970년대에 처음 사용하였다. 그는 불우한 환경에서 자란 아동들 중 일부가 역경에도 불구하고 건강하게 성장하는 현상에 주목하였고, 이를 설명하기 위해 회복탄력성이라는 개념을 도입하였다.

116 현재 군승들이 외부기관에 의해 위탁교육으로 받는 MBSR 프로그램은 '마음챙김'에 근거한 스트레스 완화(Mindfulness Based Stress Reduction) 프로그램으로 1979년 미국의 존 카밧진 박사가 매사추세츠 의과대학에서 만성통증과 질병을 앓는 환자들의 스트레스 치유를 위해 창안된 것이다. 미 육군 장병들의 전투스트레스 완화에 효과가 있는 것으로 인정되어 현재 한국의 군승들은 매년 〈한국MBSR연구소〉에서 진행되는 MBSR 프로그램에 위탁교육의 형태로 참석하여 자격증 과정을 이수하고 있다.

## 4. 군승활동의 한계와 극복 과제

군승이 군부대 안에서 불교와 관련된 일련의 종교활동과 불교 종교행사를 책임지고 관리하고 집행하는 위치에 있다고는 하지만 군이라고 하는 특수집단의 제도와 시스템 안에서 활동해야 하는 제한 상황에 있는 것이 현실이다.

종교활동의 자유나 종교적 신념과는 별개로 국가에 대한 충성과 군이 지향하고 있는 가치에 헌신해야 하는 의무를 지게 된다. 군승이 감당하는 불교의 법회나 의식집전, 혹은 상담과 개인의 수행 활동 등은 규정과 방침이 허용하는 범위 내에서 인정되고 있으며 불교의 신앙 행위나 종교적 활동은 전쟁터에 나가야 하는 장병들의 사생관 확립이나 신앙전력화에 이바지할 수 있는 중요한 도구로 사용되고 있다. 군의 입장에서는 불교의 종교활동이 인간이 전쟁터에서 만나게 되는 한계상황을 극복할 수 있도록 이끌어 주는 역할을 감당할 필요가 있다고 생각한다.

불교가 가지고 있는 자비나 생명존중, 혹은 중생제도나 요익중생의 가치는 군대의 관점으로 재해석되어지고 있으며, 이는 군대가 군승을 제도권 안으로 받아들여 활용하고자 하는 목적이 되는 것이다.

개인의 목숨을 나라와 민족이라는 대의명분에 내던져야만 하는 국가 간의 전쟁이나, 혹은 전투 상황 속에서는 장병들이 그동안 일방적으로 교육받아 왔거나 주입된 신념, 혹은 일상의 가치관에 의해서 움직여지지 않는다. 자발적인 명분이나 종교적 신념, 혹은 정의로운 가치가 스스로의 마음을 움직일 때 헌신과 순종의 움직임이 일어나게 되는 것이다. 군종은 이 점에 주목한다. 굳이 종교전쟁이 아니라 하더라도 정훈교육이나 지휘관의 훈시보다 군승들의 활동이나 불교의 전승을 기원하는 종교의식 등을 통해 체득된 종교적 신념이 실 상황에서 무형 전력으로 작용할 수 있으며 전투의 승리에 기여할 수 있다는 기능적 측면을 보다 중요하다고 생각한다.

생명에 대한 존엄과 존중, 그리고 자비와 사랑을 주요한 가치로 여기고 있는 불교가 군승의 활동을 통해 군대에서 그 정신을 구현할 수 있다면 그것은 필요하고 중요한 일일 것이다. 그러나 군승활동이 장병들의 사기진작이나 전투 현장에서의 승리에 일정 부분 기여하기 위한 수단과 방법으로 이용되고, 그것이 결국 정치적, 군사적으로 이용되어질 가능성이 있다는 것 또한 군승활동의 한계이다. 만약 현 상황에서 군에 입대한 장병들에게 군승들이 순수한 불교의 가치나 교리만을 강조하고 설파한다면 이 또한 적지 않은 도전과 장벽에 봉착하게 될 것이다.

군승이 군대에서 활동하는 불교인이라는 한계를 명확히 인식하고 군에서 허용되고 인정하는 범위 안에서 불교의 가치와 교리를 구현할 수 있다면 현재의 군승활동의 의미는 그것 자체만으로 의미가 있다고 본다.

또 다른 관점에서 군승활동의 한계는 종단과 군대의 견해차이다. 흔히 군대 내에서의 종교활동은 종교적 측면에서 볼 때 해당 종교의 교세 확장이나 영향력 확대를 위한 도구로 인식되고 있는 경우가 대부분이다. 불교도 이와 다르지 않아서 군승 파송의 중요한 목적으로 포교와 전법을 두고 있다. 군승의 활동이 불교종단의 이익이나 영향력의 확산에 이바지하는 무대가 되는 것이다.

그러나 군으로서는 군승의 활동이 불교의 영향력 확대에 얼마나 기여하는가 하는 점은 고려의 대상이 아니다. 앞에서 언급한 바와 같이 군승이 과연 얼마나 전승에 이바지할 수 있는가, 군승의 활동이 장병들의 무형 전투력이나 정신전력 강화에 영향을 발휘할 수 있는가가 더 큰 관심사인 것이다.

물론 군종제도의 태동기부터 종교와 군대와의 관계는 밀접한 연관성을 가지고 있었다. 군종제도라는 것이 국가가 종교에 대한 공식적인 통제력을 강화하고 군대가 추구하는 목적에 종교를 이용하여 군인들에게 영향력을 확장하려는 성격을 역사적으로 유지해 왔음도 간과해서는 안 된다.[117]

종교와 전쟁, 국가와 불교와의 관계까지를 살펴보기 위해서는 논의의 범주가 크게 확산되어질 수밖에 없다. 다만 현재 분단국가의 휴전 상황 속에 병역의무복무제를 실시하고 있는 한국의 현실에 국한에서 군승활동의 의미와 한계를 논의해 보는 것이 필요하다고 본다.

군승의 활동이 불교종단의 군승 파송 목적인 포교나 전법의 가치를 구현하고 동시에 군의 무형 전력 강화에도 이바지하기 위해서는 군승의 정체성과 한계를 명확하게 인식하고 보다 본질적이고 근원적인 정체성 확립을 위해 노력할 필요가 있다.

군승, 더 나아가 군종장교의 정체성이 새로운 가치와 역할의 변화를 통해 성장하고 발전할 수 있으려면 종교적으로는 교세 확장이나 포교

---

117 강인철, 『종교와 군대』(현실문화, 2017), p.170.

위주의 관점에서 벗어나야 한다. 기존에 군종장교들이 가지고 있던 국가 간 냉전주의의 이념에 바탕을 둔 전시 위주의 임무에만 정체성을 국한하기보다는 인간중심의 군승활동을 통해 장병들의 건강한 가치관과 인생관에 영향을 끼치게 하고 그를 통한 도덕적 윤리적 삶에 이바지할 수 있도록 그 역량을 강화해 나가야 할 것이다.

제1차 세계대전과 제2차 세계대전, 그리고 베트남전과 걸프전 등을 거치면서 전쟁의 방법과 전쟁에 임하는 장병들의 인식은 크게 변화되어 왔다. 성전聖戰을 기치로 승리를 기원하는 종교의식을 표면에 내세웠던 군종의 기능과 역할은 현재 많은 변화의 필요성에 직면해 있다.

세계적인 추세로 윤리와 생명존중, 정의와 도덕성이 군종활동의 중요한 이념의 하나로 다루어지고 있으며 평화와 안정에 기여하는 군종활동이 주목받고 있다.

북대서양 조약기구인 나토에 가입된 유럽의 일부 국가에서는 인본주의 자체를 종교차원으로 간주하여 인본주의 군종장교(Humanist Chaplin) 제도[118]를 군에서도 운영하고 있는데 그들은 군생활을 하는 동안 군대에서 인본주의에 근거하여 이성적인 사고에 따라 군에서 발생하는 여러 문제를 해결하는 인간 협력이나 연민을 가르치는 것을 주요

---

[118] 네덜란드, 영국, 프랑스와, 캐나다, 호주 등의 국가에서 운영하는 Humanist Chaplin 제도는 탈종교화 시대 무종교 인구의 증가와 맞물려 군대뿐만 아니라 학교나 병원, 혹은 교도소 등지에서 활동 범위를 넓혀가고 있다. 그들은 종교활동을 제외한 상담과, 교육 등의 일반적인 밀리터리 채플린의 기능을 거의 대등하게 수행하고 있다. 인본주의 군종장교는 인문주의 원칙에 기반한 돌봄을 제공하며 실존적 질문에 관한 정보, 조언 및 상담을 시행하고 있다.
https://www.humanistchaplains.org 2024년 2월 4일 검색.

업무로 삼고 있기도 하다.

군에서 활동하는 승려로서 그 활동의 한계를 극복하고 앞으로 더 성장하고 발전하기 위해서는 불교종단과 목표와 가치의 공통분모를 확대하고 불교종단과의 건강한 관계와 거리를 유지하면서 종교활동에 기반한 장병 활동을 지속적으로 진행하되 더 폭넓고 본질적인 인간중심의 활동을 모색해 나가야 할 것이다.

신앙전력화라는 가치가 현재 한국 군종에서 가장 중요한 가치로 받아들여지고 있다고 하더라도 군승들이 아무런 성찰과 고민 없이 무조건적으로 이를 받아들인다면 미래의 다변화된 전쟁 양상 속에 군승활동의 입지와 역할은 더욱 줄어들게 될 것이다.

한국군의 군종제도 안에서 활동하고 있는 군승들 앞에 놓인 정교분리나 종교자유의 문제, 탈종교화와 무종교인의 증가 등 한계와 앞으로의 극복 과제는 절대 적지 않다. 그럼에도 불구하고 군승들이 이루어 놓은 종교적 성과와 발전 또한 적지 않은 것도 사실이다.

불교 성직자와 군종장교로서의 이중적 신분을 태생적으로 원칙적으로 받아들여야 하는 현실 속에서 군승들이 균형감각을 잃지 않고 장병들을 위한 헌신과 생명존중의 자비정신을 구현시켜 나갈 수만 있다면 종교적으로 군사적으로 산적한 한계들을 극복해 나갈 수 있을 것이다.

# 6장 군불교의 특수성과 보편성

## 1. 군사찰 의식의 특징적 요소

일반적으로 어떠한 종교의 의식(儀式; Rite)이나 의례儀禮라는 것은 해당 종교의 신앙 체계를 구체적인 실행이나 행동의 방식으로 드러내는 것으로 모든 종교에서 중요하게 여기는 신앙 행위이자 종교활동의 외적 표현 양식이다.[119]

종교의식은 성직자에 의해 진행되는 중요한 예전(禮典; Liturgy)이기도 한데, 모든 종교는 의식을 통해 신앙적 의미 부여를 하여 일반 대중에게 교화의 수단으로 접근하고 있다.

그러한 측면에서 군부대 내에서 장병 대상으로 이루어지는 불교의식

---

[119] 이성운, 『韓國佛敎 儀禮體系 硏究』(동국대학교 박사학위논문, 2012. 2), p.1에서는 의례와 의식의 개념을 나누어 설명하면서 의례를 교리에 따라 이루어지는 상위개념으로, 의식은 의례 속에 법식과 예식 같은 실제적인 절차를 일컫는 개념으로 파악하고 있다.

은 본질적으로 기존 일반사찰에서 진행되는 의식과 크게 다르거나 차이점이 있지는 않다. 그러나 군인을 대상으로 진행되고 있으며 다양한 전투 상황 속에 처한 상태에서 특별하게 이루어지는 경우가 발생하기에 일반적인 종교의례에서 보이는 반복성(repetition)이나 정형성(pattern)에서 벗어난 군불교만의 고유하고 특수한 형태의 모습도 드러나게 된다.[120]

군불교의 태동기에는 불교가 가지고 있던 기존의 전통 방식과 의식을 어떻게 현대화시키고 군에서 적용할 수 있게 변모시킬 것인가에 대한 많은 시도와 도전들이 있었다. 이러한 시도는 한문 위주의 기존 불공의식을 한글 법회의식으로 변화시키는 계기가 되었고 정기법회의 시작이나 찬불가의 확산과 보급에도 크게 이바지하게 되었다.

그러한 변화들은 군대 안에서 기존에 실시되고 있던 타종교의 영향도 전혀 없지는 않았지만, 그보다 더 중요한 요인은 군에서 요구되고 있는 형식적 틀과 시간과 공간에 부합된 의식을 만들어 가는 과정에서 새롭게 정착되었다고 보인다.

국방부에서는 군사찰이나 불교의식에 필요한 내용을 담고 있는 『국군법요집』을 공식적으로 제작하여 장병에게 보급하고 있다. 국방부 군종실에서 주관하여 만들어지는 『국군법요집』에는 군사찰에서 군승들에 의해 진행되고 있는 불교의식이나 의례에 대한 다양한 내용

---

[120] 군승에 의해 실행되는 불교의식의 대상은 장병들을 원칙으로 하지만 상황에 따라 군인가족과 피난민, 포로와 민간인 억류자 등으로도 확대될 수 있으며 불교의식이 진행될 당시의 상황과 상태, 즉 심리, 감정, 생각, 건강상태에 따라 불교의식을 제공받는 우선순위가 결정된다.

이 담겨 있어 주목해 볼 만한 자료이다.[121]

군에서 공식적으로 실시되고 있는 일반적인 불교의식은 정기법회의식과, 경절의식[122] 그리고 수계식[123] 등이 있으며, 그 밖에 현충일이나 3·1절, 6·25전쟁일, 광복절 등 국가기념일에 통합으로 진행하는 의전儀典 불교의식과 불자 장병들을 대상으로 하는 진중결혼식, 장례식이나 추모식, 전몰장병 천도재, 전승기도 등도 군승에 의해 집례되고 있다.

군승은 소속 부대의 불자 장병들을 위하여 불교의 종교의식을 집전할 합법적인 책임과 권한이 있으며 장병들과 그들이 부양하는 군인가족들에게도 불교의식에 참여할 수 있는 여건과 기회를 제공하는 것이 허용되고 있다. 군승이 보직되어 있지 않은 경우에도 각 부대의 지휘관은 종교활동의 보장 차원에서 상급부대, 혹은 인접 부대의 군승들에 의해 실시되는 불교의식이 진행될 수 있도록 시간과 장소에 대한 제반 여건을 보장받고 있다.[124]

---

[121] 국방부에서 공식 간행물로 발간되는 『국군법요집』은 여러 차례의 개정 작업을 거쳐 오고 있으며 현재는 2018년 10월 31일 개정판이 보급되어 활용되고 있다.
[122] 현재 군에서 공식적으로 인정하고 있는 불교의 경절은 〈부처님오신날〉과 〈성도절〉, 〈우란분절(백중)〉이지만 공휴일로 지정되어 있는 〈부처님오신날〉을 제외한 〈성도절〉과 〈우란분절〉은 음력으로 행사를 진행하기에 현역 장병들보다는 군인가족이나 민간(예비역) 불자들을 중심으로 행사가 이루어지는 경우가 대부분이다.
[123] 군에서 진행되는 종교의식을 집례하는 군종장교는 소속 종단의 의식 및 복제에 따라 종교의식 및 성례의식을 집행한다.(육군규정 139 제5조, 해군규정 제12권 제3장 13조, 공군규정 제3장) 또한 군종장교는 군인, 군무원 및 그들 가족의 세(침)례, 영세, 주계, 결혼 및 장례에 관한 기록을 영구 보관할 책임이 있다.

군인의 지위 및 복무에 관한 기본법[125]에 따르면 본인이 원할 경우 지휘관은 부대의 임무 수행에 지장이 없는 범위 내에서 개별 병사의 종교활동을 보장하여야 한다.

이러한 조치는 순수한 종교의 자유를 보장하기 위한 목적 외에 종교의식(행사)의 참석을 통하여 사생관 확립이나, 전투 시 발생한 죄책감이나 죄의식으로 생기는 근무 의욕 저하를 감소시키려는 이유가 존재한다. 무형 전력에 이바지하는 종교의 효율성을 군이 인정하고 있기 때문이다. 이는 불교도 예외가 되지 못하는데, 이러한 여러 가지 장단점을 논외로 하더라도 이는 군사찰에서 진행되는 불교의식의 한계와 특징이 여실히 드러나는 사례라고 볼 수 있을 것이다.

군승은 평상시에는 군복을 입고 근무하지만, 불교의식을 진행할 때는 불교종단이 정하는 승복(法衣)과 가사, 장삼을 착용할 수 있도록

---

[124] 군에서 활동할 수 있는 종교단체를 공식적으로 인정, 승인하는 일은 국방부의 소관 업무이다. 현재 군에서는 헌법이 명하는 종교의 자유를 인정하고 있으나 군의 여건상 부대원 각자가 원하는 특정 종교의식을 모두 지원하거나 온전히 보장하는 것은 불가능한 일이므로 군의 종교의식은 군종장교를 파송한 불교, 기독교, 천주교, 원불교를 중심으로 진행되고 있다. 소수종교의 경우도 임무 수행이 제한되지 않는 범위 내에서 외부의 종교활동에 참여할 수 있도록 보장받고 있다.

[125] 군종업무규정(육군규정 179장 5조, 해군규정 제12권 제2장 7조, 공군규정 제2장 6조) 관계관의 책무. 1. 각급 지휘관은 군종업무의 효율적인 운영과 부대 내 편향되지 않은 종교활동을 보장하여야 한다. 2. 각급 지휘관은 군종장교가 주관하는 종교예(의)식과 종교행사에 참석하고자 하는 장병에게 부대 임무 수행에 지장이 없는 범위 내에서 편의를 제공하여야 하며 활동을 보장하여야 한다.

허용된다. 만일 특수한 상황에서 군복 차림으로 의식을 집전할 때는 전시군승복식戰時軍僧服飾을 착용할 수도 있다.[126]

종교의 자유에 대한 헌법과 군인복무규율에 따라 군 지휘관은 종교생활을 존중하고 부대의 임무 수행에 지장이 없는 범위 내에서 종교행사 참석을 권장하고 있으며, 특히 불교의 경우 장병들이 처음으로 불교의식에 참석하는 경우가 대부분이어서 불교종단에서는 군사찰에서의 불교의식 참여를 포교나 전법교화의 중요한 모멘텀(Momentum)으로 여기고 있기도 하다.

한 가지 특징적인 점은 실시된 법회의 시행 내용과 결과(일시, 장소, 집례자, 참석인원, 결신자 수)를 종합하여 정기적으로 상급부대 군종계통을 통해 보고한다는 점이다.

이 보고를 통해 취합된 결과는 각종 군종관련 정책의 기초자료로 활용되거나 추후 군종장교의 충원과 정원 할당에도 영향을 미치는 경우가 있기에 군승들은 행정상의 결과 보고를 중요시하고 있다.

군대에서 군승들에 의해 집전되는 불교의식과 의례에는 몇 가지 특수한 상황 속에 진행되는 경우가 있는데 그 대표적인 것이 출동 전 기도와 긴급수계식, 전승기원기도, 전상자들을 위한 특별의식 등

---

[126] 야전성이 요구되는 훈련상황이나 전시상황에 특화된 군승복제(전시가사)는 2017년 현역 군승들이 〈전시 군승복식 연구팀〉을 구성하여 연구개발을 진행하였으며 조계종 가사원과 불교 복식 관련 전문가(학예사) 등 해당 분야 전문가들과 협업하여 마침내 2018년 10월에 종단 법제위원회의 승인을 얻어 공식화되었다. 대한불교조계종 군종특별교구, 『불교군종사-군승 50년사』(군종특별교구, 2018. 11), p.419.

이다.

먼저 출정出征, 혹은 임무 투입 직전 기도는 군승이 집결지 등 부대를 찾아가 기도와 축원으로 출정을 앞둔 장병들의 두려움을 극복시키고 전투의지를 고양하는 활동이다. 전투 현장으로 출동 전, 극심한 공포와 불안에 직면한 장병들을 대상으로 기도와 신앙적 돌봄을 통해 마음을 안정시키며, 전투의지를 강화하고 전승의 신념에 도움이 될 내용으로 군승들은 임무 투입 전 기도와 축원을 진행한다.[127]

또한 출정 전 장병들에게 신앙상징물信仰象徵物[128]을 분배하기도 한다. 출정이나 임무 투입 전 불교에 입문하기를 희망하는 장병이 있을 시에는 신앙상징물과 불교경전 카드를 제공하고 군승들은 긴급수계식을 집전하기도 한다. 군승들에 의해 전투 현장에서 진행되는 수계의식과 신앙상징물을 통해 장병들이 갖게 되는 안도감과 신뢰는 장병들의 불안감과 공포를 크게 완화하고 전승에 대한 신념을 부여하게 만들고 있다.

긴급수계식은 일정한 시간과 일정한 불교교리 교육을 이수한 예비신자가 아니더라도, 전투 상황에서 죽음에 대한 두려움을 종교에 의지하

---

127 일반적으로 임무 투입 전 기도는 해당 군종장교에 의해 종교별로 실시되고 있으나 종교별 군종장교 지원과 시간이 제한될 때 군승들은 공동기도문을 활용하여 타종교인들을 위한 기도를 진행하기도 한다. 공동기도문은 특정 종교가 없는 무종교인을 대상으로 하고 있으나 다종교를 허용하고 있는 한국인의 정서에도 부합되어 현재 일반적으로 활용되고 있다.

128 신앙상징물은 종교를 확인할 수 있는 표식으로 몇 번의 변화를 거쳐 현재는 흰색 바탕에 기독교, 천주교, 불교, 원불교 등 각 종교를 상징하는 문양이 새겨진 인식표(군번줄) 덮개를 사용하고 있다.

여 극복하고자 희망하는 장병과 임종을 앞둔 장병을 대상으로도 약식 수계의식을 실시할 수 있게 되어 있다.[129]

두 번째는 전승기도(Victory Prayer)이다. 전승을 기원하는 기도는 장소를 불문하고 장병들을 대상으로 진행될 수 있으나 통상 지휘소에서 브리핑 전후에 시행하는 경우가 많다. 군승이 참모장교의 임무를 수행하면서 지휘관의 자신감과 참모진, 혹은 전 부대 장병들의 사기 및 전투의지 고양을 위하여 실시하는 기도이다.

군승에 의해 실시되는 세 번째 특징적 불교의식은 전사자戰死者의 명예 고양 활동에 관련된 것들이다. 전사자의 명예를 고양하는 종교활동은 순직한 전사자를 추모하고 명예를 드높이며, 생존 장병들의 전투의지 고양과 사기진작을 위해 실시하는 의식이다.

전사자 명예 고양을 위한 의식을 구체적으로 살펴보면 영결식永訣式, 추모식追慕式, 긴급장례의식, 임종기도, 호국영령위령재 등이며, 유해 발굴 개토식이나 국립묘지 안장식에도 군승에 의해 불교의식이 실시되고 있다.

군승이 장병들을 위해 장례식을 집전하거나 죽음이 임박한 장병을 돌보는 모습은 장병들이 자신들의 죽음이 무의미하지 않고 명예로울 수 있다는 확신을 갖게 할 수 있는 중요한 임무로서 군승의 주요한 임무 가운데 하나이다. 장례의식은 죽음을 정리하는 과정에서 행해지

---

[129] 긴급수계의식은 전투 중이라도 여건이 허락되는 한 희망하는 장병과 임종을 앞두고 불자가 되기 위해 수계를 희망하는 장병을 위해 최대한 간략하게 실시하는데, 군에서 정한 순서는 다음과 같다. 삼귀의三歸依-반야심경般若心經-개도開度-참회懺悔-연비燃臂-계상宣戒相-회향廻向-사홍서원四弘誓願.

는 일련의 의례로 염습, 운구, 매장, 화장 등을 포함하여 영결식, 추모식까지의 모든 절차를 포함하여 사용되나, 전장 상황 시에 진행되는 (긴급) 장례의식은 전사자에 대한 기도의식을 의미한다.[130]

전시 군종활동 사례에 따르면 전사자가 나온 전투에 참여한 장병들은 전우를 잃은 상실감과 죄책감을 동시에 느끼게 된다. 군승은 불교의 의식과 의례를 통해 전사자의 숭고한 죽음에 대한 명예 고양과 함께, 생존 장병의 슬픔과 죄책감을 덜어줄 수 있는 종교의식과 위로의 기도를 준비하여 생존 장병들에게 치유와 회복을 제공해야 하는 중요한 의무를 지니게 된다.

이처럼 군대에서 진행되는 불교의식과 의례의 특징적 요소들은 일반사찰에서 진행되는 의례 절차와는 그 형식이 다른 경우가 적지 않다. 전장 환경이라는 특수한 환경 속에서 요구되는 군불교의 모습은 기존의 전통 사찰에서 진행되는 불공의식이나 염불 등의 의식과는 형식의 차이가 있는 것이다.

---

[130] 장례의식은 전사자의 종교를 고려하여 진행하는 것을 원칙으로 하지만 전사자의 종교 식별이 불가할 경우나 전사자가 무교인 경우, 혹은 다수의 전사자를 공동매장 또는 화장할 경우, 종교초월 장례의식 식순에 따라 의식을 집전하기도 한다. 긴급장례의식의 시간과 절차 등에 대한 정보를 제공한다. 불교식 긴급장례의식은 거불擧佛-경전봉독經典奉讀-왕생극락발원往生極樂發願-사홍서원四弘誓願으로 진행되며, 종교가 없거나 종교와 관계없이 긴급으로 진행해야 하는 경우의 종교초월 장례식순은 경례-공동장례기도문-묵념-경례 순이다.

## 2. 일반사찰과 군사찰의 기능적 차이

군에서 설립되어 종교활동에 활용되고 있는 군사찰들은 일반 민간사회의 사찰과 그 기능과 역할에 차이가 존재한다. 현재 육·해·공군의 공식 인가된 군사찰은 총 362개 동으로 육군에 292개, 해군(해병대 포함)에 23개, 공군에 29개, 그리고 국방부 직할부대에 18개이며 대대급 이하 부대의 비인가 소규모 군법당을 포함하면 450여 동에 이를 것으로 추산된다.[131]

군사찰 건립의 경우 국방예산이 반영되어 건립되는 사례와 민간 불교단체의 기부채납을 통하여 건립되는 경우, 그리고 국방예산과 민간 기부채납이 혼용되어 건립되는 경우로 나뉘고 있는데 중장기 계획에 반영하여 국방예산으로 지어진 사찰보다는 통상 기부채납으로 건립되는 경우가 더 많다.

군부대에 건립된 군사찰은 일반건물이 아닌 종교시설로 별도 관리되며 종교행사 이외의 용도로는 사용되지 않는 것을 원칙으로 하고 있다. 각 부대에서는 군사찰의 운영과 관리에 대한 군승의 권한을 존중해 주어야 하며 군사찰의 관리 및 운영은 해당 부대에 보직된 군승이 담당하고, 부대에 배치된 군승이 없는 경우에는 인근 혹은 상급부대의 군승이 맡게 된다.

종교시설로서 군사찰을 신축이나 개축하기 위해서는 군에서 정한 절차에 따라 국방중기 계획이나 장기 계획에 해당 부대 사찰 건립을

---

[131] 군종특별교구, 『군종특별교구상임위원회 회의록』(군종특별교구, 2022. 12).

포함시켜 상급부대에 제출해야 한다. 이때 연도나 예산편성의 연계성이 유지되어야 하며 예산반영과 완공까지 적지 않은 시간과 심의과정이 소요된다.

국방예산에 의해 신축이나 개축하고자 하는 군사찰의 부대별 규모는 국방시설 기준(종교시설)에 따라 설계가 진행되는데 부대 규모, 종교별 특성, 주변 환경, 병력과 신자 규모에 따라 실정에 맞는 규모를 선정하여 건축할 수 있도록 일정 기준을 정하고 있다.

이러한 기준은 부대의 상황과 여건에 따라 변경될 수는 있으나 대대급보다 작은 규모 부대의 군사찰을 신축하고자 할 때는 사단장급 지휘관의 추천을 받아 종교시설 신·개축 심사위원회 심의를 거쳐 각 군 참모총장의 승인을 얻어야만 시행할 수 있다.

승인된 사업은 국방시설 중장기 계획에 포함할 수 있으며 군사찰 개축을 위한 국방 중장기 계획 수립은 등록 및 인가된 종교시설로 제한된다. 부대의 창설 및 이전과 천재지변 등으로 인하여 국방시설 중장기 계획에 승인되지 않은 군사찰의 신축과 개축은 종교시설 신·개축 심사위원회의 심의를 거쳐 참모총장의 승인을 받아 우선하여 그 사업을 시행할 수 있다.

기부채납을 통해 군사찰을 건립하는 경우 군에서는 반드시 대한불교 조계종 군종특별교구를 통해서 신청되는 경우에만 기부채납 승인 업무를 진행할 수 있도록 하고 있다. 이는 단순히 절차상의 편의를 위해서라기보다는 군사찰 건립의 창구를 단일화하여 군 내 종교시설의 난립을 막고 군 주도의 계획과 시스템에 의한 종교시설 운영을 내실화하기 위한 제도이다.

〈표 3〉 종교시설(불교) 건축설계 기준[132]

| 구분 | 종류 | 종교시설(불교) ||
| --- | --- | --- | --- |
| | | 법당 | 부대시설 |
| 여단, 전단, 전대, 사단, 함대, 비행단, 군단, 군사령부급 부대 | A | 330m$^2$ | 200m$^2$ |
| | B | 460m$^2$ | 265m$^2$ |
| | C | 560m$^2$ | 265m$^2$ |
| 교육부대 | D | 990m$^2$ | 330m$^2$ |

이에 따라 각 군은 군종실 내에 종교시설 신·개축 심사위원회를 구성 운영하고 있으며 종교시설 신·개축 심사위원회에서는 군종특별교구의 승인을 받아 올라온 기부채납 군사찰의 신·개축 계획 수립에 필요한 모든 사항을 심의 의결하고 각 군의 참모총장은 이를 승인함으로써 기부채납 승인 절차가 마무리된다. 이러한 과정은 현재 군 내에서 활동하고 있는 모든 종교에 일률적으로 적용되고 있는 절차이다.

이러한 과정을 거쳐 건립된 군사찰은 정해진 절차와 등기부 등록을 마친 후 부대의 종교시설로 인가 조치[133]하도록 하고 있다. 사찰을 불교계에서 건립하여 기부채납을 하게 되면 그때부터 종단소유가 아닌 국가소유 시설물이 되는 것이다.

군부대는 해당 부대의 임무와 성격에 따라 병력의 규모가 달라지기 때문에 육·해·공군의 교육부대나 장병 양성기관에서 불자 장병들을

---

132 국방부, 『군종업무지침』(국방부군종실, 1999), p.95.
133 군사찰의 군부대 등록인가란 관련 부서의 협의를 거쳐 필요한 행정절차(토지가옥대장 정리)와 권리 보존을 위한 등기를 끝낸 후 군 내에서 종교시설로 등재한 시설을 말한다.

위한 사찰이 건립되는 경우 일반사찰의 일반적인 사격寺格을 웃도는 규모134로 건립되는 경우가 대부분이며 부대의 여건이나 사정에 따라 전방의 격오지나 소규모 부대의 경우 조립식 컨테이너 건물이나 군 막사를 개조하여 설립되기도 한다.

규모나 크기의 차이에도 불구하고 군사찰 건립에서 공통으로 중요하게 여겨지는 기능은 사찰의 교육적 기능이다. 군사찰 건립이나 구조는 장병들을 위한 수행이나 기도를 위한 기능보다는 교육적 기능이 강화된 측면이 많다. 신세대 장병들을 대상으로 법회나 신행 활동을 진행하는 군사찰은 일찍부터 음향장비나 영상장비를 포함한 미디어 활용 시스템을 적극적으로 도입하고 활용하여 설법을 진행해 왔으며, 전투화를 착용하고 불교 종교행사에 참여하는 여건을 고려하여 전통 양식의 마룻바닥이 아닌 의자형 법당을 선호하는 예도 많다.

군사찰이 영내營內에 위치하지 않고 영외營外에 있는 경우에는 지역의 민간 불자들이나 예비역 불교 신도의 출입이 제한되지 않아 지역포교나 불교교육의 거점으로 역할을 감당하는 예도 적지 않으며, 군사찰임에도 불구하고 진신사리眞身舍利를 봉안하여 참배와 기도도량으로서의 면모를 갖춘 곳도 존재한다.135

일반적으로 군사찰은 예경禮敬이나 수행의 도량으로 기능하기보다는 장병들을 대상으로 하는 교육적 기능이 강조되고 있다. 이는 군

---

134 2012년 재건축된 육군훈련소 호국연무사의 경우 최대 5,000명의 병사가 동시에 법회 참석이 가능한데, 이는 단일 사찰 법당의 규모로는 전국 최대의 크기이다.
135 진신사리를 봉안한 군사찰은 육군 5군단 호국금강사와 36사단 법웅사, 지상작전사령부 선봉사, 제2작전사령부 호국무열사 등이다.

복무 기간 중 주 1회, 1시간에서 2시간 정도의 종교행사 시간을 활용하여 사찰을 찾는 장병들에게 효율적인 불교의 접근을 유도하려는 방편의 일환이며, 대부분 입대 전 불교사찰을 방문했던 경험이 전혀 없는 상태에서 사찰의 예법이나 불교교리를 체계적으로 체득시키기 어려운 한계가 존재하기 때문이기도 하다.

마지막 흥미로운 사실은 대다수 군사찰의 사찰명에 '호국護國'이라는 명칭이 접두어처럼 쓰이고 있다는 점이다. 사찰명 자체가 '호국사護國寺'로 이루어진 곳도 10여 개소가 넘으며 '호국○○寺'라는 사명寺名은 전체 군사찰의 70%가 넘는다.

이는 한국불교 특징 중의 하나인 호국불교의 영향을 여실하게 드러내는 것이며, 군부대 내의 사찰 건립 이유가 불교의 교리나 교학의 가치를 드러내기 위함이라기보다 군의 기능과 역할에 불교가 이바지하기를 군이 기대하고 있다는 간접증거가 되기도 한다.

## 3. 군승의 해외 파병

### 1) 베트남전 파병과 군승활동

한국 군승제도의 역사는 해외 파병으로부터 시작했다 해도 과언이 아닐 것이다. 앞에서 언급한 바와 같이 한국의 군종제도는 한국전쟁 당시 그리스도교를 중심으로 시작되었고, 불교의 경우도 베트남전 발발로 말미암아 군승제도 출범에 대한 필요성이 강력하게 대두되면서 전시상황 속에서 장병들의 종교활동을 목적으로 군승의 파송이 시작되었다는 점은 주목할 만한 점이다.

한국 사회에서 군승제도의 출범에 대한 범불교계의 요구는 그전부터 있어 왔으나 베트남전의 발발과 그에 따른 한국군의 베트남전 파병 결정은 군승제도의 필요성을 더욱 높이게 하였다. 특히 당시 주월한국군 사령관이었던 채명신 장군의 요청과 불교의 영향력이 적지 않았던 베트남의 종교적 특성, 그리고 민사작전의 효율성 등을 고려하여 군승제도를 도입한 계기가 되었던 것은 앞에서 언급한 바 있다.

최초의 제1기 군승은 5명이 임관하였는데, 이들은 1968년 9월 24일 광주 보병학교에 입교하여 11주간 교육을 마치고 같은 해 11월 30일에 임관하게 된다. 최초 5명의 임관 군승 가운데 베트남 참전부대인 수도사단(맹호부대)과 100군수사령부(십자성부대), 9사단(백마부대)에 중위 장만수 법사, 중위 이지행 법사, 중위 권오현 법사가 각각 군종장교로 보직되어 파병교육을 마치고 1969년 1월 5일 파병을 시작하였고, 뒤이어 2월 15일 권기종 법사가 주월 사령부 초대 법사로 부임하면서 군승의 해외 파병이라는 불교사에 남을 첫발을 내딛게 된다.

군승들은 1973년 한국군이 베트남에서 철군 때까지 4년간 총 16명이 복무하였다. 1기와 2기 등 초기의 군승들은 대부분 임관과 동시에 베트남에 파병되었으며 베트남에서 군종장교로서의 첫 임무를 시작하게 된다. 베트남 파병 군승들은 장병들에게 불교교리를 바탕으로 신앙지도 및 생활지도를 하고 불교 정서에 익숙한 현지인 대상 대민활동을 적극적으로 실시하였다. 군승들은 작전지역 내 폐허가 된 민간 사찰을 복구하거나 베트남 불교계와의 우호관계를 맺으며 승려들의 진료를 주선하는 등 대민구호에도 앞장섰다.

특히 100군수사령부 십자성부대 군승으로 부임한 이지행 법사는 베트남 최초의 한국 사찰인 불광사 극락전 건립을 추진하였다. 최초의 파병 군승에 의해 건립된 불광사는 장병들의 귀의처이자 전사자들의 추모 도량으로 역할을 감당하게 된다.

〈표 4〉 베트남전 파병 군승 명단[136]

| 베트남전 파병 군승 명단 ||||
|---|---|---|---|
| 소속 | 계급 | 성명 | 보직 기간 |
| 수도사단<br>(맹호부대) | 중위 | 장만수 | 1969. 01. 15~1969. 12. 23 |
| | 중위 | 김영길 | 1969. 12. 14~1972. 06. 12 |
| | 중위 | 이철교 | 1970. 12. 23~1972. 01. 07 |
| | 대위 | 박고홍 | 1971. 11. 29~1973. 02. 19 |
| 100군수사령부<br>(십자성부대) | 중위 | 이지행 | 1969. 01. 15~1970. 04. 12 |
| | 중위 | 김덕수 | 1970. 02. 18~1971. 07. 10 |
| | 중위 | 이상대 | 1971. 06. 23~1972. 08. 11 |
| | 중위 | 임봉준 | 1972. 07. 11~1973. 03. 06 |
| 주월사령부 | 중위 | 권기종 | 1969. 02. 21~1970. 03. 12 |
| | 중위 | 김봉식 | 1970. 02. 05~1971. 08. 30 |
| | 중위 | 김선근 | 1971. 08. 19~1972. 09. 13 |
| | 중위 | 권오성 | 1972. 08. 21~1973. 03. 13 |
| 9보병사단<br>(백마부대) | 중위 | 권오현 | 1969. 01. 15~1969. 12. 30 |
| | 중위 | 장충식 | 1969. 12. 28~1971. 01. 14 |
| | 중위 | 하춘길 | 1971. 01. 06~1972. 06. 13 |
| | 대위 | 김인재 | 1972. 07. 22~1973. 02. 09 |

---

136 국방부, 『전투군종사』(국방부 군종정책과, 2014), pp.129~134.

닝호아(Ninh Hoa)에 주둔하였던 백마부대에는 권오현 법사가 부임하였는데 이곳은 군승이 보직되기 전부터 지역 민간 사찰과 연계하여 불교활동을 하고 있었다. 권오현 법사도 백마부대의 장병들을 위한 법당 공사에 착수하여 2개월 간의 공사 끝에 8월 5일 백마사를 준공하였다. 이어 1970년 5월 맹호부대에도 맹호사를 창건하게 되면서 군승활동의 기반이 되는 파병지역 야전부대의 군사찰이 마무리되었다.

이렇게 베트남 현지에서 군사찰들이 건립되면서 군부대 안에서의 불교활동이 원활하게 진행되기 시작하였으며 그에 따라 장병들이 갖는 불교에 대한 인식과 위상도 높아졌다.

1972년 5월 맹호부대 군승이었던 이철교 법사는 안케패스 전투[137]에서 희생된 전몰장병들을 추모하며 왕생극락을 발원하는 호국영령 천도법회를 실시하였는데, 군승에 의해 전사자 시신 수습 및 장례염불 등을 적극적으로 실시하여 전시군종활동의 귀감이 되었다고 전한다.

특히 군승들은 부대원들 전투 임무 출정 시 전승기도로 공포심을 제거하는 일을 비롯하여 전상자를 위한 병상위문, 전쟁윤리교육, 포로 및 수감자들의 영창 방문과 같은 전시 군종업무를 병행해 나갔다.[138]

파병된 군승들의 다양한 활동은 법당 건립이나 법회활동에 그치지

---

[137] 안케패스 전투(Battle of Ankhe Pass)는 1972년 4월 11일부터 26일간 수도사단(맹호부대) 기갑연대가 베트남 중부지역 꾸이년 인근에서 북베트남군과 치른 전투로, 안케패스 전투에서 국군은 공식 발표된 75명의 전사자와 222명의 부상자가 발생하였고 북베트남군은 680여 명이 전사하였다.

[138] 당시 군승들의 전시 군종활동과 대민활동에 관한 서술은 군종특별교구, 『불교군종사-군승 파송 50년사』(군종특별교구, 2018), pp.357~361에 상세하게 기술되어 있다.

않고 해당 지역의 대민활동 분야에서도 다양하게 이루어졌다. 베트남 불교계와 부처님오신날 봉축행사를 합동으로 개최하거나 지역주민들이나 현지 사찰과의 유대 강화와 우호 관계를 돈독하게 하는 민사작전에 이바지하는 등 지역주민들의 민원 해결 역할도 수시로 수행하였다. 이러한 일련의 군승활동은 베트남 현지인들이 갖는 한국군에 대한 이미지 제고 및 군사활동 여건 조성에도 이바지한 바가 크다고 할 것이다.

파병된 군승들은 불교계를 대표하는 엘리트라는 자부심과 군종의 후발주자로서의 한계를 극복하기 위한 열정으로 적극적인 군종활동을 통해 많은 성과를 이루어 냈고 1969년 1월부터 만 4년 2개월간 16명의 군승들이 임무 수행한 베트남에서의 파병 활동은 1972년 3월, 한국군의 철군과 함께 마무리되었다.

이처럼 전시 베트남에서 펼친 군승들의 활동을 통해 군대 안에서 불교가 공식적으로 활동할 수 있는 확실한 기반을 마련하게 되었을 뿐만 아니라 한국과 베트남 간의 유대 강화에도 밑거름이 되었다. 무엇보다 군부대에 '일요법회'를 최초로 기획, 정착시켰을 뿐만 아니라 불교의식의 현대화나 찬불가의 보급 등, 베트남에서의 군승들에 의한 적극적인 불교군종활동은 이후 한국에서 군승제도가 정착하는 데 크게 이바지하게 된다.

## 2) 이라크전 파병과 군승활동

걸프전(1990. 8~1991. 1)과 이라크전(2003. 3~2011. 12) 이후 중동지역의 안보상황 불안이 계속되고 전후 복구와 지역 안정에 대한 요구가 국제사회의 큰 현안으로 대두되면서 한국 정부는 중동지역에 최초로 파병을 결정하게 된다.

먼저 한국군은 이라크의 재건과 복구 및 의료지원을 위해 서희제마부대[139]라는 이름으로 2003년 4월 이라크 남부 나시리아 지역에 파병부대의 전개를 시작하였다. 정찰과 협조를 위한 선발대가 먼저 파견된 뒤, 4월 30일에는 공병대 200여 명과 의료지원단 90명 등 300명이 1차로 파견되었다. 그 후 서희제마부대는 6개월 단위로 2004년 4월까지 3차례에 걸쳐 파견되었으며, 전쟁으로 파괴된 시설의 복구와 현지인들의 의료지원 활동을 주 임무로 수행하게 되었다.

군종장교로서 서희제마부대 2진에 파병된 군승은 묘인 강창모 법사 (2003. 10~2004. 4)로 6개월간 임무를 수행하였다.[140] 이때는 모든 여건이 제한된 상황이어서 불교 종교행사와 사기진작 활동을 주로 수행하였으며 추후 확대 개편되는 자이툰부대의 군종활동을 위한 기반 마련에 진력하였다.

한국 정부는 이라크 전쟁 후 미국과 국제사회의 요청으로 파병을 결정하고, 2003년 5월 이라크 전후 복구와 의료지원 임무로 서희부대와 제마부대를 파병하였다.

그 후 이라크의 치안 부재 등으로 전후 처리에 난항을 거듭하던 미국은 2003년 9월, 한국에 전투병 파견을 요청하게 되었고, 정부는

---

139 서희부대는 공병부대의 애칭으로 고려 때 거란과의 국경 분쟁에서 뛰어난 외교 능력을 발휘한 서희 장군의 이름을, 제마부대는 의료지원단의 애칭으로 소외계층 치료에 헌신한 조선 후기 의학자 이제마의 이름을 딴 것이다.
140 허정철, 「이라크 파병 장병 환송법회」, 〈불교신문〉 152호, 2003년 10월 17일자.

전투병 파병을 결정하여 2004년 2월, 이라크 전투병 파병안이 찬반 격론 끝에 국회를 통과하게 된다.

파병부대의 명칭은 자이툰(아랍어로 올리브를 의미)부대로 확정되었으며, 파병지는 이라크 북부 쿠르드족 자치지역인 아르빌로 결정되었다. 이후 이라크의 불안한 상황과 미군의 이라크 포로 학대, 애초 전쟁 명분이었던 대량살상무기의 부재 등으로 이라크 파병에 대한 반대 여론이 높아졌으나 정부는 2004년 6월, 국가안전보장회의(NCS) 상임위에서 3,600여 명 규모의 이라크 추가 파병 계획을 확정지었다.

파병 확정 발표 후 한국군 파병의 철회를 요구하는 이라크의 무장단체에 의해 6월 22일 한국인이 피살사건[141]이 발생하는 등 파병 찬반 논란이 더욱 거세졌다. 그러나 정부는 2004년 8월 말 선발대를 시작으로 비전투병을 위주로 해서 1차로 2,900명 규모 부대의 파병을 시작하게 된다.

한국군은 이라크의 평화 유지와 재건을 주 임무로 하는 자이툰부대를 8,000여 명 가량의 사단급 부대로 창설하여 이라크 다국적군의 일원으로 파병하였다. 이후 자이툰부대는 2008년 12월, 이라크에서 철수할 때까지 4년 3개월의 기간 동안 연 1만 9,000여 명의 한국군이 파병 활동을 지속하게 된다.

---

141 국제적인 이슬람 테러조직 알카에다(Al-Qaeda)의 이인자인 아부 무사브 알 자르카위(Abu Mussab Al Zarqaoui, 1966~2006)가 지도하던 이라크 무장단체 '알 타우히드 왈 지하드(유일신과 성전)'가 2004년 5월 31일 한국군의 이라크 추가 파병 철회를 요구하며 이라크 내 한국 군납업체인 가나무역 직원 김선일을 피랍, 3주 만인 2004년 6월 22일 피살하는 사건이 발생하였다.

사단급 규모의 부대였던 자이툰부대에는 창설 당시부터 군종참모부가 편성되어 장병들을 위한 종교활동과 전시군종활동을 진행하게 되었는데, 2004년 8월 자이툰부대 초대 군승으로 파병된 경제 강의중 법사를 비롯하여 소천 정연태 법사, 도수 문정호 법사, 지운 김민규 법사, 서원 홍창우 법사, 혜명 조철호 법사, 각범 서재택 법사, 현조 이동경 법사 등 총 8명이 활동하였다.

자이툰부대 1진의 군승으로 파병된 경재 강의중 법사는 2004년 11월 자이툰부대 영내 사찰인 평화사平和寺를 개원하여 불교활동을 시작하였으며, 소천 정연태 법사가 활동한 2진 시기에는 법장 조계종 총무원장이 불교종단 최초로 해외 파병 부대를 방문하기도 하였다.[142]

〈표 5〉 이라크 자이툰부대 파병 군승 명단[143]

| 이라크 자이툰부대 파병 군승(평화사 주지) 명단 | | | |
|---|---|---|---|
| 파병(진) | 계급 | 성명 | 파병 기간 |
| 1 | 소령 | 강의중 | 2004. 08~2005. 02 |
| 2 | 대위 | 정연태 | 2005. 02~2005. 11 |
| 3 | 대위 | 문정호 | 2005. 11~2006. 06 |
| 4 | 대위 | 김민규 | 2006. 06~2007. 01 |
| 5 | 대위 | 홍창우 | 2007. 01~2007. 06 |
| 6 | 대위 | 조철호 | 2007. 06~2007. 12 |
| 7 | 대위 | 서재택 | 2007. 12~2008. 06 |
| 8 | 대위 | 이동경 | 2008. 06~2008. 12 |

---

142 김원우, 「법장스님, 이라크 자이툰 부대 방문」(〈현대불교신문〉, 2005. 5. 21)
143 군종특별교구, 『불교군종사-군승 파송 50년사』(군종특별교구, 2018), p.365.

이라크에 파병된 군승들은 정기적인 법회의식이나 종교활동 외에도 인접 부대의 불교 종교활동을 지원하거나 이라크에 근무하는 제3세계 국가들의 노동자들을 위한 위로법회를 실시하는 등의 활동을 전개한다. 특히 다국적군이 활동했던 이라크전의 특성을 활용하여 동맹국 사령부 군종장교 회의에 참석하여 한국 군승의 활동을 국제적으로 홍보하는 활동을 전개하기도 하였다.

다만 이라크에서의 파병 군승활동은 베트남에서의 군승활동과는 달리 이슬람문화권의 종교적 정서로 인해 영외의 대민지원 업무보다는 평화사를 중심으로 자이툰부대 장병들의 종교활동과 상담 및 장병들의 정서안정을 위한 활동을 중심으로 이루어졌으며, 이후 2008년 12월에 제8진을 끝으로 부대 철수와 함께 평화사의 모든 불교활동을 정리하고 귀국하기에 이른다.

### 3) UN 평화유지군 파병과 군승활동

2000년대에 들어서면서 국민소득이 높아지고 국제사회에서 한국의 위상과 역할론이 대두되면서 국가 간, 지역 간 분쟁 해소와 평화유지 활동을 위해 군이 해외로 파견되는 해외 파병 문제가 국가적 이슈(Issue)로 대두되게 된다.

이런 시대적 요구에 따라 유엔(UN)에 가입하여 활동하고 있는 한국도 유엔 안전보장이사회의 결의안과 국회 동의안 결정에 따라 국제평화유지 및 침략적 전쟁을 막고, 의료지원 및 재건을 돕기 위해 유엔 평화유지 활동(UN PKO)[144]의 일환으로 분쟁지역에 군을 파병하고 있다.

그에 따라 군승들도 군종기능을 담당하기 위해 유엔 평화유지 활동을 위해 파병된 부대의 일원으로 파병에 동참하고 있다. 유엔 평화유지군은 국가 간의 분쟁 예방과 평화 여건 조성, 평화 강제[145] 평화협정의 이행을 보조하는 임무를 수행하게 되는데, 파병된 군승들은 직접적인 평화유지 임무를 수행하기보다는 파병부대 장병들을 대상으로 하는 군종활동을 진행하게 된다.

### (1) 레바논 평화유지단 동명부대의 군승활동

레바논 평화유지단 동명부대는 2007년 6월 21일 창설되어 7월에 레바논에 파견된 유엔 평화유지 PKO 부대이다. 1976년에 일어난 레바논 내전으로 각각 기독교와 이슬람 민병대, 레바논 시리아 군과 이스라엘 군이 접전을 벌이자, 유엔은 1978년부터 레바논의 내전과 이스라엘과의 분쟁을 중재하는 노력을 해왔다.

그러나 2006년에 이스라엘과 헤즈볼라의 충돌로 레바논의 민간인 1,000여 명이 사망하는 사태가 발생하자 유엔에서는 이를 해결하기 위해 유엔 안전보장이사회를 열어 레바논의 안정을 위해 파병되어 활동하고 있었던 UNIFIL(United Nations Interim Force in Lebanon)의 병력을 기존 3,000여 명에서 15,000명 수준으로 증강하고자 회원국의

---

144 유엔의 평화유지 활동(UN PKO, United Nations Peace Keeping Operation)은 적대행위가 종식되어 평화 회복 과정에 있는 국가에 대해 정전 감시, 무장해제, 분쟁 재발 방지, 치안 유지, 전후 복구 등을 위한 유엔 주도의 국제 평화와 안전 유지를 위한 활동을 의미한다.
145 평화 강제의 개념은 제재나 봉쇄 같은 강제적 수단의 범위를 포함하고 있으며 최후의 수단으로 군사력이 사용될 수 있다.

참여를 요청하게 된다.

이에 한국 정부는 2006년 11월 국무회의에서 파병을 의결하고, 같은 해 12월 22일 국회의 동의를 거쳐 2007년 6월 21일, 350여 명 규모의 레바논 부대를 창설하였다. 레바논 동명부대는 대한민국의 다섯 번째 PKO 임무이자 상록수부대에 이은 두 번째 전투부대의 파병이다.

레바논 평화유지단 동명부대는 현재까지 대한민국의 유엔 평화유지군 파병 역사상 최장기 파병 기록이 있는 전투부대이다. 동명부대는 육군의 불교·개신교·천주교의 군종장교가 순환 보임되어 임무를 수행하고 있는데, 2024년 현재까지 29진이 임무 수행 중이며 군승들은 4, 7, 10, 13, 17, 21, 24, 27진 등 총 8회에 걸쳐 군종장교로 보직 받아 파병 임무를 수행하였으며, 2024년 9월 파병된 30진에는 비구니 군승인 균재 강혜림 법사가 파병되었다.

동명부대는 1진 파병 때부터 호국동명사라는 군사찰을 건립하여 장병들의 불교활동을 지원하고 있었는데 군승의 파병은 4진 파병 시기에 이루어지게 된다.

동명부대 호국동명사의 초대 주지로 부임한 영우 권기원 법사는 적극적인 군종활동으로 레바논에서의 최초 한국사찰 불교활동의 초석을 마련하였다. 이 시기 일면 불교군종교구장이 레바논 동명부대를 방문하여 부처님오신날을 기념하는 법회 및 동명부대 법당인 호국동명사의 기념비 제막식과 부대원들의 수계법회를 주관하게 된다.[146]

---

[146] 정하중, 「군종교구, 레바논 동명부대 위문」, 〈법보신문〉, 2009. 4. 20.

7진 법천 이종억 법사, 10진 여해 차성주 법사, 13진 여일 조승한 법사, 17진 여정 강건욱 법사 등은 군종장교로서 부대원들의 종교활동을 책임지면서 찾아가는 상담 활동과 현장중심의 군종활동을 통해 파병된 장병들의 사고예방과 스트레스 해소에 큰 역할을 하였다.

특히 동명부대의 군승들은 부대의 의무팀과 합동으로 현지인 진료 시 찾아가는 군종위문 활동으로 의료봉사 지원을 진행하였고, 다양한 부대의 민사작전 간 군종지원 활동에 적극 참여하여 이슬람 지역에서의 안정과 평화유지에도 이바지하였다.

〈표 6〉 레바논 평화유지단 동명부대 파병 군승 명단[147]

| 레바논 평화유지단 동명부대 파병 군승(동명사 주지) 명단 | | | |
|---|---|---|---|
| 파병(진) | 계 급 | 성 명 | 파병 기간 |
| 4 | 대위 | 영우 권기원 | 2008. 12~2009. 06 |
| 7 | 대위 | 법천 이종억 | 2010. 07~2011. 01 |
| 10 | 대위 | 여해 차성주 | 2012. 01~2012. 07 |
| 13 | 대위 | 여일 조승한 | 2013. 08~2014. 02 |
| 17 | 대위 | 여정 강건욱 | 2015. 12~2016. 08 |
| 21 | 대위 | 서천 이은철 | 2018. 08~2019. 04 |
| 24 | 대위 | 자비 김승민 | 2020. 09~2021. 05 |
| 27 | 대위 | 정인 임재현 | 2022. 09~2023. 05 |

그런 가운데 2015년에는 자승 조계종 총무원장과 정우 군종특별교구장이 동명부대를 공식 방문하여 레바논 종교지도자들과 주둔지인

---

[147] 군종특별교구, 『불교군종사-군승 파송 50년사』(군종특별교구, 2018), p.373.

티르지역 주민대표들이 동참한 가운데 '세계평화기원 대법회'를 진행한 사례도 있었다.

당시 조계종의 공식 동명부대 방문은 해외 파병부대 격려와 이웃 종교와의 교류 차원에서 이루어졌다. 방문단은 동명부대 책임지역인 부르글리야의 이슬람 고위 종교지도자들과 간담회를 갖고 평화 안착을 위한 종교의 역할에 대해 의견을 나눴으며, 지역의 현안이자 숙원이었던 공동묘지 용지 매입을 위해 4만 달러를 불교계에서 지원하는 등 지역 평화와 안정을 위해 적지 않은 기여를 하기도 하였다.[148]

이처럼 동명부대 파병 군승들의 적극적인 활동은 부대 내적으로는 장병들의 심신을 위로하고 신앙심을 바탕으로 인화단결하는 역할을 하였으며, 외적으로는 성공적인 민사작전에 기여하며 한국 파병부대의 이미지 제고에도 큰 역할을 하였다.

### (2) 아이티 재건지원단 단비부대의 군승활동

2010년 1월 12일 아이티에 규모 7.0의 지진이 발생하여 23만여 명이 사망하고 250만여 명의 난민이 발생하였으며 사회 시설이 완전히 붕괴되었다. 현지에서는 4,000여 명의 수감자들이 탈옥하여 각종 범죄가 급증하는 등 사회적 혼란이 가중되었다.

이에 유엔은 아이티 구호 활동 및 치안 유지, 지진으로 무너진 시설과 도로 복구 등을 위한 평화유지군의 추가 파병을 결의하였다. 이에 우리 정부는 유엔 안보리 결의안 1908호(2010. 1. 19)에 의거,

---

[148] 엄태규, 「갈등의 땅 레바논 '평화·공존' 기원」, 〈불교신문〉, 2009. 4. 20.

대지진으로 고통을 받는 아이티의 피해 복구와 재건지원을 위한 'UN 아이티 안정화 임무단'으로부터 파병 요청을 받고 아이티 파병을 결정하게 되었다.

단비부대는 유엔 안보리 결의안 제1908호에 의해 파병동의안이 국무회의에 의결되면서 부대 파병 준비를 시작하였다. 정부 합동 실사를 통해 주둔 예정자가 선정되고 국회 본회의를 통과하면서 선발대가 파견되었다. 이후 2010년 2월 27일 1진 본대가 전개하게 되면서 본격적인 아이티 재건 임무를 시작하였다. 이로써 단비부대는 역사상 처음으로 자연재해를 입은 타 국가에 파병되는 기록을 갖게 되었으며, 유엔 아이티재건단 내에서는 'ROKENGCOY(Republic of Korea Engineering Company: 대한민국 공병중대)'로 불렸다.

단비부대의 파병 역시 국제평화유지군(PKO) 활동의 일환이며 부대 이름인 단비는 공모를 통해 의견을 수렴하여 결정되었다고 한다. 2010년 2월 17일 240명(공병부대 120명, 본부 참모부 26명, 경비 및 복구지원 41명, 작전지원대 53명 등)으로 창설되었으며, 3월 8일 아이티 레오간에 도착하여 3월 15일부터 본격적인 재건지원 활동을 시작하였다.

단비부대는 1진부터 6진에 걸쳐 파병되었으며 공병이 주축으로 구성되어 대지진으로 인해 철저히 파괴된 아이티의 재건 활동을 마치고 2012년 12월 22일부로 현지에서 철수하여 한국 시각 24일 귀국 완료하여 해단식을 마쳤다.

단비부대의 군종장교는 1진 전개 시부터 장병들과 함께했으며, 총 6회에 걸친 단비부대 파병 중 군승으로는 3진에 파병되었던 정행 이익수 법사가 유일하다.[149]

단비부대의 사찰인 단비사 주지로 부임한 정행 이익수 법사는 지진으로 인한 잔해 제거 임무 현장 방문과 부대 안전 기도를 정기적으로 실시했으며, 현장 중심의 군종활동으로 부대원들의 사기진작과 사고 예방 활동에 전념하였다. 파병 기간에 스리랑카 부대의 부처님오신날 봉축법요식에 참석하는 등 양국 부대 간 교류에도 이바지하였다.

또한 파견 지역의 인도적 지원 활동을 위해 부대 작전과 연계하여 민사작전 간 물품 공여, 지역학교 한글 교실 물품 지원 및 지역 농민들에게 농기구를 공여하는 등의 임무도 수행하였다.

아울러 아이티에 파병되어 있던 일본 부대원들의 한국부대 방문 당시 일본 대지진으로 인한 희생자를 위한 합동법회를 단비사에서 봉행하였다. 아이티 단비부대의 이러한 군승활동은 부대 내적으로는 장병을 위로하고 신앙심을 바탕으로 단결하고 사기를 올리는 역할을 했으며, 외부적으로는 민사작전을 통하여 현지인들에게 대한민국 국군에 대한 신뢰를 높이는 데 이바지하였다.

### (3) 남수단 재건지원단 한빛부대의 군승활동

남수단 재건지원단 한빛부대는 종교, 인종, 문화 갈등의 결과로 오랜 내전을 겪던 아프리카 수단의 남부지방이 2011년 7월 9일 남수단으로 독립하면서 지역 안정과 재건지원을 위해 당시 반기문 UN 사무총장이 대한민국 정부에 파병을 신청하였고, 정부는 2012년 9월 27일에 파견 동의안을 통과시켜 2013년 1월, UN 남수단 임무단(United Nations

---

149 최호승, 「아이티 첫 파송 군승」, 〈법보신문〉, 2011. 1. 18.

Mission in South Sudan, UNMISS)으로 한빛부대를 창설하였다.

한빛부대는 소말리아, 앙골라와 동티모르의 상록수부대, 서부사하라의 의료지원단, 레바논의 동명부대와 아이티의 단비부대에 이어서 일곱 번째로 대한민국에서 UN 평화유지군으로 해외에 파병된 부대가 된다.

한빛부대는 공병과 의료부대원, 그리고 이들을 보호하는 경비 병력으로 구성되었으며 남수단의 재건지원과 의료지원 활동으로 지역의 안정화 활동을 현재까지 실행하고 있다.

한빛부대 역시 순환보직으로 육군 군종장교가 파병되었는데, 한빛부대원들의 불교 종교행사를 위한 '호국한빛사'가 최초 남수단 파병 때부터 건립되어 불자 장병들이 자체적으로 불교활동을 이어가고 있었다.

그 후 2016년 10월 한빛부대 7진으로 동원 권경훈 법사가 군승 최초로 아프리카 남수단에 파병되었으나 현지에서 병을 얻어 부득이 임무를 마치지 못하고 2개월여 만에 조기 복귀하였다가 국군병원에서 치료 중 순직하는 사례가 있었다.[150]

그 뒤 11진에 능파 김회원 법사가 한빛부대 군승으로 파병(20. 3~20. 10)되어 남수단 재건지원단의 일원으로 재건지원 임무 수행과 민사작전 간 군종지원 활동을 적극적으로 실시하였으며 현지에서 정기적인 법회와 기도를 시행하고 장병들의 상담과 사고예방 활동을 실시한 바 있다.

---

150 조장희, 「한빛부대 군승 동원법사 입적, 영결식 봉행」, 〈법보신문〉, 2018. 9. 10.

### (4) 소말리아 해역 호송전대 청해부대의 군승활동

청해부대는 2009년 3월 13일부터 대한민국 해군이 소말리아 해역에서 한국 선박들을 해적들로부터 보호하기 위해 아덴만에 파견된 부대이다. 2008년 이후 소말리아 해역에서 해적 활동이 급증함에 따라 UN 안전보장이사회가 2008년 6월 결의안 1816호를 통해 소말리아 해역에서 소말리아 해적 퇴치를 위한 무력 사용을 허용하고, 해적 퇴치를 위한 국제협력을 강조하면서 모든 당사국에 함정과 항공기의 파견을 요청하였다. 이에 우리 정부는 UN의 요청을 검토하고 2009년 3월 2일에 국회에서 '국군부대의 소말리아 해역 파견동의안'이 통과되면서 파병이 공식화되었고, 2009년 3월 3일 청해부대를 창설하였다.

소말리아 해역 호송전대인 청해부대는 대한민국 해군의 해상부대로 주 임무는 한국 선박의 안전 운항 및 유사시 재외국민을 보호하는 것으로 파병 기간에는 합동참모본부가 작전을 지휘·감독한다.

청해부대는 아덴만 여명작전[151]으로도 잘 알려져 있으며, 평소에는 국적과 관계없이 해당 해역을 운항하는 모든 상선의 호위를 맡는다. 물론 자국, 즉 대한민국 국적 상선 혹은 외국 국적 한국인 승선 상선이 우선 보호 대상이다.

---

[151] 2011년 1월 21일 대한민국의 청해부대가 소말리아 해적들에게 납치된 삼호해운 소속 삼호주얼리호(Samho Jewelry)를 구출하기 위해 소말리아 인근의 아덴만 해상에서 벌인 작전이다. 작전을 시작한 지 5시간 만에 선원 21명과 선박을 모두 안전하게 구출하였다.

〈표 7〉 소말리아 해역 호송전대 청해부대 파병 군승 명단[152]

| 파병(진) | 함정 | 계급 | 성명 | 파병 기간 |
|---|---|---|---|---|
| 2 | 대조영함 | 대위 | 혜정 김명환 | 2009. 07~2010. 01 |
| 5 | 왕건함 | 대위 | 설혜 김경덕 | 2011. 01~2011. 07 |
| 18 | 왕건함 | 중령 | 일공 이경한 | 2015. 02~2015. 08 |
| 21 | 왕건함 | 대위 | 법종 성준모 | 2016. 03~2016. 10 |
| 28 | 최영함 | 소령 | 만송 김영남 | 2018. 11~2019. 05 |
| 32 | 대조영암 | 대위 | 상월 박태환 | 2020. 09~2020. 11 |
| 38 | 강감찬함 | 대위 | 성률 이승일 | 2022. 08~2023. 02 |
| 42 | 대조영함 | 소령 | 법설 황준혁 | 2024. 01~2024. 07 |

청해부대에는 2009년 7월, 2진으로 파병된 혜정 김명환 법사를 시작으로 2024년 현재까지 8명의 해군 군승이 군종장교로 파병되어 활동하였다. 청해부대에 파병된 해군 군승들은 주로 함상에서 진행되는 각종 불교 종교행사와 장병 상담, 정기적인 인성교육을 실시하였으며 함상 군종활동에만 국한하지 않고 기항지에서는 민사작전 간 오만의 보육원 방문이나 지역주민 위문 활동을 진행하는 등 불교 군종장교로서 다양한 임무를 수행하였다.

## 4. 비구니 군승의 활동과 의미

군 내의 여성인력은 현대전의 수행에 있어서 비중과 역할이 점차

---

[152] 군종특별교구, 『불교군종사-군승 파송 50년사』(군종특별교구, 2018), p.417.

확대되어 가는 추세에 있었다. 양성평등에 대한 사회적 여론과 여성의 국방 분야 진출 확대기조 속에서도 군대 안에서 '군종'의 영역만큼은 여성인력의 진출이 제한되어 있었다.

병역법은 군종장교 선발 기준에 성별 제한을 두고 있지 않았지만, 그때까지 군종장교 선발시험을 고시할 때는 응시 대상을 '대한민국 남자'로 제한해 왔었고 그 때문에 군종장교는 남자들만의 영역으로 남아 있었다.

2010년에 이르러 시대의 흐름에 따라 여대女大에도 ROTC 학군단이 생겨나기 시작했고 각계각층의 여성인력 충원이 크게 증가되는 추세에 있었다. 여성의 사회진출이 중요한 시대적 과제로 대두되는 가운데 여성 성직자의 군 파송은 불교계뿐만 아니라 기독교계에서도 교세 확장의 긍정적 요인과 군승·군목의 자원 확대를 이유로 전부터 국방부와 각 종교 간에 공감대가 형성되어 그 가능성을 타진해 오던 사안이었다.

이에 따라 국방부는 2013년 7월 군종병과에 여성 군종장교를 충원하는 것을 발표하고 군종장교를 파송하고 있는 종교계와의 협조를 거쳐 2014년부터 문호를 개방하여 향후 5년간 총 14명의 여성 군종장교 인력을 배치할 것을 예고하게 된다.[153]

---

153 당시 국방부가 발표에 따르면 여성 군종장교의 정원을 2018년까지 점차 늘려가되, 군별로는 육군 9명, 해군 2명, 공군 3명을 배정하며, 종교별로는 개신교가 8명, 불교가 6명이었다. 최초 여성 군종장교 파송을 준비하는 과정에서 불교와 기독교 여성 성직자의 신분과 배출에 제한이 없었으나 천주교의 경우 여성 사제를 제도적으로 인정하지 않아 군 파송이 불가한 상태인지라 논의 대상이

대한불교조계종과 군종특별교구는 이러한 국방부의 발표 후 2014년도에 비구니를 군승으로 파송할 것을 결정하고 전국비구니회를 통해 예비 군승 대상을 물색하고 군종장교로 임관 및 활동이 가능한 지원의 추천 협조를 진행하였다.

이러한 과정이 속도감 있게 가능하게 된 것은 당시까지의 군승활동에 대한 인식이 불교계에서 긍정적으로 받아들여지고 있었던 결과이며, 비구니 군승 파송이 그동안 안정적이지 못했던 군승 수급 문제를 해결할 수 있는 효과적인 대안으로 여겨졌기 때문이었다.

비구니 군승의 파송이 결정된 후 대한불교조계종 전국비구니회의 추천과 군종특별교구의 심의과정을 거쳐 2014년 임관 예정 군종장교로 1명을 선발하기에 이른다.

최초의 비구니 군승으로 선발된 자원은 명법 신민기 법사였다. 최초의 비구니 군승으로 선발된 명법 신민기 법사는 1999년 마곡사를 재적 본사로 출가하여 2000년 수계(사미니계)하였다. 이후 2006년 동학사 승가대학, 2010년 어산작법학교, 2014년 2월 동국대 불교학부 등을 졸업한 우수자원이었다.

최초의 비구니 군승 명법 신민기 법사는 군종특별교구에서 주관하는 예비 군승 입대 전 교육을 수료하고 학생군사학교로 입대하여 장교

---

되지 못했다.
기독교는 군종장교를 배출하고 있는 11개 교단 중 여성에게 목사 안수를 시행하고 있는 대한예수교장로회 통합 측과 기독교대한감리회, 한국기독교장로회와 대한예수교장로회 백석, 기독교대한성결교회, 기독교 대한하나님의성회 등 6개 교단에서 여성 군종장교 파송을 준비하였다.

임관에 필요한 필수 교육과정인 기초군사교육을 이수한다.[154]

이후 종합행정학교의 군종사관반 교육과정을 마치고 2014년 6월 27일 세계 최초의 비구니 군종장교로 임관(육군 중위)하여 1군단 군종참모부 신앙교육장교로 보직을 받게 된다. 또한 국군고양병원 자원사 주지 소임을 맡아 불교 업무를 병행하면서 군 병원 장병들을 대상으로 군종활동을 시작하게 된다.

그 다음해인 2015년 4월 두 번째 비구니 군승인 균재 강혜림 법사도 입대하여 소정의 입대 전 교육과 군사교육을 마치고 최전방 G.O.P부대로 발령을 받아 제2호 비구니 군승으로 활동을 시작한다.

비구니 군승으로는 세 번째로 혜능 조효성 법사가 2016년 7월 4일, 해군 중위로 임관하였다. 혜능 조효성 법사는 기초군사훈련을 수료하면서 임관 때 해군참모총장상을 받았고, 첫 해군 비구니 군승이었던 혜능 법사는 임지로 해병대 2사단 5연대 기룡사 주지로 부임하게 된다.

해군 최초의 여성 군종장교가 최전방 해병대로 보직이 결정되어 당시 세간의 큰 화제가 되었으나 혜능 조효성 법사는 군사적 긴장도가 높은 해병부대의 특성을 고려하여 명상기법을 활용한 상담 및 장병들의 긴장완화 프로그램을 시행하는 등 적극적인 군종활동을 진행하였으며, 다음해 해군교육사령부로 보직되어 교육부대에서 군종장교로 활동하면서 비구니 군승에 대한 해군 장병들의 인식을 크게 높이는 역할을 하였다.

---

154 김성호, 「군종장교 첫 비구니 군승 탄생」, 〈서울신문〉, 2014. 3. 15.

네 번째 비구니 군승은 자원 홍순영 법사로 최초의 공군 비구니 군종장교이다. 자원 홍순영 법사는 2017년 공군 중위로 임관하여 제3훈련비행단에 보직되었으며 조종사를 양성하는 부대의 특성에 맞춘 기도와 법회활동을 시행하여 주목받았다. 특히 초급간부 및 여군들을 대상으로 하는 상담교육과 장병 자살예방 활동에 진력하여 군종장교로서의 임무도 성공적으로 수행하게 된다.

2014년부터 시작된 비구니 군승의 파송은 2017년에 이르러 육군 2명과 공군과 해군에 각 1명씩이 보직되어 안정적인 출발을 시작하여 2024년 2월까지 총 9명이 활동하였거나 활동 중이다.

이러한 비구니 군승 파송과 관련된 일련의 과정은 전국비구니회를 중심으로 비구니 스님들과 군불교 간의 적극적인 교류와 군포교의 지원이 군불교 초창기부터 진행되었던 기반 속에서 이루어진 것이며, 또한 한국의 비구니 교단이 불교적으로 조직적 수행과 교육체계를 갖추고 사회참여를 위한 충분한 역량을 준비하고 있었기 때문에 가능한 일이었다.

비구니로서 군사찰이라는 특수한 환경 속에서 장교의 임무와 역할을 수행해 나가면서도 군 장병이라는 특정 대상을 상대로 종교활동이 가능한 자원을 선발하는 일은 쉽지 않은 일이었을 것이다. 그럼에도 불구하고 군종특별교구와 전국비구니회는 양성평등의 사회적 기조에 부응하면서도 포교와 교화의 측면에서 불교가 가진 특수성과 장점을 여성을 통해 군에 전달할 수 있는 최적의 대안으로 비구니 군승제도를 만들어내었고, 남성 위주의 제도적 한계를 허물고 전 세계 최초의 비구니 군승이 탄생하게 되었던 것이다.

비구니 군승, 최초의 여성 불교 군종장교 탄생은 교리적으로나 불교 교단사적 측면에서도 그 의미가 적지 않다. 비구니의 군승활동 참여는 불교의 역사를 통틀어서도 획기적인 사건이었으며, 남성 중심의 문화에 길들어져 있는 군에서 여성이 그것도 비구니 스님이 군종장교로서 활동을 시작한다는 사실만으로도 군 내부의 큰 주목을 받게 되었다. 이로 인하여 보수적 성향의 기존 불교계에도 비구니 승가의 사회적 역할 강화에 대한 논의가 새롭게 시작되기에 이른다.[155]

〈표 8〉 비구니 군승의 임관과 파송 현황[156]

| 임관년도 | 구분 | 법명 / 성명 | 초임배치부대 |
|---|---|---|---|
| 2014 | 육군 | 명법 신민기 | 1군단(국군고양병원) |
| 2015 | 육군 | 균재 강혜림 | 28사단 82연대 |
| 2016 | 해군 | 혜능 조효성 | 해병 2사단 5연대 |
| 2017 | 공군 | 자원 홍순영 | 제3훈련비행단 |
| 2020 | 육군 | 호현 주현신 | 21사단 65여단 |
| 2021 | 육군 | 선효 이한나 | 수기사 26여단 |
| 2021 | 공군 | 관묵 주연아 | 38전투비행전대 |
| 2023 | 육군 | 진견 전혜연 | 28사단 82여단 |
| 2023 | 육군 | 세광 김민지 | 9사단 30보병여단 |

---

155 벽공, 『동아시아 비구니 교단의 역사』(조계종출판사, 2012), p.196.
156 2014년부터 2023년까지의 비구니 군승의 파송 현황은 비구니 군승 선임자인 균재 강혜림 법사의 인터뷰를 통해 확인된 것을 정리하였다.

미래 사회에서 여성은 사회참여가 보다 확대되고 사회문제 해결에 중요한 역할을 수행할 것이다. 이는 군대도 예외가 될 수 없으며 국방 분야의 여성인력의 참여와 확대는 앞으로도 필연적 과제가 될 것이다.

현대의 종교적 가치는 남녀를 구분하기보다 모든 존재가 서로 조화를 이루며 진보해 나갈 수 있는 동체대비同體大悲 사회의 비전을 추구해야 한다고 본다. 이러한 관점에서 여러 가지 제한 조건에도 불구하고 진행된 한국불교의 비구니 군승 파송은 세계불교사적으로도 주목받을 만한 충분한 가치가 있다고 하겠다.

# 7장 군승활동과 포교성과의 관계

## 1. 군불교의 현황 분석

종교에 대한 무관심, 혹은 종교인구의 감소는 한국불교의 미래 전망을 어둡게 하고 있고 불교의 앞날을 가늠할 수 있는 군불교의 현장 또한 많은 부분에 있어 기존 패러다임에 대한 전환이 요구되고 있다.

불교계는 이러한 변혁의 시대에 온전히 대응하기 위하여 군포교에 기대하는 바가 적지 않다. 그러한 입장에서 군승들의 활동은 어떠한 위상을 견지해야 할 것인가? 군에서 요구하는 신앙전력화의 도구로서 군승의 활동과 불교계에서 기대하는 포교 전법의 성과는 충돌할 여지가 적지 않다.

군승의 활동이 불교적으로나 종단적으로 포교와 전법에 적지 않은 영향을 끼치게 되고 불교의 성장과 발전에 이바지할 것이라는 기대는 군승제도의 출범 당시부터 불교계가 가지고 있던 희망과 바람이었다.

국민개병제를 시행하고 있는 병역제도 속에서 군대라는 환경은 청년 세대들에게 종교에 대한 교육과 종교행사의 참여를 권장할 수 있는 조건을 제공하고 있다. 이는 군종장교의 활동이 해당 소속 종단의 신자 확보나 성장에 기초가 될 수도 있다는 기대를 가능하게 만든다.

군승의 활동이 포교의 성과로 이어질 가능성과 한계는 어디까지가 될 수 있을 것인가에 대한 논의와 냉정한 성찰이 필요하다. 군이 바라보는 군종장교로서의 군승과 불교계의 입장에서 기대하는 군포교 전담자로서의 군승은 그 견해차가 매우 크다.

먼저 군불교의 현황은 현재 국방부에서 매년 공개하는 국방통계연보[157] 자료를 분석하여 살펴보고자 한다. 먼저 2023년 12월에 국방부 군종정책과에서 조사한 군 내 종교시설 현황은 다음의 표와 같다.

〈표 9〉 군 내 종교시설 현황[158] (22.12.31. 기준 / 단위: 개)

|  | 구분 | 계 | 교회 | 성당 | 법당 | 교당 |
|---|---|---|---|---|---|---|
| 2022 | 육군 | 1,156 | 706 | 143 | 293 | 14 |
|  | 해군 | 71 | 32 | 17 | 22 | – |
|  | 공군 | 103 | 56 | 17 | 29 | 1 |
|  | 국방부직할 | 78 | 31 | 23 | 23 | 1 |
|  | 계 | 1,408 | 825 | 200 | 367 | 16 |

---

157 국방통계연보는 국방부 및 각 군의 정책, 기획, 인사, 보건복지, 동원, 정보화, 군수, 시설, 행정지원 분야의 통계자료를 종합한 자료이며, 매년 12월 국방부 홈페이지와 공공데이터포털에서 공개되고 있다 본 논문에서는 2023년 12월에 발표된 국방통계연보를 참고하였다. 국방통계연보는 발표되는 시점의 전년도 통계를 공개하므로 2022년까지의 통계가 가장 최신 자료가 된다.

158 국방부, 『2023 국방통계연보』(국방출판지원단, 2023. 11), p.152.

현재 육·해·공군, 해병대에서 공식 인가된 종교시설의 수는 1,408개 동이며 그 가운데 불교사찰(법당)은 367동으로 26%에 이른다. 그러나 이 수치는 공식 인가된 시설에 국한하므로 소규모 부대에 산재되어 있는 간이시설이나 비인가 건물을 포함하게 되면 보다 높아질 것으로 판단된다. 여타 종교가 가지고 있는 종교시설과의 단순 비교를 통해 종교 간의 교세教勢를 비교하거나 절대적으로 판단할 수 있는 것은 아니지만 그리스도교와 불교의 종교시설 보유 격차가 적지 않다는 것을 알 수 있다.

〈표 10〉 군종장교 현황[159](22.12.31. 기준 / 단위: 명)

| 구분 | 계 | 목사 | 법사 | 신부 | 교무 |
| --- | --- | --- | --- | --- | --- |
| 계 | 482 | 250 | 127 | 102 | 3 |
| 육군 | 321 | 173 | 85 | 60 | 3 |
| 해군 | 71 | 30 | 21 | 20 | – |
| 공군 | 90 | 47 | 21 | 22 | – |

군종장교 현황에서도 법사는 총 127명으로 482명의 육·해·공군 군종장교 가운데 26%에 해당한다. 통상 군종장교의 편제는 군 내 종교신자 수에 비례하여 할당하고 있는데 상황 변화에 따라 매년 약간의 예외가 있기는 하지만 통상 기독교와 불교, 천주교가 5:3:2의 비율로 편제 공석이 나누어지고 있다.

---

159 국방부, 『군종업무현황자료』(국방부 군종정책과, 2022. 12), pp.79~80.

〈표 11〉 군 내 신자 현황[160](22.12.31. 기준 / 단위: 명)

| 구분 | 계 | 기독교 | 천주교 | 불교 | 원불교 | 기타 |
|---|---|---|---|---|---|---|
| 계 | 142,580 | 76,458 | 24,677 | 36,596 | 546 | 4,303 |
| 신자 대비(%) | 100 | 53.6 | 17.3 | 25.7 | 0.4 | 3 |
| 육군 | 108,208 | 60,599 | 17,919 | 26,043 | 480 | 3,167 |
| 해군 | 15,955 | 6,579 | 2,849 | 5,750 | 28 | 731 |
| 공군 | 18,417 | 9,262 | 3,909 | 4,803 | 38 | 405 |

군 내의 종교신자 현황은 매년 유동적이고 자발적인 기록으로 신자 수가 조사되고 있다는 한계가 있고 종교가 있음에도 불구하고 조사에 참여하지 않는 경우도 적지 않아 정확한 통계치를 확보하기는 쉽지 않다. 그러나 군 내에서 종교를 갖고 있지 않은 무종교 장병의 비율이 점차 증가추세에 있다는 것은 주목할 만하다.

2024년 현재 대한민국의 육·해·공군 병력 규모는 공식적으로 발표된 바 없지만 2022년을 기준으로 대한민국의 전체 군병력 규모를 대략 50만 명으로 보았을 때 종교인구가 142,580명이라는 것은 종교인구가 약 30% 정도에 불과하며 전체 병력 가운데 무종교 인구가 70%에 육박한다는 다소 놀라운 통계수치를 보여주고 있다.

총 불교신자 수가 36,596명이고 군승 수가 127명이라고 한다면 군승 1명이 담당하는 불교 장병 수는 약 290명이라는 산술적 계산이 나온다. 그러나 이는 단순한 통계에 불과하며 매년 20만여 명이 새롭게 징병, 혹은 모병 되어 입대하고 그만큼의 인원이 매년 제대하고 있는

---

160 국방부, 앞의 자료, p.79.

병역제도의 현실과 유동적인 법회 참석률, 그리고 종교에 관계없이 상담과 교육, 혹은 선도활동 등을 실시하는 것을 고려하면 군승 1인이 실제 감당해야 할 대상 인원은 증가할 것으로 보인다.

마지막으로 국방통계연감에 발표된 군종활동 현황 통계를 살펴보면 종교별 구분은 되어 있지 않지만 2022년 12월 기준으로 육·해·공군의 정기적인 종교활동은 총 2,314,846명이 참석하였고 수계나 세례, 영세 등의 종교별 성례식 참석자도 31,311명으로 집계되고 있는데[161] 이는 군 내에서 활동하고 있는 군종장교들의 종교활동이 얼마나 적극적인가를 단적으로 보여주는 일례라 할 수 있을 것이다.

## 2. 군승활동과 군불교의 관계

대한민국은 헌법 제18조에 따라 종교의 자유를 보장하고 있다. 이는 군대 내에서도 마찬가지로, 군에 입대한 병사들은 자신의 신앙에 따라 종교활동을 할 권리를 누릴 수 있다. 하지만 군대 내에서 행해지는 종교활동은 단순한 신앙과 종교의 자유를 넘어, 특정 종교의 입장에서 결신자 확보를 위한 도구, 즉 신자 확보를 위한 이른바 '황금어장'으로 활용되고 있다는 비판이 제기되고 있기도 하다.

본 연구에서는 이러한 비판적 입장이 대두되게 된 군 종교활동의 현실과 상황을 분석하고 군승활동이 군불교의 성장과 발전에 어떠한 영향을 주고 있는가를 조명하여 군대라는 제한된 환경 속에서 행해지

---

[161] 국방부, 『2023 국방통계연감』(국방부, 2023), p.154.

고 있는 종교활동의 문제점과 극복 과제를 제시해 보고자 한다.

모든 국민에게 종교의 자유를 보장한다는 권리는 병영이라는 특수한 환경과 상황에 따라 현실적 제한 요소가 발생하기도 한다. 과거 70년대와 80년대 군사정부 시절을 거쳐 오면서 군 내부의 특권적 배려 때문에 '전군 신자화 운동'이나 '1인 1종교 갖기 운동' 등의 영향이 존재했던 시절이 있었고, 종교적 인권상황이 많이 나아진 현재까지도 지휘관의 종교행사 참여 권장이나 겉으로 드러나지 않는 상급자의 종교적 회유, 종교행사 참여자에 대한 우대(상점제도의 시행) 문제가 지속해서 제기되고 있다.

이른바 투자 대비 효과의 효용성과 제도가 제공하는 특수한 환경으로 인하여 군종제도 출범 때부터 결신자 획득의 노력은 끊임없이 지속되어 왔다. 종교계에서 군대를 신자 확보의 '황금어장'으로 받아들이게 된 이유이다.

최초 군종제도의 출범 당시 5%에 불과했던 군 내의 개신교 신자는 군목을 중심으로 한 군종제도 최초 시행 10년 만에 15% 이상이 증가했다는 기록[162]이 있을 만큼 초기부터 군종제도는 확실한 신자 확보의 수단이 되어 왔으며, 70년대와 80년대에 이르러서도 군종제도를 활용한 군 내 결신자 확보의 기조는 계속되었다.[163]

---

[162] 한국기독교연합회 編, 『한국기독교연감』(한국기독교연합회, 1957), p.70.
[163] 개신교는 진중세례 운동이나 전군 신자화 운동을 통하여 일반사회에서는 기대하기 힘든 선교전략을 군부대에서 공격적으로 실시해 왔다. 육군훈련소와 각 단위부대 군 교회에서 매년 10만 명 이상의 세례자를 배출해 내고 그것을 교회 성장의 발판으로 삼아 아시아 최초의 기독교 국가를 만들고자 했던 '비전

이러한 군대 내 종교활동의 현실 속에서 불교 역시 자유롭지 못하다. 불교신자의 고령화 추세는 다른 종교에 비해 월등히 높으며, 그러한 상황적 한계를 극복해 내기 위한 수단이자 방법으로 군승활동을 통한 청년 불자들의 확충과 군불교 활성화에 큰 노력을 기울여 왔다

군승활동 역시 포교와 전법의 사명감을 강조하는 종단적 분위기에서 적지 않은 영향을 전달받고 있는 것이 사실이다. 군종특별교구는 출범 당시부터 '한국불교의 미래는 군불교'라는 구호 아래 군승들에게 포교활동과 역할을 강조해 왔고 군승활동이 포교성과에 미치는 영향력을 확대하고자 하는 태도를 지속해서 견지해 왔다.

군승활동을 통하여 정기적인 법회의식이 정착되고 불교의식의 한글화나 찬불가의 보급 등의 활동이 일반 불교계로까지 확산되어 현대불교사에 커다란 영향력을 발휘해 온 것은 누구도 부인하기 어려울 것이다. 일반 불자들의 대상으로 하는 수계법회의식이 흔치 않던 시절에 군승들은 장병들을 위한 수계의식을 정기적으로 실시했으며 이는 청년 불교 인구의 증가에 적지 않은 영향을 주었던 것이 사실이다.

대표적인 예로 육군훈련소 법당인 호국연무사에서는 평균 1,000여 명 이상의 수계불자가 매달 배출되고 있으며 군종교구는 연간 10,000명 이상의 청년 수계불자 확보를 목표로 매년 각종 군부대의 교육기관 법당의 군승들을 독려하고 있다.[164]

---

2020운동'이 그 대표적인 사례일 것이다.
164 육군훈련소 군승의 인터뷰에 따르면 수계불자의 배출은 코로나 팬데믹 상황 하에 종교행사의 제한으로 감소, 내지 제한되어 있다가 2022년 후반기부터 종교행사가 정상화되기 시작하면서 다시 증가세로 전환되고 있는 추세라고

불교에 입문지門하게 만드는 사례만 놓고 본다면 한국불교계 어디에도 이러한 성과는 찾아보기 어려우며 세계불교사에서도 주목할 만한 포교 역사가 군에서는 군승들에 의해 매달 발생하고 있는 것이다.

한 가지 흥미로운 사실은 여론조사 전문기관인 한국리서치에서 발표한 〈2022년 종교인식 설문조사〉 결과[165]이다. 발표에 따르면 전반적인 종교인구의 감소세가 지속되는 가운데 특히 낮은 연령대와 남성의 경우가 믿는 종교가 없다는 응답률이 높았다. 개신교는 30대가 15%, 40대가 18%, 50대가 23%를 보이고 있고, 천주교는 30대가 8%, 40대가 8%, 50대가 9%를 보였다.

불교는 30대가 13%, 40대가 15%, 50대가 20%인데 전반적인 종교 인구 감소 추세에도 불구하고 30대와 40대의 불교 인구가 다른 종교에 대비하여 낮지 않게 조사된 것은, 대다수의 20대 남자가 의무복무를 해야 하는 한국군의 상황에서 군대 내의 군승활동과 밀접한 연관관계가 있는 것으로 보인다.

주목할 만한 또 하나의 사례는 군종특별교구가 중심이 되어 체계적

---

전한다.

[165] 한국리서치 발표 〈2022 종교인식조사-종교인구 현황과 종교 활동〉 https://hrcopinion.co.kr/archives/25186 2024. 1. 20. 검색.

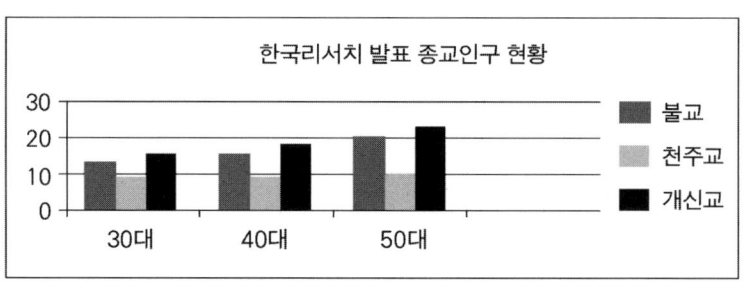

인 군불지 관리시스템 구축을 위해 불교를 종교로 가지고 있는 장병들의 명단을 데이터베이스화하는 데 관심을 기울이고 있다는 점이다.

육·해·공군의 사관학교나 각종 교육부대의 양성기관에서 불교와 처음 만나게 되는 장병들을 복무 중에서 뿐만 아니라 군에서 제대한 이후까지 대학생 불교연합회나 지역 불교단체와의 연결을 통해 불교도로 관리하기 위한 불자 관리시스템을 만들고 있는 것이다.

그 밖에도 군종교구는 각 지역의 교구본사와 해당 지역에 주둔하고 있는 군부대의 군사찰과 자매결연 사업을 추진하거나 국군불교총신도회, 예비역불자연합회 등의 신행 조직과 연대하여 현역 불교 장병들에게 지원과 후원사업을 지속해 나가고 있기도 하다.

포교와 전법을 강조하며 시작된 군승제도 출범 당시의 상황을 고려해 본다면 앞으로도 이러한 포교성과 중시의 입장을 완전히 간과한다는 것은 어려운 일이겠지만 군 내 무종교인의 증가와 탈종교화의 사회현상 속에서 군승들의 활동이 결신자의 획득이나 포교성과의 확대에만 편중된다면 앞으로도 종교 간의 상호 경쟁은 피할 수 없는 일이 될 것이다.

이에 따라 결과적으로 각 종교는 양적인 성장과 계량화된 숫자의 비교우위를 차지하려는 노력에만 집착하게 되는 결과를 초래하게 될 것이다. 내실을 추구하기보다는 외형에만 집착하는 허장성세虛張聲勢의 늪에 빠지게 될 우려가 커지는 것이다.

불편한 진실이지만 군대 내 종교활동 참여의 동기는 순수한 신앙심에서 비롯된 경우가 많지 않다. 종교 자체보다 인간적 관계에 더 많은 가치와 의미를 부여하는 한국인들의 정서 때문에 군에서는 본인이 가지고 있는 고유한 종교와 관계없이 종교행사에 교차 참석하는 예도 적지 않으며, 교육기관이나 양성기관에서의 종교활동 시에는 거의 같은 시기에 불교의 수계와 그리스도교의 세례나 영세를 모두 받아 그리스도인이면서 불교도인, 종교사宗教史적으로도 그 유래를 찾아볼 수 없는 사례들도 발견되고 있다.[166]

일반적으로 젊은 세대는 종교에 무관심하거나 무종교, 혹은 탈종교적 성향이 강한 것이 세계적인 추세이다. 그러나 한국의 상황은 이와는 별개로 적극적인 군종활동을 통해 적지 않은 숫자의 청년 장병이 군사찰을 찾고 있으며 그 종교행사의 참석 통계는 취합되어 상급부대에 군종 행정계통으로 보고되고 있고 여기서 자연스럽게 종교별 비교와 우열이 발생하게 된다.

사실 군에서의 종교 선택은 종교 고유의 신앙적 목적이나 이유 때문이 아니라 오히려 군생활의 긴장감 속에서 위안과 안정을 얻기 위한 수단으로, 혹은 복무에 유리하다는 현실적 판단 때문에 선택되는 경우가 많다.

이러한 군불교의 현실은 불교가 가진 종교활동의 본질적인 의미를 훼손하고, 종교를 이용한 편견과 차별을 초래할 수 있다. 또한 군내 종교활동이 진정한 의미의 종교적 체험과 신앙생활을 보장하지 못하고, 특정 종교에 대한 편향적 인식을 심어줄 수도 있게 될 것이다.

군승의 활동이 곧 군포교와 전법을 위한 활동이어야만 하는가에 대한 질문은 불교종단적 입장에서는 대단히 중요하고 필요한 일이

---

[166] 함현준, 「종교그랜드슬램」, 〈국방일보〉, 2014. 3. 11.

될 수 있겠지만 군 조직과 대 사회적인 입장에서는 반드시 그러해야만 한다는 당위성이 약하다. 포교성과의 잣대로만 군승활동의 성공 여부를 판단할 수 없는 이유이다.

분명 군승제도가 청년 불자를 확보하고 불교에 대한 긍정적 영향력을 발휘하는 데 큰 역할을 할 수 있겠으나 군승활동의 중점을 포교와 전법에만 국한하게 될 경우, 군종제도 전반에 미치는 부정적 영향은 물론이거니와 앞으로도 다른 종교와의 경쟁과 갈등 상황은 피해 갈 수 없는 일이 계속될 것이다.

현재 군에서 이루어지는 경쟁적 종교활동의 현실 속에서 군대 내 종교활동은 종교의 본질적인 가치와 목적에서 벗어나, 결신자 확보를 위한 전략으로 활용될 위험성이 있다. 특정 종교에 대한 지나친 선호, 획일적인 신앙교육, 공격적인 타종교의 선교활동 등은 병사들의 자유로운 의사결정을 방해하고, 종교적 다양성을 침해할 수 있다.

이러한 행위는 종교의 탈정치화, 사회적 책임의 회피, 그리고 종교적 권위주의를 강화하는 결과를 초래할 것이다. 결신자 획득만을 위해 진행되는 군대의 종교활동은 특정 종교에 대한 부정적 시각을 갖게 할 우려도 있으며 이에 따라 종교 간 갈등을 심화시킬 수 있다. 이는 사회 전반에 걸쳐 종교적 분열을 야기하고, 사회통합을 저해하는 요인이 될 수도 있을 것이다.

불교뿐만 아니라 군에서 제도적 보장을 받으며 활동하고 있는 개신교, 천주교, 원불교 등도 군종제도가 결신자 획득을 위한 도구나 결신자 획득의 비교우위를 유지하기 위해 경쟁하는 현재의 모습을 냉정하게 성찰해 볼 필요가 있다. 군 수뇌부나 정책검토기관에서 군종 무용

론이나 민간아웃소싱에 대한 논의를 언급한 사례는 어제오늘의 일이 아니다.

포교나 전법의 결과가 단순히 무종교인을 불교도로 만드는 것이 아니라는 의식의 전환이 군불교의 현장에서는 필요하다. 군승들의 활동을 통해 군대 내에 불교의 자비나 평화, 화합과 존중의 교리가 확산되고 불교문화적 영향력이 전파될 수 있다면 이를 바탕으로 정서적 감화가 이루어질 것이고 이 또한 유의미한 포교의 성과가 될 수 있을 것이다.

군승들은 양적인 성장이나 실적 위주의 불교 군종활동에서 벗어나 보다 본질적이고 종교적인 군승활동의 방향을 모색할 필요가 있다. 군승의 활동은 불교신자의 확보를 위한 도구주의에서 벗어나 종교적 순기능 발휘를 통한 군종활동의 본래면목을 찾고자 노력하는 그것이 더욱 가치 있는 포교와 전법활동이 될 수 있을 것이다.

급격한 인구절벽으로 초래되는 감군減軍 기조는 앞으로도 계속될 것이며 모병에 대한 병역제도 전환 검토와 그 시행 시기에 따라 군승활동과 군불교의 역할도 큰 변화와 방향 전환을 요구받게 될 것이다.

이제 양적인 성장이나 업적주의, 포교성과의 기준으로만 군승제도의 성패를 판단하거나 군불교의 지향을 논해서는 안 된다. 포교의 측면에서만 군승활동의 가치와 의미를 찾아서는 절반의 성공에 머물 우려가 크다.

장병 개개인에 대한 존중과 배려의 분위기를 주도하고 불교적 관점에서 도덕성과 윤리적 기준을 제시하면서 건전한 가치관 확립에 이바지하는 것이 궁극적으로는 불교의 성장과 발전에 기여하는 군승의 중요한 역할이 될 것이다.

## 3. 다종교 상황하의 군승활동

한국은 전통적으로 불교, 유교, 무속신앙 등의 종교가 전승되었지만, 개화기 이후 기독교와 천주교 등 서구 종교가 유입되면서 다종교 상황이 시작되었고, 한국전쟁을 거치면서 그리스도교 중심으로 진행된 각종 구호사업과 복지, 의료, 교육사업 등에 힘입어 다종교 상황으로의 전환은 가속화되었다.

급속한 도시화와 산업화로 인한 세속화 경향도 커다란 물줄기였지만, 사람들 내면에 깊이 뿌리박힌 종교적 욕구 또한 여전히 존재해 왔다. 한국 사회에서는 평화로운 공존을 위한 상호 이해와 종교 간 대화 노력도 꾸준히 이어져 왔으며 개별 종교의 배타성과 더불어 서로를 포용하는 개방성도 상존해 왔던 것이다.

이처럼 한국의 종교문화는 전통과 현재가 공존하고, 서로 다른 가치관이 부딪히면서도 조화를 모색해 가는 다양한 측면을 보여주고 있다. 이러한 사회적 맥락 속에서 군대 내 종교활동도 꾸준히 이러한 전통이 반영되어 있다.

한국군의 군종제도는 한국의 다종교 현실을 반영하고 있다는 점에서 대단히 특징적이다. 불교, 개신교, 천주교, 원불교 등 주요 종교를 포괄하여 군인들의 신앙생활을 각각 보장하고 있는 것이다. 전통 종교와 서구 종교가 공존하며 서로의 존재를 인정하고 상호 협력하는 분위기 속에서 각 종교 간의 교류와 공감이 자연스럽게 이루어지고 있다.

군 내에는 불교, 개신교, 천주교, 원불교의 4개 종교가 군종장교를 파송하여 공식적으로 활동하고 있으며 기타 소수 종교의 활동도 임무수행에 제한이 되지 않는 범위에서 허용되고 있다. 군종장교 임관 초기부터 끊임없이 강조되고 있는 덕목 가운데 하나가 타종교에 대한 존중과 이해이며 군승들은 이를 수용하고 지켜 나가기 위해 노력한다.

군종제도를 실시하고 있는 나라들 대부분은 단일 종교를 가지고 있거나 유사한 종교문화의 전통과 분위기 속에서 성장하고 생활하는 사람들이 대부분인 상황에서 군종제도가 유지되고 있는 특성이 있다.[167]

이러한 종교 다양성에 기반한 한국의 군종제도 하에서 활동하는 군승들은 기존의 불교계에서 경험하였던 것보다 훨씬 다양한 타종교와의 교류를 진행하게 되는 특별한 경험을 갖게 된다. 같은 공간과 시간을 공유하고 있는 각 부대의 군종장교들은 종교적으로나 문화적으로 병영 내에서 일어나는 다양한 상황과 사례를 공유하게 되는 경우가 적지 않으며, 단일 종교의 군종장교만이 편성된 부대에서는 여타 종교에 대한 배려와 지원 업무까지 책임져야 하는 임무가 부여되어 있으므로 다종교 상황에 대한 이해와 배려는 필수적이라고 할 수 있다.

---

[167] 종교의 다양성을 인정하고 소수 종교의 장병들을 위한 종교 지원을 강조하고 있는 미군 군종제도 역시 절대적 다수인 그리스도교 정서의 바탕 위에 불교나 이슬람, 힌두교 등 일부 소수 종교의 군종장교들이 특수하게 활동하고 있는 경우이다.

자칫 군대 내에서 형성된 종교적 편견은 사회로 이어져 종교적 차별과 편견의 재생산을 초래할 수 있다. 그러므로 군대 내에서 행해지고 있는 종교활동의 모습은 종교자유에 대한 헌법적 가치와 상호 존중의 사회적 책임을 교육하는 더욱 종교 본질적인 방향으로 개선되어 나가야 한다.

군승들은 불교도들만을 만나는 것이 아니며 군목이나 군신부들, 그리스도교인들만을 만나는 것이 아니다. 각종 교육활동이나 상담, 선도업무 등을 통해서 불특정 다수의 장병과 호흡하게 되는 군종장교의 특성상 타종교에 대한 존중과 인정은 군승에게 요구되는 대단히 중요한 덕목 중의 하나이다. 대부분의 여단급 부대에는 군종장교의 편제가 하나뿐이어서 군종장교로 보직된 군승들은 여타 종교의 활동이 원활하게 이루어질 수 있도록 지원하고 종교시설 관리의 책임을 지고 있기도 하다.

종교다양성에 기초한 군종제도의 영향력은 적지 않다. 이는 단순히 군대 내부의 문제가 아니라, 한국 종교문화의 미래와도 직결되어 있다고 생각한다. 군승들이 장병들을 대상으로 개방성과 포용력을 갖춘 통합적 종교문화를 정착시키고자 노력하는 것은 군 차원을 넘어 우리 사회 전체에 평화와 관용의 가치를 확산시키는 데 일조할 수도 있을 것이다.

무종교인의 증가와 아울러 종교는 갖고 있지 않으나 영적인 삶은 추구하는 SBNR(Spiritual But Not Religious)의 등장[168]이나 명상과 힐링문

---

[168] 성해영, 『종교 이후의 종교, 내 안의 엑스터시를 찾아서』(불광출판사, 2024), p.8.

화의 확산은 앞으로의 종교지형 변화를 예견하게 한다.

이제까지 당연시 여겨졌던 종교제도의 권위는 큰 도전에 직면하게 될 것이며 군대 내의 종교 상황도 이와 다르지 않을 것이다.

## 4. 군승제도 밖의 군불교

군불교는 군승에 의해서만 이루어지고 있지는 않다. 한국 군대의 현 상황에서 군승들이 군대 내의 불교활동에 중심이 되는 것은 사실이지만 군불교에는 공식적으로 그 활동이 인정되는 군 종교활동지원 민간성직자로 임명받아 영내에서 활동하는 일반 스님이나 포교사 등도 적지 않으며 예비역 불자나 군종병에 의해서 진행되는 법회도 존재한다.

현재 한국군의 상황에서는 장병들을 대상으로 하는 종교활동을 군종장교들이 100% 지원하기에는 현실적 제한 요소가 따르기에 군 지원 민간성직자제도[169]를 운영하고 있다.

국방부에서는 군 종교활동지원 민간성직자를 전담지원과 수시지원 인력으로 나누어 구분하고 있는데, 전담지원이란 해당 부대 종교시설의 관리책임을 위임받아 종교행사 및 종교업무를 전담하는 성직자를 지칭하며, 수시지원은 특정한 날의 종교행사만을 지원하고 종교시설 및 종교업무를 전담하지 않는 성직자를 말한다. 민간성직자의 선발은 해당 부대의 군종참모나 군종장교의 소요제기에 의해 종교별로 선발하

---

[169] 군 종교활동지원 민간성직자 관련 규정은 부록에 첨부된 국방부훈령 개정 제1338호(2011. 7. 22) 참조.

게 되는데, 불교의 경우 공식적으로는 대한불교조계종 군종특별교구가 추천을 전담한다.

현재 군에서 위촉되어 불교의 군 종교활동지원 민간성직자로 활동하고 있는 인원은 140여 명[170]이며, 이들 중 대부분은 대한불교조계종 군포교지원팀 소속의 포교사로 승려의 비율은 대략 20%에 불과하다.

타 불교종단 소속의 승려들도 군에서 위촉되어 군 종교활동지원 민간성직자로 활동하는 예가 적지 않으며, 지역이나 부대의 여건에 따라 공식적으로 군 지원 민간성직자로 위촉되지는 않았으나 군 종교활동을 지원하는 사례와 현역으로 복무하고 전역한 예비역 군승들이 민간성직자로 활동하는 사례도 있다.

선발된 민간성직자는 해당 부대장의 위촉을 받아 활동을 진행하게 되는데[171] 해당 부대의 군승은 민간성직자의 신상기록을 유지하고 관리해야 할 의무를 지며 종교활동을 위한 제반활동 편의를 제공하게 되어 있다.

---

170 군 종교활동지원 민간성직자는 사단급 부대별로 매년 위촉과 해촉이 진행되고 있어서 정확한 통계가 쉽지 않다.
171 규정에 따르면 민간성직자는 해당 부대 군종참모(군종법사)가 추천하여 부대 지휘관이 승인, 위촉하게 된다. 즉 최종 승인권자는 부대 지휘관이다. 자격 요건은 65세 미만인 사람 중 성직증명서(포교사자격증 등)와 선발기관 추천서 등을 갖추어 제출해야 하며 한번 위촉이 되면 2년의 임기를 부여받고 2년 후 재위촉 심의를 통해 연장해야 한다. '군 신앙전력 증강에 저해 요인이 되는 행위' 등 11개 조항에 해당하는 위반 사항이 있으면 심의를 통해 즉각 해촉될 수 있다.

민간성직자는 상급부대 군종참모의 지도하에 종교행사 외에도 종교교육·상담을 하며 부대 요청 시 인격지도 교육, 위문 등의 군종활동을 지원할 수 있게 되어 있다. 그러나 불교의 군 종교활동지원 민간성직자들은 『국군법요집』에 의거한 통일된 불교의식이 아닌 개별적 전통불교의식만을 진행하거나 상급부대 군승들과의 불화, 혹은 제반 규정을 위반하여 해촉되는 일도 있어 관리 및 운영 규정이 더 구체적으로 재설정되어야 할 것으로 보인다.

군에서는 군 종교활동지원 민간성직자에 의해 진행되는 불교활동 이외에도 부대가 위치한 해당 지역의 사찰에서 장병들을 위한 종교행사의 지원을 수시로 지원하는 예도 있으며 장병들이 인성교육 차원에서 템플스테이 프로그램에 참여하거나 지역 불교행사에 참석하여 종교활동을 진행하는 사례도 있다.

군승제도는 군승이 보직되어 있지 않은 부대의 불교활동에도 영향을 미친다. 넓은 의미의 군승제도는 군승의 보직 유무와 관계없이 군승의 활동 영역을 확보하는 효과를 보인다. 군종병이나 일반 간부 불자에 의해서도 불교의 종교활동은 진행되는 사례가 적지 않으며 이 또한 군불교의 한 단면이다.

한국군의 불교 종교활동을 제한된 숫자의 군승들이 전담하기에는 물리적 한계가 있다. 군 종교활동지원 민간성직자나 지역거점 사찰, 군종병에 의해서도 군대의 불교활동은 진행되고 있으며 이러한 활동들이 군승활동의 영향력을 확대하는 효과를 일으키기도 한다.

국방개혁 2.0을 논의할 당시 군 지원 민간성직자의 운영을 확대 개방하여 군대의 종교활동을 민간에게 이양하여 군종장교제도를 민간성직자에게 전담시키고자 하는 정책적 연구가 진행된 사례가 있었다.

현재는 이러한 논의가 수그러들어 있으나 앞으로 국방개혁의 다양한 시도 속에 언제 다시 논의가 시작될지 알 수 없는 상태이다. 만약 상황에 따라 이러한 논의가 다시 시작될 때 군 지원 민간성직자 제도는 불교에 다소 불리하게 적용될 우려도 있다. 군불교는 이러한 상황이 다시 도래할 가능성을 염두에 두고 준비와 제도의 개선을 진행해 나갈 필요가 있다고 본다.

#  8장 군승제도 발전 방안

## 1. 군승제도 개선의 필요성

제도는 해당 조직 구성원들의 행위를 구조화하고 체계화시키는 기능적 힘을 가지고 있다. 그러하기에 제도의 개선은 조직이 직면한 문제를 파악하고 해결을 모색하는 과정에서 필연적으로 발생하는 과정이다.

상황 변화에 적응력이 높은 조직이라야 지속 가능한 발전을 이룰 수 있다. 따라서 군승제도를 개선하고 발전시켜 나가는 것은 대내외적으로 군포교 전문가로서의 정체성을 더욱 공고히 하고, 군불교의 효율적인 성장과 미래 발전을 위해 필수적이라고 할 수 있을 것이다.

한국의 군승제도는 군종특별교구 출범을 전환점으로 하여 종단과의 관계를 더욱 밀접하게 유지해 오고 있으며 수계 불자 배출을 통한 젊은 불교 인구의 확대나 인지도의 상승 측면에서 적지 않은 역할을 해 왔다. 그럼에도 불구하고 출자가 감소에 따른 군승 인력의 부족과 군불자의 감소, 병영문화의 변화 등은 새로운 도전 요소로 작용하여 군불교의 미래를 희망적으로만 볼 수 없게 하고 있다.

그러한 한계상황을 극복하고 새로운 대안을 모색하기 위해서는 먼저 기존의 군사찰 신축이나 불교신자 증가에만 집중했던 성과 중심, 업적 위주의 군승활동에서 벗어나 질적 성장을 위한 본질적 변환을 모색해야 할 시기가 도래하고 있다.

질적 성장(Qualitative Growth)이란 단순히 양적인 증가나 확장이 아닌, 내실을 다지며 의미 있는 향상을 추구하는 성장을 의미한다. 군불교의 질적 성장은 불교의 미래 비전을 위해 단기적 성과보다는 장기적 관점에서의 지속 가능성을 추구해야 한다. 불교계도 경쟁이나 종단 간의 이해관계보다는 불교의 미래와 군불교의 발전을 위해 전반적인 균형과 조화를 중시하는 제도의 개선이 필요하다고 본다.

먼저 군불교의 질적 성장을 위한 우선 검토 과제로 군승 지원자격에 대한 적극적인 개선방안을 먼저 논의해야 한다. 범종단적 군승 파송을 논의하기 위해 이제까지 군불교의 토대를 마련해 온 조계종이 먼저 나설 필요가 있다. 이는 종단 정치나 기득권의 문제가 아니라 한국불교의 미래와 포교의 활성화를 도모하는 관점에서 선행적으로 논의되어야 할 사안이다.

과거 군승으로 지원하기 위해서는 불교대학 출신이라 하더라도 타 종단에서 교육받았거나 조계종 이외의 승적이 있는 경우, 조계종 승적을 다시 취득했어야 했다.[172] 1990년대 후반까지 군불교 현장에

---

[172] 군승 1기인 권기종 교수의 인터뷰에서 첫 군승 파송 당시 故 이지행 법사는 이미 태고종 승적이 있었으나 다시 조계종 승적을 부여하여 파송된 전례가 확인되었다. 그 후에도 진각종 등 타 종단의 승적을 갖고 있었으나 조계종

서 활동한 군승들은 모두 같은 대학의 동문 선후배들로만 구성된 특수한 관계였으나 그 후 군승 입대자원의 부족과 1996년 중앙승가대학이 교육부로부터 정규대학으로 인가되기 시작하면서 군승의 동국대학교 불교대학 독점 구조는 변화하기 시작하였다.

당시 조계종단의 지속적인 청원 요청과 타종교와의 형평성을 근거로 군승 임용 자격을 학사학위 이상의 대덕법계를 가진 자[173]로 구분하던 것을 개신교, 천주교와 마찬가지로 '학사학위 이상의, 소속 종단에서 그 자격을 인정한 자'로 변경하게 되는 과정은 앞의 Ⅲ장 3절에서 언급한 바 있다.

과거 동국대학교 불교대학 출신으로만 군승 자원이 이루어지던 독점적 구조가 가진 단점도 없지는 않았지만, 동국대학교 불교대학 재학생으로 이루어진 군종장교 후보생제도를 통해 어느 정도의 안정적인 군승 인력의 수급이 이루어지는 장점도 가지고 있었다.

그러나 현재 출가자의 급감과 승려의 고령화 문제, 그리고 병역의무복무기간의 축소는 결과적으로 군승 인력 수급에 적지 않은 영향을 끼치게 되었으며, 수급 문제 해결이 군종교구의 중요한 당면 과제가 되었다.

이러한 가운데 우수자원을 선발하고자 해도, 적정연령에 자격을 갖춘 지원자 확보 자체가 어려운 상황에 직면하게 되었고, 최근에는

---

승적을 재취득하여 군승으로 입대한 사례도 존재한다.
[173] 이러한 조치는 수급 확대를 위한 조치이기도 하지만 학사학위를 가지고 대덕법계 이상의 법계를 갖춘 자원 중에 입대가 가능한 나이의 승려를 선발한다는 것에 현실적으로 제한 요소가 적지 않았음을 인정하는 사례로 볼 수 있다.

군승 정원 공석을 충원시키지 못하는 사례가 빈번하게 발생하여 전역 군승의 재입대를 권유하는 예도 발생하고 있다.[174]

군승제도의 개선을 통한 군불교의 발전을 이루기 위해서는 조계종이 먼저 전향적이고 긍정적인 자세로 군승 자격에 대한 문호개방을 진행하여야 한다. 조계종이 이제까지 군불교의 태동과 성장, 발전에 헌신적으로 이바지한 공로는 그 누구도 부인할 수 없을 것이다.

조직 운영의 효율성이나 운영과 통제의 용이함 측면에서도 단일 종단의 구성원들로만 이루어진 조직이 더 강점이 많다는 점을 인정한다. 그러나 불교의 미래와 포교의 활성화라는 더 큰 목표를 위하여 군종특별교구가 발전적으로 범종단적 군포교협의체 역할을 감당하고 자격 요건을 충족한 타 종단 출신의 군승들을 선발, 교육, 파송하는 기능을 종합적으로 수행한다면 현재의 군승 수급 부족 문제는 어느 정도 해결의 실마리를 찾을 수 있을 것이다.

인구절벽 현상과 조계종의 출가자 감소가 현재 추세대로 계속된다면 군승의 수급과 정원 충원은 앞으로 더욱 풀기 어려운 난제로 고착될 가능성이 높다. 현재의 위기는 군불교에 국한된 문제가 아니다. 한국불교의 미래를 위해, 더 큰 성장과 발전을 도모하기 위한 대승적 결단이 필요한 시기인 것이다.

---

[174] 군종특별교구의 상임위원회 회의록 자료에 따르면 국방부 2022년 불교 군종장교 획득 소요는 18명이었으나 10명이 지원하여 7명을 군승으로 선발함으로써 소요 대비 선발률은 38%에 불과하였고, 2023년도의 경우도 국방부에서는 18명의 불교 군종장교 선발을 계획하였으나 13명이 지원하여 12명을 선발하여 소요 대비 선발률은 66%였다.

현재 군종교구에서도 군승 수급 문제의 해결방안을 찾기 위해 기존 군승들의 복무 연장과 장기지원을 확대시키고 군종사관후보생 제도의 활성화 등을 모색하고 있으나 출자자의 급감과 입대자원 부족의 난제 앞에서 온전한 해결책이 되지는 못하고 있다.

최근 군승 수급 문제의 해결방안으로 2023년부터 병역 의무복무를 마치지 않은 조계종 승려의 군승 의무복무 제도를 시행하고 있으나 대상자가 많지 않아 결과적으로 해결방안이 되지는 못했다.

이러한 일련의 현상들은 현재까지 독점적으로 이루어져 왔던 조계종 중심의 군승활동에 대한 한계를 보여주고 있으며, 군승 파송 제도를 개선하여 불교 군종장교 지원 자격을 타 종단으로 확대하는 문호개방의 필요성이 본격적으로 제기되기 시작하였다.[175]

## 2. 군종장교 파송 관련 법제 검토

군승 수급의 해결과 군승 파송에 대한 문호개방을 논의하기에 앞서 관련 법제法制를 검토하고 그에 따른 제도개선의 구체적인 절차와 방법을 검토해 보고자 한다.

일반적으로 법제 검토(Review of Legal System)는 특정 분야 또는 전체 법체계를 종합적, 거시적으로 분석하고 평가하는 작업이다. 법제 검토를 통해 전반적인 정합성, 효율성, 발전 방향 등을 모색할 수 있으며 사회변화, 국제기준 등을 고려하여 장기적 관점에서 제도의

---

[175] 노덕현, 「군승 파송 절벽이 다가온다」 〈현대불교신문〉, 2022. 07. 12.

개선방안을 제시하기 위해 실시된다. 본 연구에서 군종장교 파송 제도와 관련한 법제 검토는 군종장교 관련 개별 법령(군종장교의 선발 및 파견에 관한 규칙 등)의 내용, 문제점, 개정 필요성 등을 분석하는 작업이 될 것이다.

먼저 국가에서 정한 군승 관련 법령 중에 우선으로 살펴야 할 내용은 「병역법」 제59조 3항과 병역법 시행령 제118조 2항(군종 분야 병적편입 대상 종교의 선정 기준)이다.

여기에서는 특정 종교와 관계없이 군종장교의 지원 자격은 '학사 이상의 학위를 가진 목사·신부·승려 또는 그 밖에 이와 동등한 직무를 수행하는 사람으로서 각 소속 종교단체에서 자격을 인정한 사람'이라고 명시하고 있다.

또한 「병역법 시행령」 제118조의 2(군종 분야 병적편입 대상 종교의 선정 기준) 제58조 제1항에서는 군종 분야 병적편입 대상 종교의 선정 기준을 아래와 같이 예시하고 있다.

1. 사회 통념상 종교로서 인정되는 교리와 조직을 갖추고 성직의 승인·취소 및 성직자 양성 교육이 제도화되어 있을 것
2. 교리 내용, 종교의식 등이 장병의 올바른 가치관의 확립, 도덕심 및 준법성의 함양과 정신전력의 강화에 이바지할 수 있을 것
3. 국민 전체 및 군 내 신자 수, 종교의식·행사의 원활한 수행 가능성 등을 고려, 선정의 필요성이 있다고 인정될 것

위의 법령을 검토해 볼 때 군종장교의 선발에 있어 특정 종교나

특정 교단에 국한된 독점 권한을 부여할 근거는 보이지 않으며 「군종장교 등의 선발에 관한 규칙」(국방부령 제907호 2016. 11. 29. 타법 개정)을 근거로 타 불교종단이 군종장교 선발에 지원하는 것은 가능할 것으로 보인다.

단 국방부는 병역법 시행령에 〈군종장교운영심사위원회〉를 구성하여 군종 분야 병적편입 대상 종교의 선정 또는 취소에 관한 사항을 의결하도록 명시하고 있는데, 〈군종장교운영심사위원회〉와 관련된 사항은 아래와 같다.

제119조의 2(군종장교운영심사위원회)

①법 제58조 제7항에 따른 군종장교운영심사위원회는 위원장 1명 포함 8명 이상, 11명 이하 위원으로 구성한다.
이 경우 특정 종교 비율이 3분의 1 미만이 되도록 하여야 한다.
②위원장은 인사복지실장이 되고, 위원은 각 호의 사람이 된다.
1. 국방부 인사기획관
2. 국방부의 군종업무 담당 과장
3. 대령 이상 현역장교, 국방부 4급 이상 일반직 또는 별정직공무원
4. 육군·해군·공군본부 인사참모부장
③위원장은 위원회의 공정한 심의·의결을 위하여 필요하다고 인정되는 경우에는 관계 전문가 등을 참석시켜 발언하게 할 수 있다. 다만, 제4항 제1호의 사항을 심의·의결하는 경우에는 해당 종교단체의 관계자를 참석시켜 그 의견을 들어야 한다.

④ 위원회는 다음 각 호의 사항을 심의·의결한다.
1. 제118조의 2 각 호의 기준에 따른 군종 분야 병적편입 대상 종교의 선정 또는 취소에 관한 사항
2. 군종 분야 현역장교의 선발에 관한 사항
3. 그 밖에 군종장교제도의 운영에 관한 사항
4. 「군종장교 등의 선발에 관한 규칙」(국방부령)

제2조(선발대상 종교) 군종 분야 현역장교(이하 "군종장교"라 한다)와 군종사관후보생의 선발대상 종교는 「병역법 시행령」(이하 "영"이라 한다) 제119조의 2 제4항 제1호에 따라 군종장교운영심사위원회가 선정한 종교로 한다.

법령에서 제시된 바와 같이 현재 군종장교운영심사위원회가 실질적인 군종장교 선발에 대한 전권을 가지고 있다고 해도 과언이 아니며, 특히 타 불교종단이 현 군승제도에 참여하고자 할 때는 이 군종장교운영심사위원회의 의결이 필수요건이 된다.

군종장교운영심사위원회가 군종에 참여할 수 있는 특정 종교나 교단에게만 특혜를 주거나 예외를 둘 수 없는 제도가 이미 법령상으로는 마련되어 있는 것이다.

그와 관련하여 2013년 천태종은 천태종 종립대학인 금강대학교 졸업자를 군종장교로 파송하기 위해 국방부장관 앞으로 군종장교 선발대상 학교로 지정할 것을 신청한 바 있다. 그러나 당시 국방부는 기존 파송 주체인 조계종과의 합의가 필요하다는 입장을 밝히고 2014

년 11월 19일 군종장교운영심사위원회를 개최하여 천태종의 파송 요청을 부결하였다.

이에 천태종은 그 결과에 크게 반발하여 총무부장 명의의 성명을 발표하고 강한 유감을 표명한 바 있다. 이와는 별개로 '대한민국지키기불교도총연합(이하 대불총)'이라는 단체는 2014년 3월 감사원에 군승 파송과 관련하여 '공익사항에 대한 감사청구'를 진행한다. 대불총의 감사청구 사유는 "국방부에서 군종활동을 위하여 운용 중인 불교 군종장교(군법사) 임용 시 대한불교조계종 1개 종단이 독점하여, 병역법상 자격 있는 타 종단 승려의 임용을 불허함으로써 군종장교 자질 저하, 타 종단의 군 지원 활동 외면 등 군의 불교 군종활동에 상당한 지장이 초래되고 있어 이를 시정하고 타 종단 승려의 군종장교 임관을 허용할 수 있도록 제도를 개선"하도록 하라는 것 등이었다.[176]

불교 군종장교 선발과 관련한 국가기관의 권고도 있었다. 국가인권위원회는 2018년 11월 26일에 「국가인권위원회법」 제32조 제1항 제5조, 제44조 제1항 제2조에 따라 국방부장관에게, 군종 분야 장교의 병적편입 대상 종교를 선정하면서 불교의 경우 대한불교조계종 외에 다른 종단도 원불교의 사례와 같이 관련 법령상의 요건을 충족하면 신규로 선정될 수 있도록 운영 방안을 개선할 것을 권고한 바 있다.[177]

국가인권위원회는 「병역법」상 군종법사 선발에 관한 자격 요건을

---

[176] 이학종, 「국방부 군법사 파송 거부에 천태종 뿔났다」, 『미디어붓다』, 2014. 12. 11. http://www.mediabuddha.net/news/

[177] 국가인권위원회 익명 결정문 181227, "선발 요건 갖춘 타 종단 군종법사 배제 운영은 평등권 침해" https://www.humanrights.go.kr

특정 종단에 한정하고 있지 않음에도 국방부가 제도 도입 후 50여 년간 관례적으로 조계종만을 군종법사 선발대상 종교로 인정하는 것은 합리성이 상실된 것이며, 「헌법」 제11조에서 보장하는 '평등권 침해'에 해당한다고 판단하였다.

이에 인권위는 2018년 12월 18일에 사회 통념상 종교로서 인정되는 교리와 조직을 갖추고 있고, 성직의 승인·취소 및 양성교육이 제도화되어 있는 등 「병역법」상의 선발 요건을 갖춘 종단이라면 군종법사 선발에서 배제해선 안 된다고 본 것이다. 그러나 국가인권위원회의 이러한 판단과 권고는 법적 구속력이 없는 '권고'였기에 지금까지 군승 파송 제도개선에 대한 재검토는 이루어지지 못하고 있다.[178]

결과가 확정되지는 않았으나 이러한 일련의 상황은 군불교의 질적 성장과 군승 인력의 안정적인 확보를 위하여 타 불교종단에도 문호를 개방할 수 있는 여건을 조성할 필요성이 있다는 것을 방증한다.

우선 안정적인 군승 수급을 통한 군불교의 성장과 발전을 명분으로 범종단 차원의 논의가 시작될 필요가 있다. 불교의 발전과 포교라는

---

[178] 국가인권위원회의 이 같은 권고에 대해 국방부는 타 종단의 신청이 있을 경우 '군종장교운영심사위원회'에서 종단 간 형평성을 고려하고, 인권위 권고를 반영하여 전향적으로 심의하겠다며 2019년 2월 22일 권고 수용 의사를 밝히고 '군종장교운영심사위원회'를 개최하였으나 결국 부결되었다.
국가인권위는 국가인권위원회법 제45조에 따라 국가인권위원회가 내린 권고사항을 피진정인 또는 관계 기관이 이행하지 않는 경우, 권고 불이행 사실을 공표하거나 국회에 보고하는 등의 조치를 취할 수 있고 고발 또는 징계권고도 가능하다. 그러나 국가인권위원회는 위의 내용을 종교적 사안에 대한 민감성을 이유로 보도자료로 정리하여 언론사에 배포하는 선에서 마무리하였다.

대의大義를 위해 군승 자원에 대한 문호개방이라는 긍정적인 제도개선의 검토가 필요하다.

군승 파송의 문호개방을 추진하는 데 있어 현행 관계 법령의 제도적 한계가 노정된다면 국방부훈령을 개정하려는 노력도 병행되어야 할 것이다. 훈령을 개정하려면 먼저 국방부 내 해당 부서에서 훈령 개정의 필요성을 검토하고, 개정 범위와 내용, 추진 일정 등을 포함한 계획과 개정안을 수립하여 국방부 법무담당관실의 심사를 거치는 과정이 필요하지만 개정의 필요성만 입증된다면 이것은 불가능한 일이 아니다.

훈령은 법령보다는 개정 절차가 간소하지만, 국방부 내 정책 결정 사안인 만큼 관련 부서 간 협의와 심사 절차를 꼼꼼히 거쳐 진행된다. 훈령의 개정 작업은 국방 정책에 미치는 영향, 예산 및 인력 소요, 관계 법령과의 정합성 등 종합적인 검토가 필요한 사안이기에 신중하게 접근하되, 합리적 개선안 도출을 위해 관련 부서 간 긴밀한 협력이 사전에 요구된다.

물론 그러한 과정을 진행하기에 앞서 먼저 관련 법령의 면밀한 파악과 불교계의 공론화 과정, 그리고 엄격한 선발 제도의 수립이 선행되어야 할 것이다. 그리고 문호개방을 전제로 군종특별교구가 중심이 되어 관련 법령의 구축과 제도 정비가 사전에 이루어져야 하며, 타 종단 출신 군승선발자원들이 군불교의 현장에서 활동하는 것에 대한 구체적 지침과 세칙들이 상세하게 마련되어야 한다.

이러한 조치가 진행된다면 조계종의 종헌에 명시된 "이사무애理事無礙를 제고하며 대승불교의 성불도생成佛度生 실천"을 추구하고자 하는 본래 취지에도 부합되는 일이 될 것이다.

## 3. 군승제도의 개선 방향

### 1) 군승 문호개방

군승 파송 제도의 개선을 위하여 조계종과 여타 불교종단 간의 협의과정에 필요한 몇 가지 전제 조건을 제시해 보고자 한다.

첫 번째는 불교계가 공동의 이해관계를 확인하고 공감하는 일이다. 조계종과 여타 불교종단은 군승 파송 제도의 문호개방이 조계종뿐만 아니라 불교계 전체의 이익에 부합함을 인식하고, 상호 협력의 필요성을 공감해야 한다.

두 번째는 조건은 상호 존중과 이해이다. 조계종은 그간의 군승 파송의 경험과 노하우를 여타 종단과 공유하고, 여타 종단은 이제까지 군불교의 발전에 이바지한 조계종의 기여를 인정하며 상호 존중하는 자세가 필요하다.

이 두 가지 전제 조건의 바탕 위에 군 내 불교신자 비율과 각 종단의 규모와 역량 등을 고려하여 합리적이고 공정한 군승 파송 비율 협의를 시작해야 한다. 또한 현 군종특별교구가 중심이 되어 군승 지원자의 자격 요건, 선발 기준 등을 세세한 부분까지 마련하고 그 내용을 합의하여 선발과정의 공정성을 확보해야만 할 것이다.

이러한 과정은 현실적으로도 적지 않은 시간과 노력이 필요할 것이다. 협의가 이루어져 군승 선발에 대한 문호가 개방되고 선발이 시작된다고 하더라도 타 불교종단의 군승 파송은 점진적, 단계적으로 확대하여 안정적인 제도 정착을 도모하면서 조계종과 여타 종단 간의 갈등을 최소화할 필요가 있다. 전제 조건이 충족되었을 경우 군승 파송 제도 개선을 위한 진행 절차의 첫 단계는 조계종과 군승 파송 의지를 가지고 있는 여타의 불교종단들이 불교계 내부 협의를 진행할 '공동협의체'의 구성이다.

이 공동협의체에서 정기적인 회의를 통해 군승 파송과 관련한 세부 안건을 조율해 나가면서 구체적인 협의와 협상을 진행하는 것이 바람직하다. 이 공동협의체는 국방부와 긴밀히 소통하며 불교 군종장교 파송 제도 개선에 대한 군의 입장을 파악하고, 필요한 지원과 협조를 요청할 수 있을 것이다. 공동협의체는 협상과정을 통해 군승의 파송 비율, 선발 기준 등 주요 쟁점에 대한 합의안을 도출하고, 합의 결과를 바탕으로 조계종과 여타 종단은 군승제도 개선을 위한 국방부와의 후속 조치[179]를 추진해 나갈 수 있을 것이다.

군승 파송의 문호개방을 전제로 국방부와의 후속 조치를 위한 「군종장교 등의 선발에 관한 규칙」을 구체적으로 검토해 보면, 조계종 이외의 불교종단에서 군종장교 파송을 위한 절차를 진행하기 위해서는 다음과 같은 과정이 필요할 것으로 보인다.

먼저 해당 종단은 국방부 군종장교운영심사위원회에 군종장교 선발

---

[179] 국방부에서 제시하는 군종장교 파송이 가능한 종교가 갖추어야 할 조건들은 다음과 같다. 먼저 병역법상 요건 충족(병역법 제58조, 동법 시행령 제118조의 2)과 교리, 조직, 성직자 양성제도 등의 구비이다. 그리고 국민 전체 및 군 내 신자 수를 제시하고 군대에서의 종교의식 수행 가능성 입증한다면 명시된 조건에 부합하게 된다.

대상 종교로 선정해 줄 것을 신청(병역법 시행령 제119조의 2)하여 안건이 통과되어야 한다.

군종장교 선발대상 종교로 지정되고 국방부장관이 해당 종단에 군종장교 선발시험 응시자 추천을 의뢰하면 법적인 절차에 따라 해당 종교는 이에 대응하는 과정이 진행될 것이다. 즉, 조계종 외 불교종단이 군종장교를 파송하기 위해서는 우선 국방부로부터 선발대상 종교로 지정받고, 소속 대학을 군종사관후보생 선발학교로 지정받는 것이 선행되어야 한다. 이후 국방부장관의 추천의뢰에 따라 적절한 응시자를 추천하고, 응시자는 선발시험 절차를 거쳐야 군종장교 또는 군종사관후보생으로 최종 선발될 수 있을 것이다.

추후 개선된 군승 파송 제도의 안정적 정착을 위해 상호 협력하고, 정기적인 모니터링과 평가를 시행하여 지속적인 제도의 수정·보완 과정 또한 진행되어야 한다.

위와 같은 진행 절차를 통해 조계종과 여타 불교종단이 상호 이해와 협력을 바탕으로 파송 제도의 개선을 이뤄낼 수 있을 것으로 기대한다. 한국불교의 미래로 불리고 있는 군불교의 발전과 포교역량의 극대화를 위해 양측의 개방적이고 유연한 자세와 군의 적극적인 지원이 함께 이루어질 때 보다 발전적인 결과를 얻을 수 있을 것이다.

### 2) 군종교구의 확대 개편

군승제도가 가지는 또 하나의 특징은 기존 불교종단과의 밀접한 관계성이다. 앞에서 전제한 바와 같이 현재 한국 군승의 모든 인원은 조계종 단일종단에서 배출하고 있다. 이러한 특징 때문에 군승들은 조계종단과의 긴밀한 관계를 유지해 나가고 있고 군종특별교구라는 조계종의 종단 기구를 통해 군승들의 활동을 관리하고 통제한다. 군승들도 조계종 행자교육원과 단일계단의 수계, 각종 승려 연수교육의 참여 등을 통해 종단의 소속감을 높이고 있으며 조계종의 사찰관리 제도와 운영시스템을 군사찰에 고스란히 적용하고 있다. 군 지휘부나 병영 내의 정서도 이러한 군승들의 종교적 태도나 입장에 관대하며 부대 운영이나 군 본연의 임무 수행에 큰 제한이 없다는 것을 전제로 군승들의 종교활동에 대해 별다른 개입을 하지는 않는다.

물론 군사찰 중심의 불교활동이 선종과 간화선의 전통을 고수하고 조계종의 종지와 종풍을 장병들에게 전달하기 위한 별도의 특별한 노력을 진행하고 있는 것은 아니다. 하지만 군승 개개인은 조계종이 지닌 불교적인 전통과 정체성을 지켜 나가고 있으며 군 복무를 마치고 다시 조계종단으로 복귀하는 것을 전제로 조계종단과의 긴밀한 관계를 유지하고 있어야 한다.

군종교구는 군승의 활동을 관리, 감독하며 군승활동 내용을 구체적으로 정리한 보고서를 월 단위로 취합하여 종합하고 있고, 그 자료를 토대로 총무원 주요 직위자로 구성된 군종교구상임위원회에 보고하는 시스템을 갖추고 있다.

군 행정계통의 보고와는 별도로 이루어지는 〈군승활동보고서〉는 군승 개개인의 평가나 군사찰에 대한 지원과 후원사업을 진행하는 근거로 사용되기도 한다. 군종특별교구는 군 조직이 아니지만 군승들의 군 내부의 불교활동에 대해서는 조정과 통제에 깊이 관여하고 있는 것이다. 그럼에도 불구하고 군종교구와 군승은 별개의 이원적

구조가 아닌 단일화된 조직이며 조계종단에 대해서는 군불교의 창구역할을, 군대에 대서는 군승들의 입장을 대변하는 기구로서 군종교구가 기능하고 있다.

앞으로 군종특별교구는 현재의 조계종 교구본사의 기능과 역할에 더하여 전 불교계를 대상으로 하는 군승 예비자원의 관리와 독자적인 군승 교육시스템을 구축하여 육·해·공군의 군포교 사업을 총괄, 대표하는 기능을 감당해야 한다.

군종교구는 현역 군승들이 직접 직책을 맡아 교구의 업무를 진행하는 현재의 운영 방식에서 벗어나 행정과 경영, 홍보전문가들을 영입하고 군포교 시스템의 연구개발과 운영을 전담하며 군불교 활동을 총괄 후원하는 기구로 확대, 재편될 필요가 있는 것이다.

군불교 지원을 위한 안정적인 예산 확보를 위해 군종특별교구를 범불교적인 군불교 지원단체로 확대하여 법인화하고 〈군불교발전기금〉을 군승제도 참여 종단이 출연하여 그 운용수익으로 지속적인 군불교 지원사업을 추진해 나가는 방법을 모색하는 방법도 고려해 볼 만한 방안이 될 것이다.

군승제도가 병사 개개인에 대한 인간성의 존중과 군에서 요구하는 임무를 이행하면서도 포교와 전법의 역할을 원만하게 감당하기 위해서는 불교종단과의 유기적인 관계를 유지하면서도 군승들의 고유한 군종업무에 대한 독립성과 자율성은 보장받아야 할 것이다.

### 3) 군승 교육시스템의 재정립

군승의 수급 문제와 함께 논의되어야 할 군승제도의 발전을 위한 또 다른 중요한 과제는 군승들의 전문성 확보와 확대 개편된 통합 군종특별교구에 의해 진행되는 체계적인 군승 교육시스템의 구축이다.

출가자 감소로 인하여 군승으로의 지원 자체가 줄어들고 있기는 하지만 군승 파송의 문호가 개방되어 여타 불교종단에서 군승 지원자가 배출될 경우를 대비하여 군승의 자격조건은 더 엄격하고 체계적으로 관리되어야 할 필요가 있다.

이러한 역할을 감당하기 위해 우수자원의 선발을 위한 군승고시軍僧考試 제도가 마련될 필요가 있다. 종단에서 시행하는 승가고시[180]나 전법사 제도와는 별도로, 군종장교후보생이나 예비군승, 요원을 막론하고 군승고시 제도를 실시하여 국방부 파송 여부를 최종 결정하는 것이다. 군승고시는 군승 선발에 필요한 자력과 자격 등을 객관화하고 군포교 현장에서 불교를 대표하여 군종장교로 활동하는 최고의 우수자원을 선발하는 범종단적 공개 선발을 위한 제도가 되어야 한다.

현재와 같이 공석을 충족시키기 위해 급급한 상황에서는 우수자원을 선발하기 어렵다. 그러한 과정을 진행하기 위해 불교계에서는 군승 예비자원의 대상을 확대시켜 다양한 인재 풀을 구성할 필요가 있다.

---

[180] 조계종 종법 중 법계에 관한 사항을 규정한 법계법에는 법계고시에 관한 사항을 규정, 명시해 놓았다. 법계법 제2조에서는 "법계는 수행력과 종단 지도력의 상징이며 종단 위계서열의 기본이다."라고 규정하고 이에 각 수행단계에 맞는 법계를 품서하기 위해서는 4급에서부터 1급까지의 승가고시를 반드시 통과하여야 한다. 각 승가고시는 수행기간과 교육과정의 이수 여부에 따라 5급부터 1급까지 5계급의 고시를 치르도록 하고, 각급 고시를 통과한 후 일정한 자격을 갖춘 승려들에게만 상급 승가고시를 치를 수 있게 하였다.

경쟁구도를 통해 선발하여 선발된 자원을 대상으로 불교계 최고의 교육시스템에서 체계적으로 현장중심 교육을 받을 수 있도록 제도적 장치를 마련해야 한다. 옥석을 구분하는 경쟁구도까지는 아니라 하더라도 선발 시 충분한 검증과 점검을 면밀하게 진행하지 않으면 안 된다. 공석을 채우지 못할 것을 염려하여 지원을 독려하고 어렵게 추가모집을 진행하여 군승을 파송하는 현재의 모습은 바람직하지 못하다. 불교계에서 승려의 자격과 신분을 인정하여 군에 파송되었다고 하더라도 그것만으로는 충분치 않다. 군종장교는 장병들의 정신적 지도자로서 더 높은 수준의 교양과 지식, 인성과 도덕성이 요구되는 신분이다.

과거의 종교가 지니고 있던 지식의 권위, 혹은 교육적 기능은 이미 학교나 사이버 공간으로 옮겨진 지 오래다. 무지한 중생을 깨우쳐 주어야 한다는 자세로는 장병들의 공감을 얻어내기 어려운 상황이 되어버렸다. 더 이상 대중은 교화의 대상이 아니며 소통과 공감의 상대이다. 고학력의 장병들 앞에 서야 하는 군승들은 다양한 영역의 접근과 방법론을 모색해야 하며 이를 통해 불교는 형이상학적 종교에 머물지 않고 군인들에게 실질적 도움을 주는 역할이 가능해질 것이다.

종교가 추구하는 진리와 가치는 불변할 것이다. 그러나 이를 장병들에게 설득력 있게 전달하기 위해서는 현대적 전문성이 필요하다. 이러한 전문성을 갖추기 위해서는 개인적인 노력과 아울러 최초 선발된 입대 전 군승이나 기존 현역 군승을 교육하는 군종교구 차원의 체계적인 시스템이 갖추어져야 한다. 군승으로 파송 전, 선발된 자원들을 대상으로 포교역량 강화를 위한 연차별 전문 실무 교육과정을 마련하고, 윤리학이나 심리학, 종교학 등의 위탁교육 기회를 제공함으로써 현장에서 활동하는 군승이 성장, 발전할 수 있는 제도적 장치를 군종교구가 구체적으로 마련할 필요가 있다.

급변하는 미래는 예측 불가능의 시대가 될 것이나 첨단과학의 발전에 따른 하이테크 기술군으로의 발전이 오히려 군종에게는 윤리나 평화이념의 교육자, 도덕 교사의 역할, 혹은 멘탈케어의 담당자로서 새로운 가능성의 영역 확대로 이어질 수도 있다. 이것은 단순한 제도의 검토나 군승 개개인의 능력 강화에만 국한된 문제가 아닐 것이다.

군대에서 군승은 불교의 전문가이자 종교지도자로서 인성교육을 전담하는 역할을 감당하고 있다. 포교에 대한 기본적인 인프라도 군불교만큼 잘 갖추어진 곳이 없을 것이다. 일단 선발이 되면 군승에게 불교계의 전폭적인 지원과 함께 군포교 현장에서 충분한 역량을 발휘할 수 있는 최고의 환경과 교육여건을 조성해 주어야 한다.

군승 교육시스템을 재정립하여 군불교의 질적 성장을 도모하기 위해서는 다음과 같은 역량을 군승들에게 교육할 필요가 있다.

첫째, 군승에게는 시대변화에 부응하는 폭넓은 학문적 소양과 식견이 요구된다. 현재 군에 입대하는 장병들은 풍요로운 경제적 기반 위에 성장한 세대이며 과거와는 비교할 수 없을 만큼 교육 수준이 높은 상태이다. 이들을 대상으로 종교활동과 교육, 상담 등을 정기적으로 진행해야 하는 군승들은, 현장에서 활용할 수 있는 불교 지식이나 기본적인 수행력은 물론, 철학과 종교학, 윤리학과 심리학 등의 인문학적 지식도 충분히 갖추어야 한다. 대학 재학 중의 관련 학점의 이수와 졸업 후의 심화과정 학습 등을 통해 군대에서 요망하는 전문지식의 습득과 현장실습을 병행하여 진행하고 이를 군승 임관 전까지 체계적으로 관리하는 교육제도가 군종교구에서는 마련되어야 한다.

불교계가 군포교의 활성화를 통해 불교의 미래를 준비하고자 한다면 포교방법론을 구체화하고 세분화해서 군승들에게 교육시킬 필요가 있다. 개인의 역량에만 전담시키는 것은 그 생명력이 길지 못하다. 부족한 인력수급 문제를 해결할 수 있는 대안 가운데 하나는 교육을 통한 인재 육성이다. 긴 안목을 가지고 시스템에 의한 발전과 성장을 이루어 내야 할 것이다.

둘째, 군승은 평화와 비폭력에 대한 확고한 가치관과 신념을 견지해야 한다. 한국의 안보상황을 직시하고 군대 본연의 임무가 국가 방위임을 인정하되, 동시에 전쟁과 폭력이 아닌 불교가 지향하는 자비와 평화의 방식으로 갈등을 해결할 수 있는 대안을 제시할 수 있어야 한다. 군에서 예속되어 활동하고 있지만 군대의 윤리와 가치에 대한 종교적 판단 기준을 독립적으로 제공해야 하며 이를 위해 군승들에 의한 평화운동과 비폭력 이론에 관한 연구도 필요하다고 생각한다.

이러한 교육은 현장에서 활동하고 있는 현역 군승들에게 더욱 필요한데 그저 단편적인 지식의 축적이 아니라, 전문적 식견을 갖춘 학문적 역량을 갖추어 나갈 때 군종병과 내에서의 군승의 위상과 가치는 더욱 높아질 수 있을 것이다.

셋째, 다양한 문화현상이 혼재하고 있는 사회 속에서 시대에 부합하는 포용력과 개방성을 지녀야 한다. 변화하는 환경을 직시하고 다양한 문화와 가치, 혹은 종교적 배경을 가진 군인들을 이해하고 존중할 수 있어야 할 것이다. 양성평등의 문제나, 성차별, 다양한 인권 문제

등, 다양성에 대한 가치의 존중은 갑자기 이루어질 수 있는 것이 아니다. 현재 군 지휘부에서도 이러한 상황의 극복을 위하여 많은 노력을 기울이고 있다. 군대 안에서의 종교가 이러한 문제의 해결을 위해 함께 고민하고 노력해 나가는 모습이 필요한 실정이다. 무조건적인 인정이나 의도적인 통합이 아니라 장병 한 사람 한 사람의 성향을 전문적으로 성찰할 수 있는 안목과 식견이 군승에게 필요하다.

종교는 보수적이라는 시각이 일반적이지만 시대의 흐름과 환경 속에 종교는 늘 변화를 요구받아 왔다. 군승이 보다 근원적인 불교의 정체성을 장병들에게 드러내고자 한다면 포용과 개방에 더 큰 노력을 기울여야 한다. 이를 통해 사회통합과 군심결집의 기초를 불교가 마련할 수 있을 것이다.

포용성과 개방성과 더불어 군승들은 종교상담이나, 신앙상담뿐만 아니라 전문적인 상담 및 명상기법을 활용한 심리치유 능력을 갖추어야 한다. 군인들의 심리적 어려움에 귀 기울이고, 효과적으로 소통하며 상담할 수 있는 전문성이 필요하다. 이를 통해 PTSD의 치유나 늘어나는 불안과 우울증세 장병들에 대한 문제 해결이 쉬워질 것이며 나아가 갈등 중재와 해결 능력도 향상될 수 있을 것이다.

궁극적으로 군승의 역량이 불교의 종교활동 지원을 넘어 군인들의 인성과 도덕성을 함양하는 데 이바지할 수 있도록 성장시키는 전문교육 시스템으로 발전되어야 하며 여기에는 적지 않은 예산과 인력, 그리고 추가적인 제도지원이 필요할 것이다.

이러한 시스템의 구축을 위해서라도 군종특별교구의 확대 개편을 통한 실질적 역량 강화와 예산 확보가 필요할 것이다.

### 4) 군승제도의 민간화

군승제도의 수급이 제한적이고 타 종단 간의 협의가 원만히 이루어지지 못할 경우, 군과 불교계의 기대에 동시에 부응하면서도 본질적 역할과 기능을 유지하기 위해서는 군승제도의 민간화도 논의해 볼 만한 과제이다.

민간화(Civilianization)라는 것은 군대의 기능을 민간 기관 또는 인력으로 대체하는 것을 말한다. 안보환경의 변화와 국방개혁의 필요성에 따라 군의 기능 가운데 민간 인력으로의 대체가능한 분야를 외주(Outsourcing)하는 문제는 최근의 국방정책 중요 기조 가운데 하나였다.

군종제도도 이러한 아웃소싱의 고려 대상 분야에 포함되어 있었고 군종장교를 군무원화軍務員化 하거나 종교활동 분야를 민간성직자로 일부, 혹은 전부를 대체하는 것을 검토하는 정책 등이 검토되어 왔다.[181]

군종제도의 민간화는 긍정적 측면과 부정적 측면이 모두 존재하는데 최초 군의 입장에서는 군종 분야에 민간 인력을 활용함으로써 예산절감과 운영의 효율성 제고하는 측면이 강조되었다. 그러나 민간인이나 군무원으로 군종장교가 대체될 경우, 민간분야와 군 조직 간 이질성

---

[181] 현재 군종 아웃소싱에 대한 구체적이고 직접적인 연구는 진행되지 않고 있다. 다만 일부 국방정책 연구기관에서 국방개혁과 군종제도 개선방안의 하나로 아웃소싱 가능성을 언급하고 있으나 종교계의 공감대 형성이나 아웃소싱의 구체적인 방식, 영역, 절차, 효과 등에 대한 심층 논의는 부족한 상황이다. 향후 군 구조개혁 등에 따라 군종제도 위탁에 관한 연구가 추가 보완될 필요가 있다.

으로 말미암아 통합성이 저해될 우려와 군종의 중요 임무인 현장 중심의 전시 종교활동이 제한될 수밖에 없는 문제가 대두되어 구체적인 논의의 진행은 현재 답보상태에 놓여 있다.

또 다른 긍정적 측면은 군종의 민간화가 이루어지면 종교가 가지고 있는 종교적 본질에 대한 구현이 군의 간섭과 조정 통제권 밖에서 이루어질 수 있다는 점이다. 군승이 군종장교의 신분이 아닐 때 불교와 군대는 적절한 거리와 상호 긴장과 견제의 관계 속에 군사정책이나 정치적 입장에서 벗어나 보다 자유롭고 독립적인 역할이 가능할 수도 있을 것이다. 이는 국가의 제도화된 장치나 제도에 의해 통제되는 종교가 아니라 독립적이고 자율적인 불교로서 기능과 역할을 강화하는 것이 가능해진다는 의미이기도 하다.

그러나 이러한 부분은 현재 군 내부의 종교문화가 기독교, 불교, 천주교가 대등한 입장에서 동시에 활동하고 있는 다종교 상황이기에 각 종교가 모두 민간화에 동의해야만 한다는 한계도 분명히 존재한다. 이를 해소하기 위한 방안으로 군승제도의 민간화는 단계적, 점진적 접근이 요구되고 있으며 현재의 군종제도와 조직문화를 일정 정도 유지해 나가면서 상호 인식 제고 및 이질성 극복 노력이 병행되어야 할 것이다.

이러한 일련의 조건과 상황을 전제로 한국 군종제도의 민간화는 아직 해결해야 할 과제가 적지 않다. 군에서 활동하고 있는 각 종교의 상황과 처지가 다르며, 불교의 경우 군종의 민간화가 이루어졌을 때 군에서 요구하는 소요를 온전히 소화해 낼 자원의 확보도 실질적으로 어려운 실정이다. 비록 군 현대화 및 효율성 제고를 위해 군사적 기능의 민간화가 일정 부분 불가피하다고 하더라도 한국전쟁 이래 군종이 기능하며 구축해 왔던 군 종교 문화의 본질적 가치 수호가 전제되어야 하며 이를 바탕으로 단계적, 제한적 추진 및 보완 대책 마련을 통한 부작용 최소화가 중요한 과제라 할 수 있을 것이다.

군종제도의 민간화에 대한 정책적 방향모색은 앞으로도 지속될 여지가 적지 않다. 군승제도가 이러한 흐름을 온전히 파악하고 이에 따른 대응책을 마련하기 위해서도 조계종 중심의 군승활동에서 범불교적, 범종단적 군승활동으로 범주를 확산시켜 나갈 필요가 있다고 본다.

# 9장 결론

 군승제도는 대승불교의 보살사상인 자리이타自利利他와 중생구제衆生救濟, 화쟁和諍 등의 정신을 현실세계에서 구현하는 독특한 제도라고 할 수 있다. 이는 불교가 단순히 개인의 해탈만을 추구하는 것이 아니라, 사회와 국가의 고통에 적극적으로 대응하고 참여하는 종교임을 보여준다. 군승들의 활동은 군대라는 폐쇄적이고 극한의 상황에서도 불교의 가르침이 어떻게 실천될 수 있는지, 그리고 그것이 어떻게 개인과 사회에 긍정적인 영향을 미칠 수 있는지를 보여주는 중요한 사례이다.

 승려이자 장교의 신분을 견지하고 있는 한국 군승은 군사적으로나 종교적으로 대단히 독특한 사례이며, 국난극복의 현장에서 병장기를 들고 싸웠던 승군들의 모습도 한국불교사에 있어서 주목할 만한 모습이다.

 군승은 군인의 신분을 지니고 군대에서 장병들을 대상으로 활동하는 전문 포교승布教僧이자 교화승教化僧이다. 그들은 율장의 전통을 지켜야 하는 수행승과는 성격을 달리하며 인간의 공포와 긴장이 가장 극대화되는 군대라는 특수한 환경 속에서 불교를 대표하여 활동하는 군종장교(Chaplain)인 것이다.

군에서는 무형전투력 강화와 신앙전력화에 이바지하기 위한 군종활동을, 불교종단에서는 포교와 전법의 영향력 강화를 목적으로 군승제도가 시작되었지만, 변화의 굴곡이 적지 않았던 다종교 한국 사회에서 그 양단의 입장과 목적이 충돌하지 않고 현재까지 그 전통과 제도를 온전히 이어가고 있다는 사실은 주목할 만한 일이다.

한국의 군승은 폭력과 무력행사가 공인된 집단인 군대라는 특수한 환경 속에서 군대의 구성원들에게 자비와 관용, 조화와 균형의 불교적 가치를 교육하고 있으며 전쟁과 전투 상황에 노출된 장병들을 종교적 방법으로 치유하는 역할을 견지해 오고 있다.

본 연구는 이러한 한국 군승의 특수성을 역사와 활동상을 중심으로 살펴보고 군승제도의 성장과 발전 과제를 도출하기 위하여 시작되었다. 또한 현대불교사의 중심에 서 있는 군불교의 역사를 현역 군승의 시각과 관점에서 현장의 사례들을 제시하여 한계와 문제점을 실증하고 그 해결과 성장 방안을 논의하고자 하였다.

종교적 측면에서 살펴보는 군승제도와 군사적 관점에서 바라보는 불교군종제도는 그 입장과 논의 과정에 차이가 클 것이다. 한국 군승제도의 특수성을 논의하기 위해서는 그 사상의 흐름과 시대적 대응을 면밀하게 검토하고 분석해야 한다.

불교교단사적인 관점에서의 군승 연구는 지나친 호교론護教論에 머물 우려가 있고 정치와 군사적 측면에서만 군승제도를 이해하려한다면 그 사상과 의미를 간과하기 쉽다. 자비를 강조하는 불교와 공인된 폭력을 행사하는 군대, 불살생계를 지켜야 하는 사문과 명령에 순종해야만 하는 장교는 대치되는 개념일 수 있으나 한국의 군승제도는 양단의 장단점을 융합하며 성장해 왔고 종단과 군의 상호 긍정적 입장을 대변해 나가고 있다고 본다.

AI 인공지능 시대, 앞으로의 안보상황 변화 추이에 따라 군의 기능과 사회적 역할도 분명히 변모하게 될 것이다. 인구절벽과 무종교인의 급격한 증가 속에 군종제도는 안팎에서 많은 도전과 변화의 요구에 직면하고 있다. 군승제도 역시 이와 상황이 다르지 않다. 군에서 요구하는 기능과 불교적 역할을 동시에 추구해 나가면서도 장교의 임무와 승려의 정체성을 지켜 나가는 일은 결코 쉽지 않은 과제일 것이다.

대한불교조계종이 단독으로 감당해 왔던 한국의 군승제도는 이제 그 문호를 확대 개방하여 더 큰 변화와 성장을 도모할 필요가 있다. 포교와 불교의 발전을 위한 측면에서도 군승제도의 확대 개편이 불교계 전체의 이익에 부합함을 인식하고 상호 협력의 필요성을 공감해야 한다.

종교는 제도적 권위에 집착할 때 반드시 본질에서 벗어나게 된다. 군종제도는 물론이고 군승제도 역시 이와 다르지 않을 것이다. 급변하고 있는 사회의 변혁 속에 종교의 의미와 역할도 변화되어야 한다는 요구는 당장 눈앞의 현실이 되고 있다. 이러한 시대적 요청에 대응하여 군승제도는 이제 조계종 중심의 제도적 권위에만 안주할 것이 아니라 어떠한 성장과 발전을 미래 비전으로 제시하고 오늘을 준비할 것인가를 먼저 고민해야 한다.

다가오는 시대는 탈종교화(Dereligionization)의 흐름이 지속될 것이다. 기존의 불교가 종교로서 가지고 있었던 권위와 영향력이 앞으로의 세대에게는 더욱 축소될 것이 분명하다. 현재 군에서는 무종교 인구가 60%를 넘지만, 다른 측면에서는 다종교 사회인 한국의 종교지형 속에 이루어지는 한국의 군승활동은 오히려 종교에 무관심한 청년 세대들에게 새로운 접근을 가능하게 할 수 있다. 시대의 흐름에 부합하는 군승들의 활동은 제도권의 고정된 종교관에서 벗어나 새로운 종교적 체험을 제공할 수 있을 것이며 불교의 의미와 가치를 적극적으로 전달하는 결정적 역할도 가능하게 할 것이다.

대승불교의 근본정신은 상구보리上求菩提 하화중생下化衆生, 즉 스스로 깨달음을 구하고 중생을 교화한다는 보살도의 이상에 있다. 이는 불교가 개인의 해탈에 그치지 않고 사회적 실천을 통해 중생제도에 힘써야 함을 일깨우는 말씀이다. 오늘날 한국불교의 군승제도 역시 이러한 대승정신을 펼치는 독특한 방편으로서, 승려들이 속세에 들어가 중생과 함께 수행하는 보살행의 일환으로 이해될 수 있다.

중요한 것은 형식에 얽매이지 않고 중생제도의 대승적 정신을 추구하며 주어진 현실에 불교의 가르침을 구현하려는 자세이다. 한국 군승들이 보여주는 대승보살의 실천행은 비단 불교계뿐 아니라 군에 귀감으로 자리하고 있다. 그것은 불교가 시대정신과 창조적으로 소통하며 중생들의 삶에 스며드는 생활불교, 대중불교로 거듭나는 과정이기도 하다. 대승정신에 입각한 군승제도가 온전히 자리매김해 가는 과정은 곧 불교의 사회적 실천이 다양한 영역으로 확장되는 과정이며, 그런 의미에서 우리 불교계가 품어 안아야 할 희망찬 미래라 할 수 있겠다.

　이런 맥락에서 본다면, 조계종 중심으로 운영되는 현행 군승제도 역시 보다 개방적이고 포용적인 방향으로의 개선이 요청된다. 군불교는 종단을 초월하여 접근해야 한다. 계율의 문자적 준수에 경도되기보다는 자비와 이타행의 실천이라는 대승불교의 정신에 토대를 두고, 새로운 정체성과 역할을 확대해 나갈 필요가 있다.

　물론, 누차 강조했듯이 구체적인 제도 설계에 있어서는 신중한 검토가 필요하겠지만, 중생제도라는 보살도의 이상 아래 비구, 비구니, 출가자와 재가자가 함께 참여하는 군종활동을 모색한다면 불교 본연의 가치를 펼치는 데 기여할 수 있을 것이다. 대승불교의 관점에서 볼 때 중요한 것은 승속僧俗의 구분이 아니라, 깨달음의 실천을 통해 중생을 이롭게 하고자 하는 자비와 혜안의 자세이다.

　군승제도는 장병들에게 불교의 현실 대응력을 높이고 전장상황 속에 불법의 가르침을 구현한다는 의미에서 매우 긍정적인 역할을 하고 있다. 다만 제도의 근간이 되는 대승정신을 망각한 채 또 하나의 권위주의에 매몰되지 않도록 신중할 필요가 있다.

　장병 개개인을 있는 그대로 존중하고 그들 내면의 불성을 일깨우는 것, 그리고 상호 간의 이해와 존중, 자비와 상생의 문화를 군대에 전달하는 것이야말로 군승들에게 부여된 시대적 소명이자 보살행의 실천 과제가 아닐까. 이 같은 노력을 통해 군승제도는 한국불교의 독창적인 대중교화 방편으로, 불교의 사회적 실천을 구현하는 과정으로 자리매김하게 될 것이다. 군승에게는 중생구제를 위한 포교가 곧 수행이고 정진이어야 한다. 그리고 이러한 일련의 군승활동이 불교계가 품어 안아야 할 미래의 희망이 되기를 기대한다.

사실 군대에서 행해지는 불교의 종교활동이나 군승의 정체성을 유용성의 문제나 기능적 측면에서만 바라보는 관점이 과연 적절한가에 대한 의문은 본 연구를 진행해 오면서 계속해서 이어진 화두였다. 또한 현재 군에서 복무하고 있는 현역 군승의 입장에서 실행된 연구였기에 장점도 있었으나 그로 인해 갖게 되는 시야의 한계도 존재하고 있음을 인정한다. 그럼에도 불구하고 군승제도는 이제 또 다른 방향의 전환을 모색하라는 시대적 요구 앞에 직면해 있다. 군승의 역할과 기능도 새로운 시대의 변화 앞에 질적 성장의 목표를 재설정할 필요가 있다.

군승제도는 불교의 자비정신과 현실세계의 갈등 사이에서 발생하는 윤리적 딜레마를 어떻게 해결할 것인가에 대한 깊은 성찰을 요구하고 있다. 이는 불교가 현대사회에서 직면하는 다양한 도전들과 어떻게 대화하고 어떤 방법으로 타협해 나갈 것인가에 대한 더 넓은 논의로 이어져야 할 것이다. 따라서 군승제도에 대한 연구는 단순히 역사적, 제도적 차원을 넘어, 현대사회에서 불교의 역할과 의미를 재고하는 중요한 출발점이 될 수 있을 것이다.

# 참고문헌

가. 단행본

강인철, 『전쟁과 희생』, 지식산업사, 2019.
_____, 『종교와 군대』, 현실문화, 2017.
_____, 『한국의 종교, 정치, 국가』, 한신대학교출판부, 2013.
_____, 『종교와 군대』, 현실문화, 2017.
국방부, 『2023 국방통계연보』, 국방부, 2023.12.
_____, 『군종업무지침』, 국방부 군종실, 1999.
_____, 『전투군종사』, 국방부 군종정책과, 2014.
_____, 『군종업무지침』, 국방부 군종실, 1999.
군종특별교구, 『불교군종사-군승 40년사』, 군종특별교구, 2008.
_____, 『불교군종사-군승 50년사』, 군종특별교구, 2018.
_____, 『군종특별교구상임위원회회의록』, 군종특별교구, 2022.12.
김덕수, 『군법사의 길』, 동쪽나라, 2022.
_____, 『임진왜란과 불교의승군』, 국군인쇄창, 1992.
대한민국육해공군 군승단, 『불교군종사』, 군승단, 1986.
대한불교조계종 군종특별교구, 『군불교지침서』, 현대사, 2006.
조계종불학연구소·종교평화위원회 공저, 『불교와 국가권력, 갈등과 상생』, 조계
    종출판사, 2010.
조계종총무원, 『10·27법난 진상규명 및 명예회복추진위원회의 공식 조사보고서
    -10·27법난의 진실과 증언 I』, 조계종 총무원, 2007.
조계종포교원, 『종단포교의 흐름과 전망』, 조계종출판사, 2011.
도널드 헤들리 著 김영철 譯, 『21세기를 위한 군종교역론』, 아침, 2013.
박창희, 『한국의 군사사상』, 플래닛미디어, 2020.
벽공, 『동아시아 비구니 교단의 역사』, 조계종출판사, 2012.
브라이언 빅토리아 著 정혁현 譯, 『전쟁과 선』, 인간사랑, 2009.

성해영, 『종교 이후의 종교, 내 안의 엑스터시를 찾아서』, 불광출판사, 2024.
육군 교육사령부, 『군종업무』, 국방출판지원단, 2021.
육군본부 군종실, 『군종병과 10년 발전사』, 국군인쇄창, 2013.
_____, 『군종병과 10년사 2012~2022』, 국방출판지원단, 2023.
_____, 『세계의 군종병과 현황』, 육군본부, 2015.
이종인·최광현 공저, 『장병 종교활동제도 개선방안 연구』, 한국국방연구원, 2003.
조계종불교사회연구소, 『한국 호국불교의 재조명』, 조계종출판사, 2012.
조계종불교사회연구소, 『한국 호국불교자료집 I·II』, 조계종출판사, 2012.
최병헌, 『한국불교사 연구입문』, 지식산업사, 2013.
클라우제비츠 著 류제승 譯, 『전쟁론』, 책세상, 2020.
피터하비 著 허남결 譯, 『불교윤리학 입문-토대 가치와 쟁점』, 씨아이알, 2021.
한국기독교연합회 編, 『한국기독교연감』, 한국기독교연합회, 1957.
佐佐木閑, 『出家とはなにか』, 大藏出版, 2017.
Michael Jerryson, 『If You Meet the Buddha on the Road: Buddhism, Politics, and Violence Get access Arrow』(Oxford University Press, 2018)


나. 연구논문

강인철, 「군종의 역사성과 보편성」, 『종교와 군대』, 현실문화연구, 2017.
고영섭, 「국가불교의 '호법'과 참여불교의 '호국'」, 『불교학보』 제75집, 동국대불교문화연구원, 2013.
\_\_\_\_\_, 「한국 僧軍의 역사와 사상사적 의미」, 『문학사학철학』 제59호, 한국불교사연구소, 2019.
김갑주, 「남북한산성의승전의 종합적 고찰」, 『불교학보』 제25집(동국대 불교문화연구원, 1988.
김근호, 「서산대사, 그리고 호국불교의 가능성」, 『불교평론』 17호, 만해사상선양실천회, 2003.
김덕수, 「조선 승군사연구의 의의와 과제」, 『제17회 불교학술연구발표대회 요지』, 한국불교학회, 1991.

김성철, 「출가자와 재가자의 바람직한 관계」 참여불교 제14호, 참여불교재가연대, 2003.
김용태, 「임진왜란 의승군 활동과 그 불교사적 의미」, 『보조사상』 제37집, 보조사상연구원, 2012.
김창모, 「군포교 실태와 과제-군포교성과와 미래 군 구조 개편을 중심으로」, 『禪文化硏究』 vol.3, 한국불교선리연구원, 2007.
김철우, 「전시군종활동의 경제적 효과」, 『2023 전시 군종지원 발전 세미나자료집』, 육군본부군종실, 2023.
김호성, 「대승불교 안에서의 재가신도의 위상」, 『불교학보』 제50집, 동국대 불교문화연구원, 2007.
박재광, 「임진왜란 초기 의승군의 활동과 사명당」, 『동국사학』 제42집, 동국사학회, 2006.
안계현, 「조선전기의 승군」, 『동방학지』 제13집, 연세대학교 동방학연구원, 1972.
양은용, 「조선시대의 국난과 의승군의 활동」, 『한국호국불교의 재조명』, 불교사회연구소, 2012.
여은경, 「조선후기 산성의 승군총섭」, 『대구사학』 제28집, 대구사학회, 1987)
오덕교, 「군복음화 50년의 역사: 한국기독교군선교연합회를 중심으로」, 『신학정론』 39집, 합동신학대학원대학교, 2001.
유원준, 「북송말 상승군과 의승군에 관한 연구」, 『중국사연구』 제58집, 중국사연구회, 2009.
윤용출, 「17세기 후반 산릉역의 승군 징발」, 『역사와 경계』 제73집, 역사와 경계사, 2009.
이종수, 「조선후기의 승군제도와 그 활동」, 『보조사상』 제37집, 보조사상연구원, 2012.
정경현, 「고려전기의 보승군과 정용군」, 『한국사연구』 제81호, 한국사연구회, 1993.
차차석, 「法華經의 法師(dharma-bhânaka)에 대한 考察」, 『한국불교학』 Vol.18, 한국불교학회, 1993.
함현준, 「탈종교화 시대의 포교활동 방향에 대한 고찰」, 『한국불교사연구』 제24호,

한국불교사연구소, 2023.

塚本啓祥,「イント社會と法華經の交渉」,『法華經の思想と文化』, 平樂寺書店, 1965.

## 다. 학위논문

김덕수,『조선시대 의승군 연구』, 원광대학교대학원 박사논문, 1992.

김병용,『한국 육군의 군종제도 현황과 발전방안에 관한 연구』, 건국대 행정대학원 석사학위논문, 1994.

김성복,『한국 군종교육의 현황과 그 운영 개선에 관한 연구』, 부산대 교육대학원 석사학위논문, 1981.

김충빈,『군종교육을 위한 인격지도교육의 실태와 그 개선방향 모색에 관한 연구』, 한성대 행정대학원 석사학위논문, 1994.

박영수,『한국 군종활동의 문제와 개선방안에 관한 연구』, 한양대 행정대학원 석사학위논문, 1986.

이동배,『군포교정책수립을 위한 연구』, 동국대 석사학위논문, 1996.

이성운,『韓國佛敎 儀禮體系 硏究』, 동국대학교 박사학위논문, 2012.

이충훈,『종교성향과 회복탄력성이 군생활 스트레스에 미치는 영향: 공군부대를 중심으로』, 장신대 석사학위논문, 2015.

최상철,『군종활동을 통한 정신전력 기여 방안』, 경기대 행정대학원 석사학위논문, 1987.

Jonathan Carl Feuer,「The South Korean Buddhist Military Chaplaincy: Buddhist Militarism, Violence, and Religious Freedom」(University of california, 2023)

## 라. 신문기사

각려효,「베트남 불교역사 3」,〈불교신문〉2018. 8. 20.

김선두,「군승제도 제정운동 7」,〈불교신문〉2004. 10. 29.

김성호,「군종장교 첫 비구니 군승 탄생」,〈서울신문〉2014. 3. 15.

김원우,「법장스님, 이라크 자이툰 부대 방문」,〈현대불교신문〉2005. 5. 21.

박부영, 「중앙승가대 군승후보지원대로 인가」, 〈불교신문〉 1997. 9. 9.
심정섭, 「군승특별교구법 제정 공청회」, 〈법보신문〉 2004. 4. 26.
엄태규, 「갈등의 땅 레바논 평화·공존 기원」, 〈불교신문〉 2009. 4. 20.
정하중, 「군종교구, 레바논 동명부대 위문」, 〈법보신문〉 2009. 4. 20.
조장희, 「한빛부대 군승 동원법사 입적, 영결식 봉행」, 〈법보신문〉 2018. 9. 10.
최호승, 「아이티 첫 파송 군승」, 〈법보신문〉 2011. 1. 18.
함현준, 「종교그랜드슬램」, 〈국방일보〉 2014. 3. 11.
허정철, 「이라크 파병 장병 환송법회」, 〈불교신문〉 2003. 10. 17.

부록 1

국방부 훈령 제2690호(2022. 7. 31. 개정)

# 군종업무에 관한 훈령

## 제1장 총 칙

제1조(목적) 이 훈령은 「군인의 지위 및 복무에 관한 기본법」 제15조(종교생활의 보장)의 시행과 기타 군종업무 전반에 대하여 필요한 사항을 정함을 목적으로 한다.

제2조(정의) 이 훈령에서 사용하는 용어의 뜻은 다음 각 호와 같다.
 1. "군종업무"란 군종장교가 신앙전력화를 위하여 행하는 종교·교육·선도·대민업무 및 그 밖의 활동을 말한다.
 2. "종교업무"는 군종장교의 주된 업무로 장병의 신앙심 함양과 사생관 확립을 위한 종교행사와 종교모임 주관 업무와 이를 위한 행정 및 관리업무를 말한다.
 3. "교육업무"는 장병의 인성 함양 및 국가관·가치관·사생관·리더십 등의 확립을 위한 업무를 말한다.
 4. "선도업무"는 장병의 사기진작과 선진병영문화 정착을 위한 위문·상담·돌봄 등의 업무를 말한다.

5. "대민업무"는 민·군 상호간의 협력과 이해증진을 도모하기 위한 민간 종단 및 일반 사회단체와의 협력 업무를 말한다.
6. "종단"이란 사회통념적으로 건전한 경전·교리·조직·체계 등을 갖춘 종교나 종파의 종교단체를 말한다.
7. "종교기금"이란 종교의식 및 행사 시 자발적인 신앙행위로 모금된 헌금 및 보시, 종단별 공식 후원, 사회적 단체 또는 개인의 후원으로 희사된 자금을 말한다.
8. "종교시설"이란 각 종교별 군종업무를 위하여 설치된 건축물 및 종교 상징물 등을 포함한 부대시설 일체를 말한다.
9. "군종 비품"이란 군종업무에 사용되는 제반 기구, 물품 및 비품을 말한다.
10. "신앙전력화"란 장병이 군종업무를 통하여 고양된 신앙심과 사생관, 국가관, 가치관으로 부여된 임무를 완수하는 무형적인 전투력 강화를 말한다.
11. "종교별 군종교구"란 기독교군종교구, 천주교 군종교구, 대한불교 조계종 군종특별교구, 원불교군종교구를 말한다.
12. "종교모임"이란 종교행사 이외의 종교적 집회로 신자 혹은 희망 장병을 대상으로 하는 경전공부, 연습, 기도회, 수련회 등을 말한다.

**제3조(적용범위)** 이 훈령은 국방부본부, 국방부 직할기관(부대를 포함한다. 이하 같다), 합동참모본부 및 육군, 해군, 공군(이하 "각 군"이라 한다)에 적용한다.

## 제2장 군종업무

**제4조(기본목표)** 군종업무는 종교·교육·선도·대민업무 및 기타활동을

통하여 장병의 정신무장을 강화하고 사기를 진작시켜 부여된 임무를 완수하게 하며, 인간의 존엄성을 존중하는 건전한 모범 시민으로 육성하는 것을 목표로 한다.

**제5조(군종업무의 대상)** 군종업무는 장병, 군무원, 군인가족 등을 대상으로 한다.

**제6조(군종의 기능)** ① 군종장교가 수행하는 군종의 기능은 다음 각 호와 같다.

1. 종교업무를 통하여 장병의 사생관을 확립하고 필승의 신념을 배양한다.
2. 장병의 국가관과 병영생활에 대한 가치관 및 윤리관을 확립한다.
3. 건전한 병영생활과 정신전력의 극대화에 기여한다.
4. 장병 사기진작, 부대 사고예방, 작전지역 내 주민들과의 유대강화 등 군종업무에 대해 지휘관을 보좌한다.
5. 원활한 군종업무 수행을 위하여 필요한 각종 행정업무를 처리한다.
6. 민·군 상호간의 이해증진과 효율적인 군종업무를 위한 후원과 협력을 도모하기 위해 종교별 군종교구 및 이와 연계된 비영리단체 또는 기타 공공복지단체와의 협조 및 연락체계를 유지하고 대민활동을 지원한다.

② 군종장교는 제1항 제6호에 따라 "종교별 군종교구"와 다음 각 호의 사항에 대하여 업무협조 및 연락체계를 유지한다.

1. 종교시설 기부채납에 관한 사항
2. 민간성직자 선발 및 관리에 관한 사항
3. 각종 교육·회의·행사 등에 관한 사항
4. 건전한 모범시민으로의 육성을 위한 장병 신자관리 및 종교단체와의 부대 결연에 관한 사항

5. 제29조에 따른 종단협력위원회의 운영에 관한 사항
6. 장병의 신앙심 함양과 신앙전력화에 관한 사항
7. 소속 군종장교의 능력계발, 국제교류협력을 위해 출장 및 연수의 예산지원에 관한 사항
8. 그 밖에 종교별 군종업무 지원에 관한 사항

**제7조(관계관의 책무)** ① 각급 지휘관의 책무는 다음과 같다.
1. 각급 지휘관은 군종업무의 효율적인 운영과 부대 내 원활한 종교 활동을 보장하여야 한다.
2. 각급 지휘관은 군종장교가 주관하는 종교행사와 종교모임에 참석하고자 하는 장병에게 부대 임무수행에 지장이 없는 범위 내에서 편의를 제공하여야 한다.
3. 각급 지휘관은 장병 종교생활을 위한 소개교육·신자파악 및 상담에 대한 안내를 할 책임이 있으며, 편향된 종교 활동을 강요하지 않는다.
4. 군종장교가 없는 부대의 각급 지휘관(독립중대급 이상)은 종교행사를 위하여 상급부대 군종장교의 협조를 받아야 한다.

② 국방부 군종정책과장은 전군의 군종업무를 관장하고 군종발전위원회·종단협력위원회 및 국방부 군종윤리위원회를 운영한다.

③ 각 군 본부 군종실장은 해당 군의 군종업무를 총괄하고 해당 군 군종윤리위원회를 운영한다.

**제8조(군종장교의 신분)** ① 군종장교는 국군장교단의 일원으로 장교로서의 신분과 소속 종단으로부터 파견된 성직자로서의 신분을 함께 가진다.

② 군종장교는 비전투요원으로서 전·평시 무기를 휴대하지 않고 당직 임명의 대상 및 군사법원의 심판관이 되지 않는다.

**제9조(군종장교의 호칭 등)** ① 군종장교는 계급이나 다른 전문 직위와 관계

없이 소속 종단의 명칭으로 호칭하며, 표기 및 각종 신고의 경우에도 군종참모(장교) 중령 ○○○ 목사·신부·법사·교무 등의 문안으로 한다.

② 군종장교의 표지는 해당 종단의 상징물로 한다.

③ 군종장교의 복장착용은 다음과 같이 한다.
1. 군종장교는 의식집행 시 소속 종단의 의식용 예복을 착용한다. 다만 전시에는 전투복 위에 소속 종단의 의식용 예복을 착용할 수 있다.
2. 군종장교는 근무시간에 군복을 착용하여야 한다. 다만 필요시 지휘관의 승인 하에 영내·외에서 종단의 성직 복장이나 사복을 착용할 수 있다.
3. 기타 복장에 관한 사항은 각 군 참모총장이 정한다.

**제10조(군종장교의 상하관계 등)** ① 군종장교와 지휘관의 관계는 다음과 같다.
1. 군종장교는 종교분야에 관한 전반적인 사항에 대하여 지휘관을 보좌한다.
2. 군종장교는 군종장교 및 종교시설이 없는 인접 및 예하부대의 지휘관에게도 참모지원을 제공한다.

② 군종장교는 부대생활과 업무의 모든 분야에서 관계되는 다른 부서 참모장교와 긴밀한 협조와 연락을 유지하여 필요한 지식과 조력을 얻으며 이들에게 군종업무에 관한 전문지식을 제공한다.

③ 군종장교 상호간의 관계는 다음과 같다.
1. 군종장교는 장병 종교생활 지도 및 관리를 위해 소속된 종교와 관계없이 서로 협력하여야 한다.
2. 선임 군종장교는 부대 군종업무의 조화·발전을 위해 감독과 지도

의 책임을 지며, 참모업무 수행절차에 따라 예하 군종장교를 조언 및 교육하고 지휘관의 방침과 지시사항을 전달한다.
④ 군종장교와 군종장교 지원 요원(군종부사관·군무원·군종병 및 군종위원)의 관계는 다음과 같다.
　1. 군종부사관·군무원 및 군종병은 평시 군종기능과 관련된 행정 및 관리업무를 수행한다.
　2. 군종부사관 및 군종병은 전시 군종지원 간 군종장교를 경호하고 보좌한다.
　3. 군종장교는 군종부사관 및 군종병의 능력향상을 위해 교육계획을 수립하여 교육할 책임이 있다.
　4. 군종장교는 규정된 군종업무 외에는 군종병의 정상적인 병영생활을 보장해야 한다.
　5. 군종부사관 및 군종병 선발에 관한 사항은 각 군 참모총장이 정한다.
　6. 군종부사관은 개인의 종교와 관계없이 군종업무 관련 제반 사항을 수행하고 군종장교를 보좌한다.
　7. 군종위원은 군종장교가 종교행사를 주관할 때 행사가 원활하게 진행되도록 도우며, 군종장교가 없는 부대에서 군종장교를 대신하여 종교행사를 주관한다.
⑤ 군종장교는 기본업무에 제한이 없는 범위 내에서 군인가족에 대한 신앙지도와 상담을 제공한다.
⑥ 군종장교와 종단간의 관계는 다음과 같다.
　1. 군종장교는 소속 종단의 규율을 준수하여야 한다.
　2. 군종장교는 군의 기본임무수행에 지장이 없는 범위 내에서 소속 종단이 소집하는 정기회의와 종단교육에 참여할 수 있다.

3. 정기회의와 종단교육 등 종단의 각종집회 참석절차에 관한 세부사항은 별도로 정한다.

**제11조(군종참모부 설치·운영)** ①각 군 참모총장은 각 종교간 유기적인 업무협조와 참모업무수행을 위해 사단급·함대급·비행단급 (독립전대 포함) 이상 부대에 군종참모부(군종 사무실)을 설치·운영한다.
②각 군 군종장교회의에 관하여는 각 군 참모총장이 정한다.

## 제3장 종교업무

**제12조(종교행사)** ①종교행사는 정기 종교행사와 수시 종교행사로 구분하며 그 내용은 다음과 같다.
  1. 정기 종교행사는 일·수요일 종교행사와 각 종단의 절기행사를 말한다. 단, 정기 종교행사는 부대 사정에 따라 다른 요일을 정해 실시할 수 있다.
  2. 수시 종교행사는 정기 종교행사를 제외한 종교행사를 말한다.
②절기행사는 각 종교별로 특별히 기념하는 종교행사로 그 내용은 다음과 같다.
  1. 기독교: 부활절, 추수감사절, 성탄절
  2. 천주교: 주님 부활 대축일, 성모승천 대축일, 주님 성탄 대축일, 천주의 성모 마리아 대축일
  3. 불교: 부처님 오신 날, 우란분절, 동지법회
  4. 원불교: 신정절, 대각개교절, 법인절
③선교 및 포교 활동은 개인의 종교선택권 등 종교의 자유를 보장하는 원칙 하에서 이루어져야 하며, 다른 종교를 비방·폄하하는 등 군의 단결을 저해하는 선교 및 포교행위는 금지된다.

④기타 종교행사에 대하여는 각 군 참모총장이 정한다.

**제13조(종교행사 참석)** ①장병·군무원 및 군인가족은 해당 부대 및 인근의 군부대 종교시설의 종교행사에 참석함을 원칙으로 한다.

②부대 인근 민간인도 군부대 종교시설의 종교행사에 참여할 수 있다.

③부대 내 종교시설이 없을 경우, 종교 활동을 지원하기 위해 군종장교는 지휘관의 승인을 받아 부대 인근의 민간 종교시설을 이용할 수 있다.

**제14조(군종 비품 등의 관리)** ①성구·성물 등 종교의식기구와 음향시설 및 악기 등의 물품 등록·관리의 책임은 해당 부대 군종장교에게 있다.

②성구·성물 등 종교의식기구와 물품 등은 인가된 종교시설에만 상시 비치할 수 있다. 다만 지휘관이 지정한 임시종교시설에서 종교행사를 할 경우에는 임시로 비치할 수 있다.

③성구·성물 등 종교의식기구와 물품은 종교행사 및 종교적 활동에 한하여 사용할 수 있다.

**제15조(소수종교 신자의 종교 활동)** ①소수종교의 신자장병들은 지휘관의 승인과 소속부대 군종장교의 지도 아래 부대 임무 수행에 지장이 없는 범위 내에서 부대시설을 사용하거나, 해당 종교의 민간 종교시설을 이용할 수 있다.

②소수종교 신자장병의 종교 활동 시간은 부대 내 종교행사의 평균시간 범위 내에서 실시한다.

## 제4장 교 육 업 무

**제16조(군종 인성교육)** ①군종장교는 장병들의 사기진작과 병영생활 적응

을 돕기 위하여 군종 인성교육을 실시한다. 군종 인성교육은 가치관·인생관·사생관·윤리적 태도 확립에 중점을 두고 실시하며, 교육 중에 선교 및 포교활동은 하지 않는다.

②제1항의 인성교육에 필요한 사항은 각 군 참모총장이 정한다.

**제17조(종교교육)** 군종장교는 지휘관의 승인을 받아 수요일 종교교육 등 신자장병을 위한 별도의 시간을 마련하여 종교교육을 실시한다.

## 제5장 선 도 업 무

**제18조(위문활동)** ①군종장교는 격오지·함정·훈련장·생활관·해외 파병부대·특수근무지·교정시설·병원/의무대 등을 방문하여 해당 인원을 격려·위로하는 위문활동을 시행한다.

②군종장교는 각 군 참모총장이 정한 바에 따라 위문계획을 수립·시행한다.

**제19조(상담)** ①군종장교는 상담계획을 수립하여 상담을 실시할 수 있으며 지휘관은 이를 최대한 보장하여야 한다.

②군종장교는 장병상담을 위하여 여건이 허용하는 범위 내에서 필요한 장소에 상담소를 설치·운영할 수 있다.

③군종장교는 상담결과 파악된 개인 신상에 관한 비밀을 보장하여야 하며 필요시 지휘관 등 관계관에게 조언할 수 있다.

④각 군은 군종 분야 발전 및 사고예방 등을 위한 연구기관(학회)을 설치할 수 있다.

## 제6장 대 민 업 무

**제20조(대민활동)** 군종장교는 민·군 상호간의 이해증진과 협력관계 유지를 위하여 지휘관의 승인을 받아 위문·자매결연·재난구호활동·소속종단 및 지역사회 종교단체와 연락업무·민간성직자 초청 종교행사·종교별 절기행사에 따른 대민협조와 지원 등을 할 수 있다.

**제21조(종교계 지도자 부대방문)** ①군종장교는 종교계 지도자에 대한 부대방문을 추진하여 장병들의 복무현장을 체험하게 함으로써 안보의식 고취 및 민군 유대강화 활동을 할 수 있다.

②각 군은 국방부 지침에 따라 종교계 지도자 부대방문 계획을 수립·시행한다.

## 제7장 종교시설 및 기금관리

**제22조(종교시설 건립 및 관리)** ①장병들의 신앙심 함양과 신앙전력화를 위하여 종교시설을 건립·운영한다.

②종교시설 건립은 연차별 군 사업계획 예산에 포함하여 추진하여야 하며 이를 위해 기금을 모금하는 행위는 할 수 없다. 다만, 종교별 공식 후원·협력단체가 자체자금으로 건립하고자 하는 경우에는 국방부 직할기관(이하 "국직기관"이라 한다)은 국방부장관, 각 군은 참모총장의 승인을 받아 건립할 수 있으며, 해당 부대와 종교별 후원·협력단체는 건축 및 기부채납은 관계 법규에서 정한 절차 등을 충실히 따라야 한다.

③종교시설의 관리 및 보수책임은 해당 부대장에게 있고, 이의 운영책임은 군종장교에게 있다.

④ 모든 인가된 종교시설은 적법한 절차에 의해서 등재되어야 하며 폐기 및 용도의 변경은 각 군 참모총장의 승인을 받아야 한다. 다만 국직기관은 국방부장관의 승인을 받아야 한다.

**제23조(종교 상징물 설치)** ① 각 종교시설에는 각기 고유의 종교 상징물을 설치할 수 있다.

② 종교 상징물 설치·제거 및 변경 등에 관한 사항은 각 군 참모총장이 정한다. 다만 국직기관의 종교 상징물 설치·제거 및 변경은 사전에 국방부장관(군종정책과장)에게 보고한다.

**제24조(종교시설 사용)** 종교시설은 종교행사 및 의식·종교 강연회·결혼식·장례식 등 해당 종교의 고유 활동을 위하여 사용한다.

**제25조(부설기관)** 종교시설내의 부설기관인 교육관·유치원의 설치·운영에 관한 사항은 각 군 참모총장이 정한다. 다만 국직기관은 기관장이 정하는 바에 따르되 이를 국방부장관(군종정책과장)에게 보고한다.

**제26조(기금관리)** ① 종교기금으로 적립된 자금을 사용하기 위한 세부예산 집행계획은 종단별 신자로 구성된 운영위원회에서 결정한다.

② 각 종교시설에서 사용되는 종교기금은 해당 운영위원회에서 관리 및 집행한다. 다만 이에 대한 감사는 각 종교별 운영절차에 따른다.

## 제8장 위 원 회

**제27조(군종발전협력위원회)** ① 군종병과의 정책 및 교리발전과 군종업무의 균형된 발전을 위하여 국방부에 군종발전협력위원회(이하 이 조항에서 '위원회'라 한다)를 둔다.

② 위원회는 위원장 1명을 포함하여 7명 이상 15명 이하의 위원으로 구성한다. 이 경우 위원장은 국방부 군종정책과장이 되고, 위원은

다음 각 호의 사람이 된다.

1. 각 군 군종실장 및 대령급 군종장교
2. 제1호에 포함되지 않은 각 군 종교별 선임 군종장교
3. 기타 위원장이 위원회의 심의에 필요하다고 인정하여 위촉한 사람

③ 위원회는 다음과 같은 기능을 수행한다.

1. 군의 신앙전력화를 위한 발전적 조언 및 군종업무 이해 증진
2. 군종업무 수행 간 발생한 종단 간의 갈등해소
3. 군종업무와 관련된 중대 협의사항 발생 시 사전조율
4. 제29조제1항에 따른 각 군 군종윤리위원회가 국방부에 재심의를 요청한 사항에 대한 심의. 단, 이 경우 군종병과가 아닌 타 병과 장교 2인을 반드시 위원으로 임명하여야 한다.

④ 위원회의 운영에 관하여 필요한 사항은 국방부장관(군종정책과장)이 정한다.

**제28조(각 군 군종윤리위원회)** ① 군종장교 및 민간성직자에 대한 자질을 심의하기 위하여 각 군에 군종윤리위원회(이하 이 조항에서 '위원회'라 한다)를 둔다.

② 위원회는 위원장 1명을 포함한 7명 이내로 구성한다.

③ 위원장은 각 군 본부 군종실장이 되고, 위원은 각 군 본부 군종실장이 임명한다.

④ 위원회는 다음 각 호의 대상자를 심의한다.

1. 군 발전 및 군종병과의 명예를 크게 손상시킨 자
2. 종교 간의 갈등을 야기시켜 군의 단결을 저해한 자
3. 사생활이 문란하거나 근무기강이 해이하여 성직자로서의 명예를 실추시킨 자

4. 군종활동과 관련하여 왜곡된 사실을 대내외에 유포하여 물의를 일으킨 자
　　5. 종교 활동지원을 위촉받아 활동 중에 불법모금, 헌금 유용과 같은 도덕적인 문제를 야기했거나 종파의 교리나 법을 위반한 민간성직자
⑤위원장은 위원회의 심의결과를 참모총장에게 보고하여야 한다. 다만, 필요할 경우 심의대상자 소속 지휘관에게 이를 통보할 수 있다.
⑥위원회의 운영 등에 관하여 필요한 세부사항은 각 군 참모총장이 정한다.

## 제9장 기 타 활 동

**제29조(전시 군종지원)** 전시 군종지원에 관하여는 각 군 참모총장이 정한다.

**제30조(지도방문)** 국방부 군종정책과장은 각 군 및 국직기관을, 각 군 본부 군종실장은 소속 예하부대를 방문하여 군종업무에 대한 지도·감독을 하며 미흡한 사항에 대해서는 시정을 명할 수 있다.

**제31조(군종 업무보고)** 각 군 참모총장 및 국직기관의 장은 국방부장관이 정한 업무보고 절차에 따라 해당 부대의 군종업무에 관한 사항을 정기적으로 파악하고 이를 국방부장관에게 보고해야 한다.

**제32조(종교별 신자통계업무 등)** ①군내 종교 신자 조사는 국방인사정보체계를 통하여 실시한다.
②각 군 참모총장 및 국직기관의 장은 소속 장병이 분기별로 국방인사정보체계에 개별 접속하여 자신의 종교를 입력하도록 조치해야 한다.
③종교 신자통계는 매년 12월말 기준으로 국방통계연보 자료 및 군종발

전위원회 정책 참고자료로 활용할 수 있다.

④ 군종장교는 지휘관 지시에 의거 장병 및 군무원의 신앙지도와 정기보고서의 자료수집 등 종교 실태를 파악한다.

⑤ 군종장교는 군종 비품 현황을 정확히 파악하여 이에 대한 획득 및 분배와 관리개선을 도모한다.

**제33조(휴무일)** 군종장교와 군종병은 일요일에 종교행사를 지원하여야 하므로 월요일을 정비 및 휴무일로 함을 원칙으로 한다. 다만, 군종부사관은 휴일에 특별한 종교행사로 인한 군종업무를 지원하는 경우에 한하여 군종참모(군종장교)의 승인을 얻어 주중 하루를 휴무일로 할 수 있다.

**제34조(유효기간)** 이 훈령은 「훈령·예규 등의 발령 및 관리에 관한 규정」에 따라 이 훈령을 발령한 후의 법령이나 현실 여건의 변화 등을 검토하여야 하는 2025년 7월 30일까지 효력을 가진다.

**부 칙** 〈제2690호, 2022. 7. 31. 개정〉

이 훈령은 발령한 날부터 시행한다.

국 방 부 장 관

부록 2

[시행 2016. 11. 30.]

# 군종장교 등의 선발에 관한 규칙

[국방부령 제907호, 2016. 11. 29., 타법개정]

**제1조(목적)** 이 규칙은 「병역법 시행령」 제118조의3제3항 및 제119조에 따라 군종 분야 현역장교 및 군종사관후보생의 선발·병적편입 등에 관하여 필요한 사항을 규정하는 것을 목적으로 한다. [전문개정 2013. 12. 27.]

**제2조(선발대상 종교)** 군종 분야 현역장교(이하 "군종장교"라 한다)와 군종사관후보생의 선발대상 종교는 「병역법 시행령」(이하 "영"이라 한다) 제119조의2제4항제1호에 따라 군종장교운영심사위원회가 선정한 종교로 한다. [전문개정 2013. 12. 27.]

**제3조(군종장교의 선발 등)** ① 군종장교의 선발은 영 제118조의3제2항에 따라 해당 종교단체의 추천을 받은 사람을 대상으로 서류심사·면접시험·신체검사·인성검사 및 신원조사를 거쳐 선발하되, 필요한 경우 필기시험을 추가할 수 있다. 〈개정 2015. 8. 4.〉

② 서류심사는 군종장교의 직무수행에 관련되는 응시자의 자격·경력 등이 정해진 기준에 적합한지의 여부 등을 서면으로 심사한다.

③ 면접시험은 다음 각 호의 평가항목에 대하여 장교 및 성직자로서의

소양과 적격성·전문성을 갖추었는지를 검정한다.

1. 설교·강론 또는 설법 등의 종교의식
2. 해당 종교의 교리
3. 장교로서의 정신자세
4. 일반상식

④ 신체검사는 「의무·법무·군종·수의장교 등 신체검사규칙」이 정하는 기준에 따른다.

⑤ 인성검사는 국방부장관이 정하는 기준에 따른다. 〈신설 2015. 8. 4.〉

⑥ 군종사관후보생으로 병적에 편입된 사람을 군종장교로 선발하는 때에는 필기시험·면접시험 및 인성검사를 면제한다. 〈개정 2015. 8. 4.〉

⑦ 필기시험을 실시하는 경우 그 시험과목은 제11조제3항에 따른 시험과목으로 한다. 〈개정 2015. 8. 4.〉

⑧ 면접시험관의 선정 등 그 밖에 선발시험에 관하여 필요한 사항은 국방부장관이 정한다. 〈개정 2015. 8. 4.〉

[전문개정 2013. 12. 27.]

**제4조(군종장교의 선발인원)** 군종장교의 선발 인원수는 매년 특수병과 중 군종과 장교의 충원이 필요한 인원의 범위 안에서 국방부장관이 정한다.

[전문개정 2013. 12. 27.]

**제5조(응시자의 제출서류)** ① 군종장교의 선발시험에 응시하려는 사람은 별지 제1호서식의 응시원서에 다음 각 호의 서류(전자문서를 포함한다)를 첨부하여 국방부장관에게 제출하여야 한다.

1. 별지 제2호서식의 소속 종교단체 대표자의 추천서 1부
2. 대학의 졸업증명서 또는 졸업예정증명서 2부
3. 대학의 성적증명서 2부

4. 성직자격취득 또는 성직자격취득 예정증명서 2부

5. 가족관계증명서 및 기본증명서 각 3부

②제1항에 따른 응시원서를 제출받은 담당공무원은 「전자정부법」 제36조제1항에 따른 행정정보의 공동이용을 통하여 다음 각 호의 서류를 확인하여야 한다. 다만, 응시자가 확인에 동의하지 아니하는 경우에는 그 서류를 제출하도록 하여야 한다.

1. 주민등록표 등본

2. 병적증명서

[전문개정 2010. 8. 13.]

**제6조(추천의뢰)** 국방부장관은 영 제118조의3제2항에 따라 군종장교를 선발하려는 때에는 선발시험일 60일 전까지 해당 종교단체의 대표자에게 추천을 의뢰하여야 한다.

[전문개정 2013. 12. 27.]

**제7조(선발 우선순위)** ①군종장교의 선발에 있어서는 해당 연도에 현역장교로 임용이 예정된 군종사관후보생을 우선하여 선발한다.

②해당 연도에 임용이 예정된 군종사관후보생의 수가 특수병과 중 군종과 장교의 충원이 필요한 인원을 초과하는 때에는 군종사관후보생의 병적편입이 앞선 사람을 우선하여 선발하고, 병적편입 연도가 같을 때에는 생년월일이 빠른 사람을 우선하여 선발한다.

[전문개정 2013. 12. 27.]

**제8조(군종장교의 합격결정)** ①서류심사의 경우에는 영 제118조의3제1항 각 호의 어느 하나에 해당하는 사람으로서 대학의 평균성적이 만점의 60퍼센트 이상인 사람을 합격자로 한다.

②필기시험을 실시하는 경우에는 각 과목마다 만점의 40퍼센트 이상을 득점하고 전 과목 총 득점이 총 만점의 60퍼센트 이상인 사람을 합격자로

한다.

③면접시험은 제3조제3항 각 호의 평가항목마다 만점의 40퍼센트 이상을 득점하고, 전 평가항목 총 득점이 총 만점의 60퍼센트 이상인 사람을 합격자로 한다.

④신체검사의 경우에는 신체등급이 1급부터 3급까지에 해당하는 사람을 합격자로 한다. 다만, 신체등급이 1급부터 3급까지에 해당하는 사람이 선발인원에 미달하는 경우에는 신체등급 4급에 해당하는 사람을 대상으로 합격 결정을 할 수 있다. 〈신설 2015. 8. 4., 2016. 11. 29.〉

⑤최종 합격자의 결정은 서류심사·필기시험(필기시험을 실시하는 경우에 한한다. 이하 이 조에서 같다)·면접시험·신체검사·인성검사 및 신원조사에 합격한 사람 중에서 면접시험과 필기시험의 점수를 합산하여 고득점자 순으로 하되, 제4조에 따른 선발인원의 1.1배수 범위 내에서 합격자를 결정한다. 〈개정 2015. 8. 4.〉

[전문개정 2013. 12. 27.]

**제9조(합격자의 통지)** 국방부장관은 군종장교의 선발시험에 최종 합격한 사람의 명단을 소속 종교단체의 대표자를 거쳐 본인에게 통지한다.

[전문개정 2013. 12. 27.]

**제10조(임용 등)** ①국방부장관은 군종장교로 선발되어 정해진 군사교육을 마친 사람을 군종장교로 임용한다.

②제1항에 따라 군종장교로 임용하는 사람에 대한 소속 군의 분류는 임용하는 때에 국방부장관이 정한다.

[전문개정 2013. 12. 27.]

**제11조(군종사관후보생의 선발 등)** ①군종사관후보생은 서류심사·필기시험·면접시험·신체검사·인성검사 및 신원조사를 거쳐 선발한다. 〈개정 2015. 8. 4.〉

②서류심사는 응시자의 자격·경력 등이 정해진 기준에 적합한지의 여부 등을 서면으로 심사한다.

③필기시험의 과목은 국어·국사·윤리·사회 및 영어로 한다.

④면접시험은 다음 각 호의 항목에 대하여 평가한다.

1. 군종사관후보생으로서의 정신자세
2. 의사발표의 정확성과 논리성
3. 창의력·의지력 및 군종장교로서의 발전가능성
4. 성실성·예의 및 품행

⑤신체검사·인성검사 및 신원조사는 국방부장관이 정하는 기준에 따른다. 〈개정 2015. 8. 4.〉

⑥면접시험관의 선정 등 그 밖에 선발시험에 관하여 필요한 사항은 국방부장관이 정한다.

[전문개정 2013. 12. 27.]

**제12조(군종사관후보생의 선발인원)** 군종사관후보생의 선발 인원수는 특수병과 중 군종과에 중·장기적으로 충원이 필요한 인원의 범위 안에서 국방부장관이 정한다.

[전문개정 2013. 12. 27.]

**제13조(응시자의 제출서류)** ①군종사관후보생의 선발시험에 응시하려는 사람(영 제119조제1항제3호에 따른 국방부장관이 지정한 대학의 장 추천을 받은 사람을 포함한다)은 별지 제3호서식의 응시원서에 다음 각 호의 서류(전자문서를 포함한다)를 첨부하여 국방부장관에게 제출하여야 한다. 〈개정 2012. 12. 20.〉

1. 별지 제4호서식의 성직자격취득보증서 1부
2. 가족관계증명서 및 기본증명서 각 3부
3. 재학증명서(휴학 중인 경우에는 휴학증명서를 말한다) 1부

②제1항에 따른 응시원서를 제출받은 담당공무원은 「전자정부법」 제36조제1항에 따른 행정정보의 공동이용을 통하여 다음 각 호의 서류의 내용을 확인하여야 한다. 다만, 응시자가 확인에 동의하지 아니하는 경우에는 그 서류를 제출하도록 하여야 한다.

1. 주민등록표 등본
2. 병적증명서

[전문개정 2010. 8. 13.]

**제14조(군종사관후보생의 합격결정)** ①서류심사는 영 제119조제1항제3호에 따른 기준에 적합한지에 대하여 적격 여부를 판단한다.

②필기시험은 각 과목마다 만점의 40퍼센트 이상을 득점하고 전 과목 총 득점이 총 만점의 60퍼센트 이상인 사람을 합격자로 한다.

③면접시험은 제11조제4항 각 호의 평가항목마다 만점의 40퍼센트 이상을 득점하고 전 평가항목 총 득점이 총 만점의 60퍼센트 이상인 사람을 합격자로 한다.

④신체검사의 경우에는 신체등급이 1급부터 3급까지에 해당하는 사람을 합격자로 한다. 다만, 신체등급이 1급부터 3급까지에 해당하는 사람이 선발인원에 미달하는 경우에는 신체등급 4급에 해당하는 사람을 대상으로 합격 결정을 할 수 있다. 〈신설 2015. 8. 4., 2016. 11. 29.〉

⑤최종 합격자의 결정은 서류심사·필기시험·면접시험·신체검사·인성검사 및 신원조사에 합격한 사람 중에서 필기시험과 면접시험의 점수를 합산하여 고득점자 순으로 한다. 〈개정 2015. 8. 4.〉

[전문개정 2013. 12. 27.]

**제15조(합격자의 통지 등)** 국방부장관은 제14조제4항에 따른 최종 합격자의 명단을 병무청장 및 응시자가 소속된 종교단체 대표자에게 송부하고, 응시자가 소속된 지정대학의 장을 거쳐 본인에게 통지한다.

[전문개정 2013. 12. 27.]

**제16조(선발계획의 공고)** 국방부장관은 군종장교 또는 군종사관후보생의 선발시험을 실시하려는 때에는 그 시험기일 60일 전까지 선발대상 종교·선발인원·시험일시·장소·과목·응시원서 접수기간, 그 밖에 선발시험에 필요한 사항을 관보 등을 통하여 공고하여야 한다. 다만, 불가피한 사유로 공고내용을 변경하려는 때에는 시험기일 10일 전까지 그 변경내용을 공고하여야 한다.

[전문개정 2013. 12. 27.]

**제17조(대학의 지정)** ①국방부장관은 영 제119조제1항제3호에 따라 종교단체가 개별적으로 운영하거나 연합하여 운영하는 대학 중에서 해당 종교에 대한 국민전체 및 군(軍) 내의 신자 수 등을 고려하여 군종사관후보생 선발대상대학으로 지정할 수 있다. 이 경우 종교단체는 영 제119조의2제4항제1호에 따라 군종 분야 병적편입대상종교로 선정된 종교의 단체를 말한다.

②제1항에 따라 군종사관후보생 선발대상학교로 지정받으려는 경우에는 다음 각 호의 서류를 국방부장관에게 제출하여야 한다.

1. 대학 현황(소재지·대표자 및 연혁이 포함되어야 한다)
2. 대학설립인가서 사본
3. 학교법인 정관(사립학교인 경우만 해당한다)
4. 대학헌장 또는 학칙
5. 설치 학과 및 학생수(정원 및 재학생 수가 포함되어야 한다)
6. 교직자 현황(교직자의 전공 및 학위가 포함되어야 한다)
7. 성직자 양성학과의 내용 및 최근 3년간 졸업생수
8. 대학시설 현황
9. 대학발전 계획

[전문개정 2013. 12. 27.]

**부칙** 〈제907호, 2016. 11. 29.〉 (병역법 시행규칙)

제1조(시행일) 이 규칙은 2016년 11월 30일부터 시행한다.

제2조(다른 법령의 개정) ①부터 ③까지 생략

④군종장교 등의 선발에 관한 규칙 일부를 다음과 같이 개정한다.

제8조제4항 본문 중 "신체등위가"를 "신체등급이"로 하고, 같은 항 단서 중 "신체등위가"를 "신체등급이"로, "신체등위 4급"을 "신체등급 4급"으로 한다.

제14조제4항 본문 중 "신체등위가"를 "신체등급이"로 하고, 같은 항 단서 중 "신체등위가"를 "신체등급이"로, "신체등위 4급"을 "신체등급 4급"으로 한다.

⑤부터 ⑪까지 생략

부록 3

일부개정 국방부훈령 제2301호(2019. 7.31.)
일부개정 국방부훈령 제2689호(2022. 7.31.)

# 군 종교활동지원 민간성직자 관리훈령

## 제1장 총칙

**제1조(목적)** 이 훈령은 군 장병들의 원활한 종교활동을 위해 군 종교활동지원 민간성직자(이하 '민간성직자'라고 한다)의 선발, 위·해촉 및 활동범위 등의 제반 운영기준과 절차를 규정하는 데 목적이 있다.

**제2조(정의)** 이 훈령에서 사용하는 용어의 정의는 다음 각 호와 같다.

1. "민간성직자"란 제4조에 따라 선발, 제8조에 따라 위촉되어 군 종교활동을 지원하는 성직자를 뜻한다.
2. "전담(專擔) 성직자"란 민간성직자 중 위촉부대 종교시설 운영책임을 위임받아 종교행사 및 종교업무를 지원하는 성직자를 뜻한다.
3. "협력(協力) 성직자"란 민간성직자 중 월 1회 이상 군 종교활동을 고정적으로 지원하는 성직자를 뜻한다.

**제3조(적용범위)** 이 훈령은 국방부본부, 국방부직할기관(부대를 포함한다), 합동참모본부 및 육군, 해군, 공군(이하 "각 군"이라 한다)과

군 종교활동을 지원하는 민간성직자에게 적용한다.

## 제2장 선발 및 위촉·해촉

**제4조(선발)** ① 민간성직자의 선발은 해당부대 군종참모(군종장교)의 소요제기에 따라 다음 각 호의 종교별 군종교구에서 선발·추천하고 민간성직자 심의위원회(이하 "심의위원회"라 한다)에서 최종심의 확정한다.

1. 기독교: 기독교 군종교구
2. 천주교: 천주교 군종교구
3. 불　교: 대한불교조계종 군종특별교구
4. 원불교: 원불교 군종교구

② 민간성직자 정기 및 수시선발은 다음 각 호와 같다.

1. 정기선발: 매년 11~12월에 선발하여 다음 해 1월 1일부터 활동한다.
2. 수시선발: 결원 보충 및 추가 위촉 소요 발생 시 선발한다.

**제5조(민간성직자 심의위원회)** ① 민간성직자 위촉 및 해촉 심의를 위해 국방부 및 각 군에 종교별 심의위원회를 둔다.

② 심의위원회의 위원장(이하 "심의위원장"이라 한다)은 국방부 및 각 군 종교별 군종장교 대표가 맡는다. 다만, 효율적인 심의를 위해 예하부대 해당종교 군종참모(군종장교)에게 권한을 위임할 수 있다.

③ 심의위원회는 다음 각 호에 따라 구성한다.

1. 심의위원회는 선발 및 해촉 소요가 발생한 부대의 해당 종교 군종장교들로 구성한다.
2. 국직부대는 국직부대 해당 종교 군종장교들로 심의위원회를 구성

한다.
3. 기독교: 육군은 15개 지역 군종목사단에 위임하여 심의위원회를 구성하며, 해·공군은 심의위원장이 선임(選任)하여 구성한다.
4. 천주교·불교: 각 군별 심의위원장이 선임하여 구성한다.
5. 원불교: 원불교 군종장교로 심의위원회를 구성하고, 해·공군은 심의 후 각 군 군종실장의 동의를 받는다.

④ 심의위원회 의결 정족수는 심의위원 2/3 이상으로 한다.
⑤ 심의위원장은 해당부대 군종참모(군종장교)의 민간성직자 활동보고서(평가서) 및 지휘관의 소견서 제출을 요구할 수 있다.
⑥ 심의위원회는 군사안보지원부대를 통해 해당 민간성직자에 대한 신원조회 절차를 진행한다.

**제6조(지원연령 및 활동기한)** 민간성직자 지원연령은 만 56세 이하인 자로 하며, 활동기한은 만 65세가 되는 해 12월 31일까지로 한다. 단, 후임자를 구하지 못한 경우에는 심의위원회 승인을 받아 1년씩 재위촉할 수 있다.

**제7조(구비서류 및 제출절차)** 민간성직자로 위촉을 받기 위해 지원한 이들은 다음 각 호의 구비서류를 해당 군종교구에 제출하며, 해당 군종교구는 이를 근거로 선발·추천하고, 최종 확정을 위해 심의위원회에 그 결과를 제출한다.
1. 군 종교활동지원 민간성직자 지원서(별지제1호서식): 1부
2. 군종교구추천서(별지제2호서식): 1부
3. 성직증명서: 1부
4. 종단대표 추천서: 1부
5. 후원약정서: 1부(별지제3-1호서식)
6. 자비부담서약서: 1부(별지제3-2호서식)

7. 서약서: 1부(별지제4호서식)

8. 자기소개서: 1부(성장배경, 지원 동기, 국가관, 안보관 등)

9. 이력서: 1부

10. 주민등록등본: 1부

11. 반명함판(3×4cm) 사진2매(최근 3개월 이내 촬영사진)

12. 개인정보 제공·이용 동의서(별지제6호서식)

13. 신원진술서(B형): 1부

**제8조(위촉)** ① 각급부대 군종참모(군종장교)는 민간성직자 위촉 소요 발생 시, 위촉권자(장성급 지휘관)에게 민간성직자 위촉 절차 개시를 보고하고, 제4조 제1항에 따라 해당 군종교구에 민간성직자 선발 추천을 요청한다.

② 종교별 군종교구는 각 기관이 정하는 규정에 따라 해당 민간성직자를 선발하여 심의위원회에 구비서류 제출과 함께 최종 확정 심의를 의뢰한다.

③ 심의위원장은 심의위원회를 구성하여 소집하되, 해당 군종교구로부터 선발된 민간성직자에 한해 심의하여 최종 확정하고, 그 결과를 해당 군종교구에 회신한다.

④ 종교별 군종교구는 심의위원회에서 확정된 민간성직자의 위촉을 해당 부대에 건의하고, 위촉권자(장성급 지휘관)는 이를 근거로 위촉한다.

⑤ 민간성직자의 위촉 기간은 다음과 같다.

1. 정기선발 위촉기간은 1월 1일부터 다음 해 12월 31일까지 2년으로 한다.

2. 수시선발 위촉기간은 위촉받은 때부터 다음 해 12월 31일까지 2년 이내이다.

3. 위촉 후 정년이 도래한 자의 활동기한은 만 65세가 되는 해 12월 31일까지로 한다.
⑥ 민간성직자 위촉 시, 반드시 위촉 기간이 명시된 위촉장을 수여한다.
⑦ 재위촉의 경우는 해당부대 군종참모(군종장교)가 별지 제5호 서식에 따라 해당 민간성직자가 제출한 재위촉 신청서를 심의위원회에서 승인받아야 하며, 재위촉이 되지 않을 경우에는 활동이 자동 종료된다.
⑧ 해촉이력이 있는 경우 그 사유가 소명되기 전까지는 재위촉될 수 없다.

**제9조(해촉)** ① 해촉권자(장성급 지휘관)는 민간성직자가 다음 각 호에 해당하는 행위를 한 경우 해촉 절차를 통해 해당 민간성직자를 해촉할 수 있다.
1. 군 신앙전력 증강에 저해 요인이 되는 행위
2. 군에 해를 끼친 행위
3. 군사보안에 저촉되는 행위
4. 신앙적 또는 교리적 위배 행위
5. 성직자로서 윤리·도덕적, 금전적 지탄 행위
6. 소속종단의 징계 또는 위촉 당시 소속종단으로부터 이탈 행위
7. 해당종교 이단 및 사이비 교리전파로 군 갈등 및 전투력 손실 행위
8. 법령, 국방부 행정규칙 및 각 군 규정 위반 행위
9. 특정 정당에 편향되어 군의 정치적 중립성을 손상시키는 행위
10. 소속 및 상급부대 군종참모(장교)의 지도·감독을 거부하는 행위
11. 제7조에 규정한 구비서류 중 허위사실이 기재된 서류를 제출한 행위

12. 국방부 및 각 군 주관의 보수교육에 2회 연속 불참한 행위
13. 소속종단 및 해당 군종교구에서 해촉을 요청하는 경우
14. 질병, 해외 장기 체류 등 일신상의 사유로 3개월 이상 군 종교활동 지원을 하지 못하는 경우

② 민간성직자 해촉 절차는 다음 각 호와 같다.
1. 각급부대 군종참모(군종장교)는 제9조 제1항에 따른 민간성직자 해촉 사유 발생 시, 해촉권자(장성급 지휘관)와 심의위원장에게 해촉 절차 개시를 보고한다.
2. 해당 군종참모(군종장교)는 심의위원장의 승인을 받아 해당 군종교구에 해촉 심의를 요청한다.
3. 해당 군종교구는 자체 규정에 따라 민간성직자 해촉 심의를 진행하며, 해당 민간성직자에게 해촉 절차 개시 및 사유를 통보하고, 민간성직자는 해촉 사유에 관하여 이의를 제기할 경우 소명서를 해당 군종교구에 제출한다.
4. 해당 군종교구는 심의 후 심의위원장에게 기존의 위촉 철회 및 민간성직자 해촉을 문서로 건의하고, 심의위원장은 해촉권자에게 보고하여 최종적으로 해촉한다.
5. 해촉권자는 해당 군종교구를 통해 해촉된 성직자에게 관련 결과를 최종 통보한다.

③ 해촉권자(장성급 지휘관)는 제9조 제1항에 따라 해당 군종교구의 해촉 요청이 있는 경우 이를 수용한다.

## 제3장 운 용

**제10조(임무)** 군 종교활동지원 민간성직자 제도를 효과적으로 운용하기

위한 각 관의 임무는 다음 각 호와 같다.
1. 국방부 군종정책과장: 현황 유지 및 총괄관리
2. 각 군 군종실장: 현황 종합 및 국방부 보고
3. 종교별 군종장교 대표: 민간성직자 선발 및 해촉 심의
4. 장성급 지휘관
    가. 민간성직자 위촉 및 해촉
    나. 민간성직자 군 종교활동 지원을 위한 편의 제공 및 여건 보장
5. 상급부대 군종참모(군종장교)
    가. 업무지도 및 감독
    나. 예하부대 민간성직자 현황 파악 및 상급부대 보고
6. 해당부대 군종참모(군종장교)
    가. 민간성직자 충원 소요제기 및 신상기록 유지, 관리
    나. 위촉·해촉 준비, 긴밀한 협조체제 및 활동 내용 파악
    다. 신분 변동의 경우 상급부대 보고
    라. 활동보고서(별지 제7호 서식) 관리 및 평가
    마. 해당 종교시설 관리 및 예산·결산 감독

**제11조(역할과 범위)** ① 민간성직자는 상급부대 군종참모의 지도아래 종교행사 및 종교교육을 지원한다. 다만, 지휘관 및 군종참모(장교)가 요청하는 경우 인성교육, 위문, 상담 등 군종활동을 지원할 수 있다.
② 군종참모(장교)는 정기 종교행사 이외의 특별행사를 위해서 민간성직자의 해당부대 종교시설에 대한 사용을 제한하거나 금지할 수 있다.
③ 민간성직자는 군종장교가 보직된 부대에 종교행사 및 종교업무를 지원할 수 없으며, 그 활동범위는 위촉부대에 한정한다. 협력 성직자

는 지원하는 각 종교시설마다 4명을 초과할 수 없다.

　④민간성직자는 활동보고서를 매년 9월까지 해당부대 군종참모(군종장교) 및 해당 군종교구에 제출한다.

**제12조(민간성직자에 대한 교육)** ①국방부는 올바른 군 이해 및 군종업무에 관한 공감대를 형성하기 위하여 지역별 민간성직자 보수교육을 매년 1회 이상 실시한다.

　②국방부 주관 민간성직자 보수교육을 2회 연속 미이수한 자는 해촉할 수 있다. 다만, 타지역 보수교육 참가자는 이수한 것으로 한다.

　③종교별 군종교구는 선발된 민간성직자에 대하여 군종활동 지원에 필요한 교육을 실시한다.

**제13조(민간성직자 부대출입 및 보안)** ①민간성직자가 위촉된 부대의 지휘관은 민간성직자의 원활한 종교활동 지원을 위하여 부대출입을 보장한다.

　②부대출입 및 보안사항은 「국방보안업무훈령」에 따른다.

**제14조(민간성직자 표창)** 장성급 지휘관은 군종참모(군종장교)의 추천으로 모범적인 민간성직자를 표창할 수 있으며, 필요시 상급부대에 표창을 추천할 수 있다.

**제15조(종단협조회의)** 국방부는 민간성직자의 효율적인 관리 및 지원을 위해 종교별 군종교구와 협조 회의를 실시할 수 있다.

**제16조(호칭사용)** 전담 성직자에 한하여 상급부대 해당종교 군종참모(군종장교)의 동의가 있을 경우에 담임목사, 주임신부, 주지, 주임교무의 호칭을 사용할 수 있다.

**제17조(유효기간)** 이 훈령은 「훈령·예규 등의 발령 및 관리에 관한 규정」에 따라 이 훈령을 발령한 후의 법령이나 현실 여건의 변화 등을 검토하여야 하는 2025년 7월 30일까지 효력을 가진다.

**부 칙** 〈제2301호, 2019. 7. 31. 일부개정〉

제1조(시행일) 이 훈령은 발령한 날부터 시행한다.

제2조(지원연령 적용시기) 제6조에 의한 지원연령은 2023년 1월 1일부터 적용한다. 다만, 발령한 날부터 2022년 12월 31일까지는 아래 표와 같이 적용한다.

| 연도 | 2020 | 2021 | 2022 | 2023 |
|---|---|---|---|---|
| 신규위촉 지원연령 | 만 59세 | 만 58세 | 만 57세 | 만 56세 |

**부 칙** 〈제2689호, 2022. 7. 31. 일부개정〉

이 훈령은 발령한 날부터 시행한다.

국 방 부 장 관

부록 4

# 군승의식 설문조사 결과

〈군승의식 설문조사〉는 2023년 9월 19일부터 21일까지 실시하였으며 조사방법은 네이버 온라인 폼을 사용하였다. 군승정원 127명 가운데 110명이 설문에 응답하여 86.6%의 표본 추출률에 표준오차는 0.059이다.

〈표 1〉 군승의 계급구조

| 3년 이하 위관 | 10년 이하 위관 | 10년 이상 영관 | 20년 이상 영관 |
| --- | --- | --- | --- |
| 26명 | 37명 | 34명 | 12명 |
| 23.6% | 33.6% | 30.9% | 10.9% |

총원 127명 중 계급 밝히지 않은 1명은 제외

〈표 2〉 군승이 생각하는 장병의 법회 참석 동기

| 수행과 종교적 신앙체험 | 마음의 안정과 편안함 | 교리의 습득 | 친목과 여흥(위문품) | 기타 |
| --- | --- | --- | --- | --- |
| 8 | 85 | 0 | 12 | 5 |
| 7.3% | 77.3% | 0% | 10.9% | 4.5% |

⟨표 3⟩ 불교종교활동 빈도(월)

| 거의 없다 | 1~2회 | 3~4회 | 5회 이상 |
|---|---|---|---|
| 8 | 34 | 25 | 43 |
| 7.3% | 30.9% | 22.7% | 39.1% |

⟨표 4⟩ 장병상담(집단/개인) 빈도(월)

| 거의 없다 | 1~2회 | 3~4회 | 5회 이상 |
|---|---|---|---|
| 8 | 34 | 25 | 43 |
| 7.3% | 30.9% | 22.7% | 39.1% |

⟨표 5⟩ 군승에게 필요한 소양과 덕목에 대한 인식

| 설법능력과 교리이해 | 염불과 의식집전 능력 | 상담기법 | 수행자로서의 위의와 자세 | 인성과 도덕성 | 기타 |
|---|---|---|---|---|---|
| 26 | 1 | 5 | 27 | 49 | 2 |
| 23.6% | 0.9% | 4.5% | 24.5% | 44.5% | 1.8% |

⟨표 6⟩ 군장병들에게 강조하는 불교의 핵심교리

| 자비사상 | 연기법 | 인과법 | 삼법인/사성제 | 업과 윤회 | 기타 |
|---|---|---|---|---|---|
| 62 | 70 | 65 | 40 | 38 | 15 |
| 21.4% | 24.1% | 22.4% | 13.8% | 13.1% | 5.2% |

〈표 7〉 군종장교의 임무와 불교수행자로서의 정체성 충돌 경험

| 전혀 없다 | 가끔 있다 | 자주 있다 | 아주 많다 | 문제로 여기지 않는다 |
|---|---|---|---|---|
| 19 | 63 | 18 | 6 | 4 |
| 17.3% | 57.3% | 16.4% | 5.5% | 3.6% |

〈표 8〉 군승으로서 가장 중요하게 생각하는 사명과 역할

| 전법과 포교 | 수행과 기도 | 군종장교의 임무 | 장병들의 조력자 | 기타 |
|---|---|---|---|---|
| 50 | 4 | 35 | 20 | 1 |
| 45.5% | 3.6% | 31.8% | 18.2% | 0.9% |

〈표 9〉 군불교의 비전으로 가장 중요하다고 생각되어지는 것

| 종단의 지원 | 군승개인의 자기계발과 역량강화 | 군불교 관련 제도의 개선 | 군승의 충원과 확대 | 기타 |
|---|---|---|---|---|
| 48 | 23 | 17 | 20 | 2 |
| 43.6% | 20.9% | 15.5% | 18.2% | 1.8% |

## 군승 설문조사 분석

논자는 현재 군내에서 이러한 불교 종교활동을 시행하고 있는 군승들의 의식성향과 보다 구체적인 활동 중점을 파악해 보고자 〈군승의식 설문조사〉를 실시하였다.

군승들도 장교 군인사법軍人事法의 적용을 받아 장기복무자와 단기복무자로 나누어져 있으며 매년 장기와 연장복무에 대한 신청과 선발이 진행된다. 현재 복무기간이 10년 이하인 군승들은 57%이며 10년 이상이 30.9%, 20년 이상 근무한 군승도 11%에 달한다.

군승들의 장기, 혹은 연장근무에 대한 지원율은 매년 유동적이기는 하나 모든 군승 자원이 장기복무를 희망하는 것은 아니며 최근에는 군승수급의 부족문제와 관련하여 의무복무 후 제대하였다가 재입대하는 군승자원도 소폭 늘고 있는 추세이다.

군승들이 생각하는 장병들의 법회참석 이유는 마음의 안정과 편안을 위해서 라는 응답이 가장 많았다. 통제된 병영생활 가운데 제한된 여러 가지 환경들이 종교생활을 통해 해소하고자 하는 욕구의 발현이라고 판단하고 있는 것이다. 이러한 설문결과는 기존에 조사된 〈군불자장병 의식성향 설문조사〉[1]결과와도 일치하는 통계이기도 하다.

이는 카이제곱 검정[2] 결과 유의수준 0.05에서 다른 이유들과 차이가 있는 것으로 나타났다. 장병들이 법회에 주로 심리적 안정을 위해 참석한다는 점을 실증적으로 확인할 수 있는 사례일 것이다. 이러한

---

[1] 〈군불자장병 의식성향 설문조사〉에 따르면 장병들이 법당을 찾는 가장 큰 이유로 마음의 안정과 편안함을 위해서 라는 답변이 62.3%였다. 함현준, 「탈종교화 시대의 포교활동 방향에 대한 고찰」『한국불교사연구』 제24호(한국불교사연구소, 2023), p.327.

[2] 카이제곱 검정(chi-squared test) 또는 $X^2$ 검정은 카이제곱 분포에 기초한 통계적 방법으로, 관찰된 빈도가 기대되는 빈도와 의미 있게 다른지의 여부를 검정하기 위해 사용되는 검정방법이다. 자료가 빈도로 주어졌을 때, 특히 명목척도 자료의 분석에 이용된다.

설문결과는 군승들이 종교활동에 있어 장병들을 대상 불교교리의 교육이나 수행, 혹은 신앙체험을 중요시하기보다 장병들의 정신적 안정과 휴식을 더 중요시 여기고 있다는 일례가 될 것이다.

이는 힐링이나 휴식, 혹은 안정의 추구가 시대의 화두가 되고 있는 현상을 보여주고 있는 사례이기도 하고 군에서 허용되는 짧은 종교행사 시간에 다수의 참가자들을 대상으로 하는 종교적 교육이나 신앙체험을 경험하기에는 시간적·공간적 한계가 존재하는 군불교의 현실을 드러내는 실증이기도 하다.

군승들이 주관이 되어 병영 내에서 진행하는 다양한 불교종교활동은 법회나 전통불공, 각종 전승기도, 추모식 등이 있으며 이는 시기별, 상황별, 부대 임무별로 차이가 적지 않다. 그러나 평균 5회 이상이라고 답한 비율이 39%에 달한다고 하는 것은 그만큼 군승활동에 있어 불교종교활동이 차지하는 비중이 크다는 사례로 보아도 무방할 것이다.

거의 없다고 답한 7.3%의 경우는 보직된 부대의 직책상 주지 임명[3]을 받지 않았거나 법당을 담당하지 않는 경우에 해당된다고 판단된다.[4] 군승들은 종교활동 이외에도 다양한 선도활동의 임무를 수행하고

---

[3] 군종특별교구에서는 현재 각 부대별 군승보직이 이루어질 때 군의 보직명령과는 별도로 해당 부대의 법당을 담당하는 대한불교조계종 주지 임명을 별도로 진행하고 있다.

[4] 미 군종의 경우는 종교장교를 작전담당 군종장교인 오퍼레이션(Operation) 채플린과 해당부대 기지의 종교시설을 관리하며 종교활동을 전담하는 게리슨(Garrison) 채플린으로 역할을 구분하여 활동하고 있으나 한국 군종의 경우 대부분은 이 두 가지 임무를 병행하는 경우가 대부분이다.

있다. 이는 개인적인 상담과 집단상담 프로그램을 진행하는 것으로도 이어지는데 이는 중요한 군승활동 중에 하나이다.

종교적인 접근의 신앙선도활동과 아울러 대부분의 군승들은 군에서 매년 진행되는 각종 실무위탁교육 등을 통해 전문적인 상담기법을 교육받고 있으며 집단상담 프로그램의 경우 군종병과에서 개발한 정해진 매뉴얼과 통일된 상담기법을 활용하기도 한다.

현역 군승들이 가장 중요하게 여기고 있는 군승으로서의 소양과 덕목은 수행자로서의 위의威儀와 자세, 그리고 인성과 도덕성으로 나타났다. 법회와 불공을 주관하는 의식집례자로서의 성직기능보다 인성과 도덕성을 갖춘 수행자로서의 위의와 자세가 더 중요하다고 보고 있는 것이다.

이는 군승들이 기능적 측면보다 종교가 가지고 있는 본질적 역할에 더 의무를 부여하고 있다는 것을 나타내고 있는 결과라고 보인다. 군 장교의 신분과 불교 수행자의 정체성을 동시에 가지고 있는 입장에서 군승들은 불교 본연의 역할에 더 많은 가치와 의미를 부여하고 있다는 사례로 보아야 할 것이다.

군승들이 장병들을 대상으로 강조하고 있는 불교의 핵심교리는 자비와 연기, 인과와 업설 등이 비교적 고르게 나타나고 있는데 병영환경이라는 특수한 상황과 20대 초반의 남성이 대부분인 제한된 현실 속에서 가장 일반적이고 보편적인 불교의 교리가 군승들에 의해 교육되고 있다는 실례로 보아야 할 것이다.

물론 군불교의 현장에서 어느 특정 불교교리만이 강조되거나 교육될 필요는 없겠지만 군장병 불자들이 기존의 불교신자로 입대하는 것이 아니라 군에 입대하여 종교를 불교로 갖게 되는 경우가 대부분인 만큼 기초교리의 습득차원에서 가장 기본적이고 핵심적인 불교교리가 군승들에 의해 강조되고 있는 것으로 해석해야 할 것이다. 이는 각 문항별 표준편차가 작아 군승들 사이에 어느 정도 일치된 견해가 있음을 시사하고 있다.

한 가지 주목하고 싶은 것은 설문조사 결과 〈표 7〉에서 보이는 군종장교와 수행자 정체성 충돌을 경험했다는 응답(가끔 57.3%, 자주 16.4%, 아주 많다 5.5%)이 79.2%에 달하는 현상이다. 이는 충돌 경험 비율의 신뢰구간이 70~88%로 높게 나타난다. 대다수 군승들이 정체성 충돌을 겪고 있음을 실증적으로 확인할 수 있는 사례일 것이다.

이 결과는 군 생활의 근무연차나 보직된 부대의 임무나 성격, 혹은 지휘관의 성향과도 관련이 있기 때문에 단순 통계치만을 가지고 결과를 분석하거나 판단하여 일반화 할 수는 없을 것이다. 그러나 설문조사의 통계 결과에서도 드러나듯이 거의 모든 군승들이 군종장교의 임무와 불교수행자로서의 정체성 충돌을 경험하고 있으며 이는 수행자가 지녀야 할 계율문제에 있어서 지계持戒와 월계越戒, 혹은 파사현정破邪顯正과 중생구제衆生救濟 사이에 놓인 불교 본질적 고민과도 맞닿아 있다고 할 것이다.

군부대는 지휘관의 성향에 따라 장병들의 임무수행이 영향을 받게 된다. 그 지휘관의 성향 가운데는 종교적인 성향도 포함되어 있는데 한국과 같은 다종교 상황 하에서 타종교 지휘관과 군승들의 상관관계는 때로는 극단적 종교편향의 사례로 이어지는 경우가 없지 않았고, 그 결과 각종 훼불사건이나 군승의 보직해임 사례로까지 발전되는 경우도 있었다. 이 둘을 어떻게 극복하여 양극단에 머물지 않고 중도의 길을 찾을 수 있는가가 대다수 군승들의 화두가 되고 있다는 점은 고무적이다.

현역 군승들이 가장 중요하게 여기는 사명과 역할은 전법과 포교로 나타났다. 이는 최초 군승 파송의 중요 목적을 포교로 삼았던 불교계의 입장을 충실히 대변하고 있는 답변이라고 할 것이다.

그러나 군종장교로서의 임무나 장병들의 조력자로서의 역할을 중요한 사명이라고 답변한 경우도 적지 않은 비율을 차지하고 있는 것으로 볼 때 이 둘은 상반되는 가치가 아니라 군승으로서 포용하고 상의상존하며 병행해 나가야 할 역할이라고 보아야 할 것이다.

다만 수행과 기도가 군승의 사명과 역할이라고 답한 경우가 3.6%에 불과하다고 하는 것은 수행과 기도가 중요하지 않다는 의미라기보다 포교승, 전법승으로서의 사명과 역할에 더 많은 비중을 두어야 한다는 방증의 결과로 여겨야 할 것이다.

마지막 질문은 군승들이 생각하는 군불교의 비전과 성장을 위해 무엇이 필요하며 어떤 방향으로 나아가야 할 것인가에 대한 질문이었다. 설문조사에서 군승들이 미래비전을 위해 가장 중요하게 여기는 것은 불교계의 지원과 관심이 필요하다는 것이었다.

이는 현장에서 군포교를 감당하는 군승들이 볼 때 전법의 확산과 포교역량의 강화 없이는 불교의 미래가 그리 밝지 못하다는 부정적 인식에서 기인한 결과라고 생각된다. 그 뒤를 군승 개개인이 자기계발을 통한 역량을 강화해야 하며 군승충원과 확대 그리고 군불교 관련 제도의 개선이 뒤따라야 한다는 답변이 뒤를 이었다.

불교신자의 숫자를 늘리는 외적인 성장 우선 전략이 한국불교의 미래에 얼마만큼의 영향을 미칠 것인가 정확히 알 수는 없지만 장병들과 동고동락하면서 포교 전법을 통한 불교의 미래를 고민하는 군승들의 입장에서 아직도 종단의 관심과 지원은 아직도 가장 필요한 요소 중 하나인 것이다.

사실 설문조사는 대상에 대해 유용한 정보를 수집할 수 있는 간편한 방법 중 하나이지만, 분명 한계도 존재한다. 본 연구에서 진행한 〈군승 대상설문조사〉 역시 빈도분석을 위해 정확성과 타당도를 높이기 위하여 설문을 보다 정교하게 설계해야 함에도 불구하고 그러하지 못했다.

통계학적인 식견의 부족과 짧은 질문과 응답이 이루어진 온라인 설문조사의 특성 때문에, 깊이 있는 분석이나 군승들의 구체적인 의식성향을 전문적으로 파악하는 데는 어려움이 있을 수 있다는 것을 인정한다.

그러나 군승제도 연구라는 큰 틀 안에서 군승들이 가지고 있는 의식과 성향을 파악하고 그를 통해 군불교의 미래비전과 성장 전략의 기초를 마련할 수 있게 된다면 군승의식 성향조사는 그 자체만으로도 의미 있는 것이라고 판단하였다.

이상의 통계분석 결과를 종합해 보면 설문조사가 비교적 대표성 있는 표본을 확보하였으며, 군승들의 의식구조와 활동 실태, 주요 이슈 등을 실증적으로 파악할 수 있었다. 다만 일부 문항의 경우 심층적 분석에 한계가 있어 후속 질적 연구를 병행할 필요가 있을 것으로 보인다.

# 찾아보기

**【ㄱ】**

가사袈裟　90, 120
감군減軍　164
갈등 중재　193
거불擧佛　124
계율戒律　88~93, 97~100
공덕功德　26
군불교　67, 153~157, 162~164
군사찰　125~129
군승軍僧　13~16, 46~50, 85~93
군승고시軍僧考試　189
군승제도　57~62, 73~77, 173~176
군승활동　157~165
군종軍宗　57~62, 85~87
군종교구　80~84, 186~188
군종장교　85~87, 177~180
군종장교운영심사위원회　179~180
군종특별교구　80~84, 187~188
군포교　65~67, 162
귀의歸依　123
근본불교　23
기부채납　125~126

**【ㄴ】**

난승지難勝地　25

남수단　143~144
남수단 재건지원단　143~144

**【ㄷ】**

다종교　165~166
단비부대　141~143
대승기신론大乘起信論　45
대승보살　43, 93
대승불교　23~36
대지도론大智度論　27
대한불교조계종　80~89, 181, 199
동명부대　138~141
동체대비同體大悲　24

**【ㄹ】**

레바논　138~141

**【ㅁ】**

묘법연화경妙法蓮華經　24~29
무형 전력　103, 113~114
문호개방　183~185
민간성직자　168~170
민간화　194~196

## 【ㅂ】

반야경般若經　29
범종단　174~176
법계法界　32
법당　125~128
법명法名　74
법사法師　25~27, 87
법회　76, 128
보살도菩薩道　23~36
보살사상　24~36
보승군保僧軍　19
불국토佛國土　52
불교군종　62~72
불교의식　118~124
불교종립학원　74
불살생계不殺生戒　43, 53
불성佛性　29~30
비구比丘　91~93
비구니比丘尼　146~152
비전투요원　86

## 【ㅅ】

사미沙彌　107
사미니沙彌尼　107
사분율四分律　92~93
삼국유사三國遺事　52~53
삼귀의三歸依　76
삼취정계三聚淨戒　93~94
상좌부불교　95~96

성도절　119
성불成佛　29~30
수계受戒　159~162
수행　27~28, 91~94
승가僧伽　90~93
승가고시僧伽考試　189
승군僧軍　45~50
승려僧侶　85~96
승병僧兵　46~47
승영僧營　50
신앙상징물　122
신앙전력화　87~88, 153
실유불성悉有佛性　29

## 【ㅇ】

아이티　141~143
아이티 재건지원단　141~142
안거安居　94
약사유리광여래본원공덕경藥師琉璃
　　光如來本願功德經　43
양성평등　147~150, 192
연비燃臂　123
염불念佛　124
영결식　123
원광법사　50~55
원융무애圓融無碍　32
유가사지론瑜伽師地論　44~45
의승군義僧軍　49
인구절벽　164, 176

인왕호국반야바라밀다경仁王護國般
　　若波羅蜜多經　41
일체중생　29~30
임진왜란　49

**【ㅈ】**
자리이타自利利他　24, 29, 197
자이툰부대　134~137
전법傳法　25, 72
전사자戰死者　123
전승戰勝　103, 106
전승기도　123
전장윤리　102
정신전력　110, 114
정유재란　49
정훈교육　113
제네바협약　87
조계종　80~84, 174~177
종교의 자유　157~158
종교활동　117~125, 157~165
중생구제衆生救濟　23~28, 197
즉사즉도卽事卽道　33

**【ㅊ】**
찬불가　118

천도재薦度齋　119
청해부대　145~146
초기불교　90
출가出家　28~30

**【ㅌ】**
탈종교화　116, 161, 200
템플스테이　170

**【ㅍ】**
파병　129~146
포교布敎　161~164
포살布薩　94
평화유지군　137~144

**【ㅎ】**
한빛부대　143~144
해인사海印寺　46~47
호국불교　37~45
호국영령　123
화엄경華嚴經　32, 34
화쟁和諍　31, 197
회복탄력성　110~111
훈요십조訓要十條　38

**성덕聖德 보경普鏡 함현준**

**(철학박사, Ph.D)**

동국대학교 불교학과를 졸업하고, 오대산 태허 종영 스님을 은사로 득도得度하여 대강백 해룡 월운 큰스님에게 『금강경』을, 『법화경』의 대가인 회옹 혜경 큰스님에게 『법화경』을 사사하였다. 김포 명련사와 시흥 성원정사에서 수행과 포교에 전념하다가 1994년 군종법사로 임관하였다.

그 후 30년간 전후방 각지 군포교의 현장에서 장병들과 함께하며 36사단, 21사단, 39사단, 11사단, 5사단과 3군단, 특전사, 교육사, 육군사관학교, 국방부, 육군본부 군종실 군종법사, 제2작전사령부, 제3야전군사령부, 지상작전사령부에서 군종실장을 역임하였다.

일본 릿쇼(立正)대학 종학연구소 객원연구원과 육군 미래혁신연구센터 객원연구원으로 활동하였으며, 『장병인성지침서-나를 바꾸는 힘』, 『병사와 풍경소리』, 『4인4색 길을 말하다』(공저), 「탈종교화시대의 포교활동 방향에 대한 고찰-군불교의 사례를 중심으로(KCI등재)」, 「Image Making을 통한 군포교 발전방안 연구」 등의 저서와 논문을 발표하였다.

# 한국 군승제도 연구

초판 1쇄 인쇄 2024년 9월 20일 | 초판 1쇄 발행 2024년 10월 1일
지은이 함현준 | 펴낸이 김시열
펴낸곳 도서출판 운주사

　　　(02832) 서울시 성북구 동소문로 67-1 성심빌딩 3층
　　　　전화 (02) 926-8361 | 팩스 0505-115-8361
ISBN 978-89-5746-850-0　93220　값 22,000원
http://cafe.daum.net/unjubooks 〈다음카페: 도서출판 운주사〉